ESTA HERIDA NO ME PERTENECE

DRA. MARIEL BUQUÉ

ESTA HERIDA NO ME PERTENECE

DIANA

Título original: *Break the Cycle*

Traducción: Matilde Schoenfeld Liberman
Formación: Alejandra Romero

Diseño de portada: Planeta Arte & Diseño / Stephanie Iraís Landa Cruz
Ilustración de portada: © iStock
Fotografía de la autora: © Ambar Jimenez

Bajo el sello editorial DIANA M.R.
Avenida Presidente Masarik núm. 111,
Piso 2, Polanco V Sección, Miguel Hidalgo
C.P. 11560, Ciudad de México
www.planetadelibros.com.mx

Primera edición en formato epub: mayo de 2024
ISBN: 978-607-39-1261-7

Primera edición impresa en México: mayo de 2024
Segunda reimpresión en México: febrero de 2025
ISBN: 978-607-39-1221-1

Este libro no es un tratado de medicina y no sustituye la consulta con ningún profesional de la salud. En tanto que los consejos y sugerencias contenidos en este libro no están destinados a remplazar la terapia psicológica y/o la consulta médica, la autora no asume responsabilidad alguna por el uso que se dé a la información derivada de este libro, ya que solo debe ser considerado como un material de lectura.

Impreso en los talleres de Litográfica Ingramex, S.A. de C.V.
Centeno núm. 162-1, colonia Granjas Esmeralda, Ciudad de México
Impreso y hecho en México – *Printed and made in Mexico*

A mi hermana, Lady. Gracias por enseñarme a romper ciclos, con el amor en el centro. Que continuemos viviendo nuestro legado generacional. Yo te amo *más.*

ÍNDICE

PARTE III
ALQUIMIZA TU LEGADO

RECONOCIMIENTO DE LA SENSIBILIDAD

En las páginas de este libro se encuentra mi mejor esfuerzo para ofrecer la mayor inclusión posible de las diversas experiencias en la medida de mi conocimiento. Procuré ser lo más receptiva y práctica posible en mi lenguaje y enfoque, dentro de mis capacidades. Aunque todo texto tiene sus limitaciones, espero que te sientas visto y validado al leer este libro. Si alguna parte de tu experiencia no corresponde con lo que presento en estas páginas, espero que puedas aprovechar lo que te sea útil de este libro y prestar atención a los fragmentos que te ofrecen sanación.

UNA NOTA SOBRE LA AYUDA EMOCIONAL PROFESIONAL

Algunas veces es necesario buscar la ayuda de un profesional, como un psicoterapeuta, para superar las emociones relacionadas con el trauma generacional. Esto es especialmente cierto si crees que podrías beneficiarte de la asistencia para procesar cualquier trauma. Si te interesa trabajar con un terapeuta y te resulta accesible hacerlo, una buena regla general es que cualquier trabajo de sanación centrado en el trauma lo realices con un profesional titulado que haya recibido formación en trauma y tenga capacidad de respuesta ante este.

Si tú o un ser querido atraviesan un ciclo de abuso y están en busca de ayuda, existen algunos recursos que pueden resultar útiles:

- Si la vida de alguien está en peligro, llama a los equipos de crisis locales.
- La lista internacional de agencias de violencia sexual y doméstica: hotpeachpages.net

INTRODUCCIÓN

Mi abuela, mi madre y yo crecimos en situación de pobreza. Mi abuela vivió casi toda su vida en el minúsculo pueblo de Barahona, República Dominicana. Recuerdo que a los diez años caminé más de 1 km y medio con ella para llenar una cubeta de agua en un pequeño manantial porque ni su casa ni su pueblo tenían agua corriente, una necesidad básica que muchos de nosotros damos por sentada. Con su pequeña figura de 1.35 m de estatura, mi abuela cargó esa cubeta de agua de regreso a su pequeña casa, sosteniendo mi mano mientras mantenía en equilibrio constante el pesado balde sobre su cabeza a fin de preservar cada gota de agua que había recolectado para su familia. Es una imagen que nunca podré borrar de mi mente porque era impactante y conmovedor ver lo poco que tenía y lo ingeniosa que podía ser. Cuidaba no solo cada gota de agua, sino también la última porción de comida, el último artículo de tocador que pudiera permitirse y hasta la última prenda de vestir. Ella entendía que este nivel de preservación era necesario para sobrevivir. Tuvo que vivir en modo supervivencia toda su vida, y a pesar de ello, se aferró a una gran resiliencia. Gracias a mi abuela aprendí el gran valor de conservar no solo el agua, sino cada pequeña cosa que poseemos. Nada podía desperdiciarse. Gracias a ella también aprendí que yo podía ser capaz de tener fortaleza mental y alegría.

Mi madre, quien emigró a Estados Unidos a la edad de 40 años con sus dos hijas pequeñas, ha mantenido ese espíritu de conservación toda su vida. Mi madre siempre ha sido *acumuladora*.

Lo guarda todo, a veces por décadas, aunque ya no funcione. Durante la mayor parte de mi vida vivimos en una comunidad de bajos ingresos en Newark, Nueva Jersey, pero mi madre siempre nos vio como si tuviéramos mucho, porque su infancia en Barahona le había enseñado lo que era tener casi nada. Entonces, cuando ya no nos quedaba la ropa o se rompía un electrodoméstico o había artículos del hogar que ya no usábamos, no los tirábamos a la basura. En lugar de ello los guardábamos cuidadosamente en una caja y, años más tarde, cuando teníamos suficiente dinero para enviarlos a nuestra familia, los enviábamos a República Dominicana. A lo largo de los años en nuestra casa se fueron acumulando cajas que contenían décadas de artículos guardados. Pero poco a poco aprendí que lo que realmente se conservaba en esas cajas no era ropa gastada ni un tostador roto, sino el miedo de mi madre a quedarse sin nada. Esto proviene de una mentalidad de escasez, impulsada por las carencias durante su infancia, que se arraigó como el miedo a no poder sobrevivir y la culpa de no poder ayudar a su familia en la misma situación.

Ahora vivo una vida cómoda, y mi mamá también, pero a menudo noto que me aferro a cosas que no necesito, de manera similar a como ella solía hacerlo. He vivido con ese mismo miedo y culpa. Si tirara artículos en lugar de donarlos o enviarlos a República Dominicana, me sentiría culpable. Si no usara algo hasta la última gota, mi ser interior me susurraría que estoy desperdiciando y que podría necesitarlo, en caso de que algún día me quede sin nada. Aunque siempre he tenido agua corriente en mi casa, me aferraba al temor de mi abuela de que algún día se acabaría. Sentía el mismo pánico. El miedo de mi familia se había transferido a mí y, de alguna extraña manera, percibía una profunda lealtad hacia ella cuando conservaba las cosas con cuidado. Al hacerlo sentía que la estaba honrando. Me llevó mucho tiempo darme cuenta de que mi lealtad tenía un costo psicológico.

Por fortuna, puesto que pude romper el ciclo de lo que he llegado a entender como un trauma generacional, he podido deshacerme de la culpa y el miedo casi por completo. Y mi deseo es que otras personas que están sufriendo puedan hacer lo mismo: deshacerse de su lealtad al dolor y transitar hacia un lugar de libertad emocional. Sin embargo, para lograrlo, aquellos que sufren primero deben reconocer y sanar a través de los vínculos generacionales que tienen con el linaje de dolor de su propia familia. No es fácil, pero es posible, y la abundancia que puede surgir de esta sanación es hermosa y vale la pena el esfuerzo.

Pero ¿cómo llegué a identificar este dolor como un trauma generacional? ¿Y qué es exactamente el trauma generacional?

Todo comenzó durante mis años en la Clínica Ambulatoria de Psiquiatría para Adultos del Centro Médico Irving de la Universidad de Columbia, donde recibí mi formación en psiquiatría. Estaba con un paciente y la sesión... bueno... fue dura. Muy pocas cosas en este mundo son tan frustrantes para un profesional de la salud mental como llegar a lo que parece un callejón sin salida en una sesión, y ahí es justo adonde llegamos mi paciente y yo. Fue un momento en el que tuvimos que quedarnos con la sensación asfixiante de impotencia que llenaba la habitación. Sentí que no tenía nada más que ofrecerle a mi paciente, porque mi capacitación, por muy sólida que fuera, no me había preparado para lo que estaba sucediendo en ese momento.

De repente entendí el motivo de la niebla. Mi paciente era portador de culpa, tristeza, dolor, depresión y ansiedad generacionales; y la lista continuaba. No solo estábamos trabajando con el dolor de mi paciente, sino también con las cargas emocionales de la familia y los antepasados de este, es decir, personas que no estaban en la sala con nosotros durante la sesión y que acaso ya no estaban vivas siquiera. Fue un gran reto terapéutico. Ninguna formación tradicional en psicología occidental nos ha preparado de manera adecuada a ninguno de nosotros, los profesionales de la salud mental, para tratar a pacientes con trauma generacional. No existe una guía para pacientes con heridas emocionales de todo un linaje familiar.

Sentí el peso de las generaciones que entraron en esa sesión de terapia con mi paciente. En ese punto de nuestro viaje terapéutico la única manera de atravesar esa espesa niebla era enfrentar el dolor de generaciones con el que estábamos lidiando. Y por más difícil que fuera, sabía que debíamos profundizar.

Las conclusiones que surgieron de esta sesión me cambiaron para siempre. A partir de ese momento pensé en la sanación generacional todos los días. En cómo una persona puede cargar con traumas que no experimentó durante su vida. Me preguntaba cómo el trauma podía transmitirse de una persona a otra. Empecé a sentir curiosidad por las diferentes formas en que se puede transmitir el trauma generacional. ¿Se transmitía como en la historia de este paciente o había otras variaciones que pueden aparecer en nuestra vida? Mi mente daba vueltas tratando de encontrar respuestas. Sentía la presión de ayudar a mi paciente a sentirse mejor, pero también la presión, como psicóloga clínica, de encontrar un protocolo de sanación que pudiera ayudar a muchas otras personas que sufrían de esta manera. Esa sesión fue un punto de inflexión en la forma en que abordaba mi trabajo clínico. Finalmente, mi misión floreció y encontré mi propósito: comprender mejor qué hacer cuando una persona llega con el dolor emocional de toda una familia y la desesperación por sanar ese dolor.

Como científica, decidí investigar qué prácticas debían implementarse para ayudar a las personas (es decir, a personas como tú y como yo) a sanar generaciones de heridas, a deshacerse de las respuestas al trauma que nuestras familias y comunidades han vivido, y a remplazar estas respuestas al trauma con estrategias de afrontamiento sanas y adaptativas.

El trauma generacional es la única categoría de trauma emocional que trasciende generaciones y puede ser la experiencia de varios miembros de tu familia. Pero ¿cómo pasó este trauma a través de las generaciones de tu familia hasta llegar a ti? Sabemos que hay dos formas de transmisión. La primera es por medio de tu *biología*, o de modo más específico, a través de tus expresiones genéticas que heredas de tus padres. Esto significa que, si alguno de tus padres experimentó un trauma, este podría haber influido tan profundamente que llegó a aparecer en su código genético. Por lo tanto, es posible que hayas heredado esos genes, lo que te hace más vulnerable al estrés y al trauma.

El segundo modo de transmisión es a través de experiencias que impactan tu *psicología*, como la falta de sintonía con tus cuidadores, la invalidación, las relaciones dañinas, la adversidad extrema, la opresión y el sufrimiento que experimentas en tu propia vida. Así es como se transmite el trauma de un cuidador a un niño o de la sociedad a una persona, a través de *conductas y prácticas*.

Ahora bien, el trauma generacional puede romperse, ya que no es necesario que esa herencia genética continúe transmitiéndose, y esta es la razón por la que estamos aquí, sanando a través de estas páginas. Pero consideremos lo que sucede cuando una persona carga consigo esas vulnerabilidades emocionales biológicas y, además, no contó con una base emocional sana y segura. En este caso, el ciclo del trauma puede manifestarse, y podríamos decir que está viviendo con un trauma generacional. Y aunque este tipo de trauma puede haberse originado en algún lugar de su linaje familiar debido a un evento que un individuo experimentó, sus repercusiones psicológicas, conductuales y emocionales pueden afectar a varios miembros de la familia, e incluso a comunidades enteras a lo largo de las generaciones.

El trauma generacional es una herida del alma. Es una lesión emocional de múltiples niveles que impacta la mente de una persona (sus pensamientos y emociones), su cuerpo (la forma en que soporta físicamente el sufrimiento) y el espíritu (una interrupción en su conocimiento interno y su conexión con los demás). Por lo tanto, me di cuenta de que la sanación también debe ser multidimensional. Tiene que sanar todas las capas de una persona en mente, cuerpo y espíritu; es decir, debe sanar su alma.

Por esta razón recurro a métodos de sanación holísticos. Cuando hablo de ellos me refiero a una amplia gama de prácticas destinadas a sanar a la persona en su totalidad. La terapia holística, que es el tipo de enfoque terapéutico que adopto para curar traumas, alinea todas las partes de la persona. Además, reconoce que somos una suma de todas nuestras partes y que nuestra sanación debe buscar integrarnos y ayudarnos a sentirnos completos. Cuando un aspecto de nuestra salud está mal, los demás también sufren. Cuando en el proceso de sanación nos enfocamos en la persona como un todo, la ayudamos a sanar en su totalidad.

El campo de la psicología aún no ha adoptado los métodos holísticos actuales para sanar las heridas emocionales, pero tuve la suerte de continuar formándome mediante una beca clínica de tres años que me permitió trabajar con psicólogos experimentados con enfoques fuera de lo común. Sabían cómo cuidar a sus pacientes por medio de modalidades de salud mental holísticas, ancestrales, integradoras y poco convencionales. Con esa beca y mi propio trabajo a lo largo de los años he aprendido que si dejas que una parte de una persona cargue con la herida (atendiendo a la mente, pero no al cuerpo, por ejemplo), corres el riesgo de trasladar el dolor de una dimensión a otra, pero no ofrecerás una sanación completa.

Cuando comencé mi misión de aprender todo lo que pudiera sobre cómo identificar y tratar el trauma generacional sabía que sanar algo tan complejo requeriría las metodologías de trauma tradicionales para las que me habían formado, pero también era fundamental algo con mayores matices, algo que tuviera una mayor profundidad. Ese algo es el enfoque personalizado que he desarrollado después de años de estudio y que he empleado con mis pacientes. Mi enfoque funciona.

En este libro, por primera vez, recopilo todas mis enseñanzas a fin de ofrecer una guía definitiva para sanar el trauma generacional.

Este libro sigue un flujo similar a la forma en que trabajo con mis pacientes. En cada capítulo te brindaré una orientación profunda sobre cada aspecto de la sanación generacional y luego te ofreceré una práctica que te ayude a concentrarte y aplicar el trabajo. Entonces, a medida que leas, verás que te proporciono conocimientos concretos con múltiples puntos de orientación para integrar cada lección en tu propia vida, seguidos de un conjunto de prácticas para romper el ciclo, al final de cada capítulo; estas prácticas son holísticas y terapéuticas. En cada ejercicio te ayudaré a trabajar en el enfoque de ese capítulo específico. Así podrás asimilar el contenido de una manera más profunda.

Para cada ejercicio también tienes la opción de trabajar por tu cuenta o junto con alguien más. La sanación puede ser muy especial cuando se realiza en comunidad, por lo que, si decides buscar un compañero o reunir a un grupo de compañeros rompedores de ciclos para hacer este trabajo, cada ejercicio del final de capítulo puede dedicarse al trabajo en conjunto. Entonces, ya sea que elijas trabajar solo o con otros, tienes opciones sobre cómo enfocar tu sanación.

En conjunto, estos serán instrumentos para agregar a tu caja de herramientas. Están ahí para guiarte. Debes saber que este viaje de sanación es tuyo, así que apóyate en lo que a ti te funcione.

A continuación te brindaré una descripción general de lo que te espera en los próximos capítulos. Empezaré sentando las bases de lo que es el trauma generacional y cómo llegó a tu vida. La parte 1, «Lo que heredaste», se compone de cinco capítulos. En cada uno de estos profundizaremos en qué es el trauma generacional en realidad y cómo una persona hereda el dolor emocional de sus padres, abuelos, antepasados y su comunidad. También aprenderás cómo la mente, el cuerpo y el espíritu se ven afectados por esta herencia y que, a pesar de todo, la resiliencia generacional se conserva. En el capítulo 1, «Eres un rompeciclos», comenzaremos reconociendo tu papel en la ruptura de ciclos. Te ofreceré una guía para prepararte para el trabajo duro y necesario que te espera, de modo que tengas las herramientas que necesitas para mantenerte firme conforme sanas. En el capítulo 2, «Tu yo superior generacional», nos sumergiremos en la sabiduría generacional al enfocarnos en tus habilidades innatas para romper ciclos y en tu visión ancestral, que actúan como guías a las que siempre puedes regresar. Después participaremos en una práctica que puede ayudarte a establecer contacto con tu yo superior generacional. En el capítulo 3, «Tu cuerpo recuerda tu trauma», te ayudaré a comprender cómo se siente el trauma generacional en el cuerpo y las múltiples formas en que la enfermedad crónica se vincula con generaciones de estrés. Concluiremos rompiendo el ciclo mediante una práctica que te ayudará a disminuir tu respuesta al estrés y a equilibrar tus hormonas. El capítulo 4, «El trauma no sanado y tú», es donde comenzaremos el viaje para explorar la pregunta «¿Cómo sabes que estás trabajando con un trauma generacional?». En este capítulo te proporcionaré una Evaluación de sanación del trauma generacional diseñada para ayudarte a profundizar en la historia de trauma de tu linaje. Esto funcionará como el primer esbozo de un mapa del trauma generacional en tu vida. Luego pasamos al capítulo 5, «Una herencia genética», donde te ayudo a entender qué papel desempeñan tus genes y tus células en la transmisión del trauma. Te guiaré en la comprensión de cómo tu trauma está enlazado al trauma de tu familia y, con ese fin, te ayudaré a desarrollar tu propio Árbol del trauma generacional, que puedes construir solo o junto con otras personas.

En la parte 2 de este libro, «Esto se compone de capas», abordaré exactamente eso: las capas de dolor y las capas de sanación. En esta sección presento nuevas maneras generacionales de entender tu sistema nervioso, tu niño interior, los ciclos de abuso y las formas en que los valores culturales mantienen flotando el trauma de generación en generación. En el capítulo 6, «Tu sistema nervioso generacional», es en el que obtendrás un conocimiento más amplio sobre el papel de los desencadenantes, los recuerdos y tu sistema nervioso. Luego, te guiaré a través de una práctica para ayudarte a relajar tu sistema nervioso y mitigar tu forma de responder al estrés. En el capítulo 7, «Tu niño interior generacional», te ayudaré a comprender cómo el niño interior no resuelto de tus padres se convierte en el niño interior que hay en ti; es decir, se recicla. Te presentaré un cuestionario de experiencias adversas generacionales para ayudarte a comprender cómo se entrelazan tu infancia y la de tus padres, seguido de un ejercicio en el que tú mismo te conviertes en el padre o la madre que necesitaste de niño. En el capítulo 8, «Ciclos generacionales de abuso», te brindaré una de las mejores armaduras contra los ciclos continuados de abuso: el conocimiento. Pero no nos detendremos ahí; también te equiparé con una herramienta para romper ciclos que puedes utilizar para ayudarte a atravesar dinámicas de relación difíciles. En el capítulo final de la parte 2, el capítulo 9, «Cuando el trauma colectivo entra a tu casa», analizaremos el trauma colectivo y las múltiples formas en que los desastres naturales, las normas culturales y las prácticas institucionales contribuyen a mantener vivo el trauma en tu linaje. Te guiaré a través de una práctica que te ayudará a reflexionar sobre cómo las ideas internalizadas alimentan nuestro trauma colectivo y te invitaré a extender tu sanación hacia otras personas de tu comunidad.

La parte 3, «Alquimiza tu legado», es donde realmente comenzamos a consolidar tu identidad rompeciclos. Esta parte final del libro consta de tres capítulos que te guiarán a través del duelo, la integración del crecimiento postraumático generacional y la creación de tu legado generacional. En el capítulo 10, «El duelo por tu linaje traumático», te ayudaré a comprender las razones por las que los secretos familiares persisten, te ayudaré a soltar la vergüenza y te proporcionaré una técnica para tener conversaciones difíciles sobre el trauma generacional con las personas más cercanas a ti. En el capítulo 11, «Integra la resiliencia generacional», te ayudaré a aprender cómo, en calidad de rompeciclos, puedes participar en el crecimiento postraumático generacional. Con nuestras prácticas de «Rompe el ciclo» aprenderás a aumentar tu resiliencia generacional. El capítulo final, el capítulo 12, «Deja un legado generacional», te ayudará a asimilar un enfoque de vida de rompeciclos que puede impactar de forma positiva a las generaciones futuras. Hablaremos sobre cómo los rompeciclos crían a sus hijos y las formas en las que tú puedes adoptar un enfoque de crianza que tenga en cuenta el impacto que deseas dejar en este mundo. Completaremos este capítulo con nuestra última práctica, que te ayudará a crear alquimia en el proceso de tu legado.

Esta es una receta integral para deshacerte del trauma generacional y una orientación inmersiva sobre cómo hacer este trabajo. Está aquí para ti, para ayudarte a dar un paso hacia el legado generacional que vive en ti.

Escribí este libro para que aprendas de él y practiques con él. No solo es un libro que lees, sino uno que aplicas en tu vida diaria. Dado que ese es su enfoque, te recomiendo tener a la mano un cuaderno. Recomendaré una serie de ejercicios diferentes, preguntas de reflexión y sugerencias de escritura para ayudarte a explorar y expresar tus sentimientos mientras emprendemos juntos el trabajo de romper el ciclo. Un diario es una herramienta clave para dicho trabajo.

A lo largo de este libro verás que me refiero al rompeciclos. Ese eres tú, quien decidió romper el ciclo. Agradezco que estés aquí, decidido a sanar y a adentrarte en tu legado generacional. Mi deseo es que dejes atrás el gran peso que has estado cargando y que te des cuenta de que ya no necesitas cargar con esa pesadez para sentirte vivo; más bien, esa vitalidad se puede encontrar en momentos de tranquilidad y paz. Mi esperanza es que te conviertas en alguien que rompe el ciclo del trauma generacional y cambies tu linaje hacia la abundancia generacional.

Empecemos a sanar.

Con amor,
DRA. MARIEL BUQUÉ

PARTE I

Lo que heredaste

CAPÍTULO 1

ERES UN ROMPECICLOS

Romper las maldiciones generacionales depende de nosotros.
Cuando digan: «Viene de familia»,
diles: «Aquí se acaba».

AUTOR DESCONOCIDO

Si estás leyendo este libro, es probable que seas un rompeciclos. Eres la persona que decidió crear un legado para tu familia y tu comunidad distinto del que heredaste, y lo haces cambiando la forma en que te muestras al mundo. Tu búsqueda de sanación no se trata solo de ti; tiene una motivación colectiva. Envías ondas de sanación hacia atrás y hacia adelante al convertirte en un rompeciclos. Y es una tarea pesada que, cuando uno la elige o ella te elige a ti, tiene el poder de liberar a tu linaje.

Romper el ciclo trae consigo una gran recompensa. Toma algún tiempo llegar a la recompensa, pero cuando llegas ahí, sientes la ligereza de la paz interior. Mereces sentir esa ligereza, sentir la libertad emocional y dejar de llevar cargas generacionales. Romper el ciclo es la forma en que soltamos ese equipaje del pasado y avanzamos hacia un futuro mejor. Las personas que rompen ciclos *eligen* romperlos. Es una decisión de largo alcance. Para ti, esa elección pudo surgir al presenciar el dolor que tu familia y tu comunidad han tenido que soportar, y al no estar dispuesto a aceptar que debe transmitirse a la siguiente generación. O pudo surgir de tu deseo de crear un legado diferente para ti y tu linaje. Algo es seguro, los rompeciclos de todo el mundo tienen un objetivo definitivo en mente: asegurarse de que los patrones generacionales repetidos terminen con ellos. Al leer este libro estás dando un gran paso hacia ese objetivo.

Ser quien rompe ciclos es una búsqueda de paz que abarca múltiples niveles, múltiples tareas y múltiples generaciones. Es paz para ti, para los que llegaron antes que tú, para los que vendrán después de ti, para tu comunidad y para la cultura global. Convertirse en alguien que personifica esta mentalidad es convertirse en alguien que posee la certeza interna de que vale la pena luchar por esta paz.

Muchos rompeciclos no saben identificarse como tales. Simplemente saben en su espíritu que las cosas deben ser diferentes. Deciden cambiar la narrativa y dan la bienvenida a la tranquilidad, la felicidad y la salud en su vida. Piensan en la vida de sus hijos y desean para ellos una experiencia diferente de la que ellos mismos tuvieron. Piensan en todo el sufrimiento que su familia ha atravesado y sienten el deber de cambiar eso y sanar el trauma que atormenta a su linaje. Ven que sus comunidades no están bien y se sienten motivados a realizar un cambio a escala comunitaria. Ven el impacto global de las experiencias traumáticas y desean cambiar las cosas para crear una mejor comunidad global para todos nosotros. No ven otro camino a seguir que el de la sanación, así que van por la vida en resistencia activa al *statu quo*. A diario entablan batallas contra lo que les enseñaron o contra la forma en que los trataron. Para lograrlo, confían en su intuición, fe y valentía con la intención de crear un proceso de ruptura del ciclo que, en retrospectiva, son capaces de ver como una corrección de rumbo poderosa tanto para ellos como para todas las personas que los rodean.

Los que rompen el ciclo hacen todo esto, lo cual significa que es posible que tú también lo estés haciendo, aunque nunca hayas reclamado el título de rompeciclos antes de este momento. Es posible que estés en el comienzo de tu travesía para romper el ciclo, y eso también es poderoso.

No todos los rompeciclos son iguales. La combinación de las siguientes características varía de persona a persona, por lo que te recomendamos que anotes en tu cuaderno las que llamen tu atención. Ser alguien que rompe ciclos significa que:

- Ves la sabiduría y la resiliencia generacionales que fluyen a través de ti.
- Eliges interrumpir las respuestas al trauma en tu linaje.
- Reconoces que contribuyes a mantener los ciclos en marcha.
- Estás dispuesto a hacer el trabajo interior para cortar el cordón del dolor.
- Estás dispuesto a asumir las consecuencias de alterar esos patrones.
- Empleas prácticas diarias basadas en la mente para mantenerte consciente de tus experiencias emocionales.
- Mantienes un estilo de vida que influye de manera positiva en tu cuerpo, y en particular en tu epigenoma (los cambios químicos en tu ADN que pueden transmitirse de forma generacional).
- Te apoyas en prácticas espirituales para regenerar tu alma.
- Reconoces que tu ADN no es tu destino.
- Ya no estás dispuesto a vivir con una mentalidad que defiende la idea de que en ti se manifiesta un déficit genético, sino que vas a cambiar de mentalidad por una que crea en la abundancia genética y la defienda.
- Estás dispuesto a hacer ajustes para existir en un cuerpo que pueda ayudarte a asimilar mejor el estrés.

- Consideras a las almas de tu comunidad como una extensión de la tuya y las tratas como tal.
- Interrumpes las desigualdades sistémicas que promueven traumas colectivos que continúan alimentando los ciclos.
- Estás dispuesto a transmitir el conocimiento de sanación a los demás para que todos podamos sanar con mayor plenitud en esta generación.
- Te consideras un antepasado vivo que tiene influencia sobre las generaciones futuras.
- Determinaste que el ciclo del trauma heredado termina contigo.

Una, algunas o todas estas características pueden resonar en ti como el rompeciclos que eres. Tu estilo para romper ciclos será único para ti. Tómate un momento para reflexionar sobre eso y pregúntate: «¿Cuáles son las cualidades que tengo para romper ciclos?». Una vez que lo hayas hecho continúa leyendo, porque a lo largo de este libro aprenderás lo que, como rompeciclos, tienes el poder de lograr.

Mi misión es ayudarte a honrar el trabajo que ya te sientes impulsado a realizar. Brindarte herramientas que te ayuden a superar las emociones intensas y las conversaciones difíciles que querrás tener contigo mismo y con tu familia o con los miembros de la comunidad. Espero ser tu complemento y guía, así como una voz comprensiva, mientras continúas con el valiente trabajo para el que naciste: romper el ciclo.

Pero ¿cómo sabes que estás listo?

Cada rompeciclos es diferente. Sin embargo, hay algo que es igual para todos nosotros: nadie se sentirá completamente preparado para romper el ciclo. Esto se debe a que no existe el momento, el sentimiento o la pista perfectos que indiquen cuándo actuar.

Uno de mis pacientes soñó una vez que su antepasado llegaba a él como una luz de aura azul. Mi paciente no *escuchó* que su antepasado le hablara durante el sueño, sino más bien *sintió* que su antepasado le decía:

—Debes ir y luchar en la batalla.

Su interpretación de este sueño es lo que le dio un giro a su disposición. No fue algo que él hubiera planeado. Era una comprensión subconsciente de que sus antepasados estaban con él y que él estaba listo para la lucha que se aproximaba.

La mente y el cuerpo son vehículos para que el alma alcance su conciencia superior, por lo que es importante que escuchemos con cuidado a nuestro subconsciente. Mi llamado a la acción también llegó en un sueño. Era un mensaje de un antepasado vivo, mi padre, quien me dijo:

—Hija mía, ya es hora.

Esto ocurrió en un momento de mi vida en el que sentía que no podía actuar. No me sentía preparada.

Mi síndrome de la impostora, una mentira generacional que había absorbido durante muchas décadas, paralizaba mi confianza en mí misma. El síndrome del impostor es tener el sentimiento de que eres un fraude o que no perteneces a ciertos espacios, y es impulsado por el acto de ser expulsado de esos espacios durante generaciones. Pero mi interpretación de este sueño me ayudó a cambiar mi forma de pensar. Estaba decidida a recibir el mensaje de mi padre, lo que marcó para mí el inicio del viaje de ruptura del ciclo en el que me encuentro ahora.

Tal vez ya recibiste una señal que te prepara para tu propia búsqueda a fin de mantenerte en tu yo superior generacional. Tal vez no sea la voz o el aura de otra persona, sino tu propia voz interna. Si estás en este punto, confía en que tu alma está lista.

Sanación por medio de prácticas holísticas

RECUERDA: una expresión del trauma generacional de mi familia era conservar todas las posesiones porque estábamos en un modo prolongado de supervivencia. Me di cuenta de que estaba rompiendo el ciclo cuando pude soltar un objeto precioso: la taza de mi abuela. Era una hermosa taza blanca, pintada de rojo por dentro, con una cucharita que le hacía juego y un agujero en el asa para colocar esta última. Me la había enviado, con mucho cariño, en el equipaje de un familiar desde República Dominicana. Sabiendo lo poco que mi abuela tenía, me conmovió mucho y significó mucho para mí que ella hubiera reunido todos los recursos que podía para enviar a mi hogar y a mi corazón este regalo. Bebí de esta taza todos los días durante años. Muchas veces meditaba en las palabras y la voz de mi abuela mientras sostenía mi taza con mi té favorito. Era una pieza central en mi casa. Pero un día la taza se rompió en tantos fragmentos que resultó imposible repararla. Lo que me dolió aún más fue que esto sucedió solo unos meses después de la muerte de mi abuela. El único objeto que yo tenía que creaba un puente de conexión entre nosotras estaba roto. Estaba tristísima y sentía una profunda culpa. Me sentía culpable por no conservar la taza por la que ella había hecho tanto esfuerzo para darme. Y, por supuesto, dado que el miedo a la pérdida también era parte de mi experiencia de herida, temía que, sin este objeto físico que nos vinculara, yo pudiera perder también mi sagrada conexión espiritual con ella, que era algo que me conectaba profundamente con el presente.

Sabía de forma intuitiva lo que tenía que hacer. Una parte de mí incluso sintió que mi abuela me ayudó a saber cómo sanar en ese momento. Debido a que el trauma se manifiesta en el alma, debía tomar medidas para sanar todo mi ser si quería seguir adelante.

En mi mente, tenía que desafiar mi miedo a perder mi conexión con ella y recordarme todas las formas en que permaneceré ligada a ella para siempre. En mi cuerpo, tuve que hacer respiraciones profundas, enfocada en mi corazón, para poder sanar el inmenso desconsuelo que se manifestaba en dolor corporal. Para mi espíritu, decidí empezar a escribir cartas ancestrales a mi abuela. Esto elevó mi conexión con ella y continúa haciéndolo hasta el día de hoy.

Esta experiencia también me proporcionó información que apliqué a mi enfoque de trabajo con pacientes. Escribir cartas a los antepasados se convirtió en una herramienta que utilizaba con aquellos pacientes que tenían la esperanza de permanecer conectados con el amor y la sabiduría ancestral de sus seres queridos. Hicimos el trabajo de sanar los pensamientos y sentimientos desafiantes con los que sus ancestros no podían lidiar (sanar la mente), trabajamos para deshacernos de las formas en que su cuerpo recordaba estos traumas (sanar el cuerpo) y trabajamos para ayudarlos a sentirse conectados con el momento presente y reconectados con la vida (sanar el espíritu). Fue un trabajo en capas, holístico y de raíces muy profundas. Romper el ciclo significaba sanar las heridas de las experiencias que habían quedado sembradas en las almas de sus familias y ahora en las suyas propias. Era, y sigue siendo, la única manera de superar las capas de dolor que quedan tras el trauma generacional. Y es la forma en que espero que podamos trabajar juntos a lo largo de las páginas de este libro. Atender solo la mente y dejar el cuerpo y el espíritu heridos te dejará en el mismo lugar de dolor emocional en el que tú y tus antepasados han estado durante siglos. No quiero esto para ti. Quiero que tengas la experiencia de la plenitud de la sanación y la verdadera liberación emocional. Con la práctica del holismo mental, que en el mundo médico significa «atender a la persona en su totalidad», estamos trabajando para sanarte a ti en tu totalidad. Adoptaremos un enfoque holístico de sanación para honrar las múltiples formas en que has vivido el dolor.

Prepararse para hacer el trabajo

Con el trauma generacional puede haber mucho más de lo que se ve a simple vista. La mayoría de las personas con las que he tenido el profundo honor de trabajar a lo largo de los años tenía capas de trauma que necesitaban levantarse. Con frecuencia comienzan a tener sesiones para resolver un problema en su vida, pero al correr del tiempo llegan a comprender que su dolor tiene capas, algunas capas que no les pertenecen a ellas siquiera, sino a personas de su familia y su linaje. Es posible que al principio tú mismo pensaras que tus dificultades eran consecuencia de algo, y solo más tarde te dieras cuenta de que lo que has estado enfrentando es un trauma heredado. Cuando el trauma se transmite de una generación a otra puede parecerse a otros síntomas, como depresión crónica, ansiedad paralizante y falta de concentración, por lo que al principio puede ser difícil detectarlo.

Lo bueno aquí es que ya reconociste que la naturaleza de tu dolor es hereditaria y, por lo tanto, ahora puedes hacer algo al respecto. Darse cuenta de ello es fundamental para el trabajo que tenemos por delante, pero también hay mucho que aceptar, por lo que es natural que sientas el corazón pesado al iniciar esta búsqueda de sanación. A medida que trabajas en tu sanación, tu corazón a veces se ablandará y otras veces se volverá aún más pesado. Es importante tener en cuenta que tu sanación no será lineal. Habrá oleadas de emociones y altibajos pronunciados. Establecer tus expectativas para el viaje que te espera puede resultar útil para ayudarte a fluir a través de la experiencia. Será fundamental para prepararte ante los momentos difíciles que te esperan.

Cada vez que realizas un trabajo profundo, siempre existe la posibilidad de que sientas un aumento en tus niveles de estrés. Abrir estas puertas puede ser psicológicamente desencadenante. Por lo tanto, es necesario que establezcas un plan de afrontamiento para todo el trabajo que harás aquí. Esto es esencial porque cuando el cuerpo se activa, impulsa al sistema nervioso a generar una respuesta simpática. Básicamente, tus emociones pueden obligar a tu cuerpo a entrar en modo supervivencia. Cuando tu cuerpo está en modo supervivencia, todas las funciones no esenciales, incluido el pensamiento complejo que necesitarás para aliviar el estrés, se verán comprometidas.

Los arrebatos emocionales, cuando las emociones se desbordan y se vuelven abrumadoras, requieren que una persona siempre tenga una hoja de ruta sobre cómo afrontar las emociones difíciles. Esta hoja de ruta permite tener habilidades de afrontamiento previamente planificadas para cuando la travesía emocional resulte pesada. Te preparará para cualquier experiencia que te produzca angustia, aumentará tus posibilidades de ayudarte a ti mismo por medio de tu respuesta emocional y te servirá para salir más rápido del modo supervivencia. Para iniciar un plan de afrontamiento anticipado, considera los siguientes pasos:

- Elige un lugar tranquilo y cómodo donde no sea probable que te interrumpan.
- Decide qué método para hacer conexión con el momento presente puede ayudarte a regresar a tu cuerpo. Uno que encuentro útil es la conexión por medio de los cinco sentidos. Para hacer esto, enumeras las cosas que notas a tu alrededor mientras estás sentado en tu lugar. Empiezas por mirar a tu alrededor y enumerar cinco cosas que puedes ver. Luego escaneas la habitación de nuevo y enumeras cuatro cosas que puedes tocar. Una vez que hayas terminado con el sentido del tacto, entonces enumeras tres cosas que puedes escuchar. Una vez que hayas terminado esa lista, vuelves a mirar a tu alrededor en busca de dos cosas que puedas oler. Y al final, menciona una cosa que puedes saborear.
- Una vez que hayas logrado conectarte con el momento presente, puedes pasar a una práctica de preparación

para el futuro, en la que imaginas cómo sobrevivir a una situación difícil.

- Comienza imaginando una situación en la que sea probable que sientas *ligeramente* que estás a punto de estallar. Tómate tu tiempo para imaginar esto de la manera más vívida posible.
- Ensaya en tu mente cómo afrontar la situación. Esto significa que debes imaginar paso a paso cómo encuentras una solución al problema y sales de él sintiéndote bien.
- Ahora respira de forma lenta y profunda diez veces, inhalando durante 5 s y exhalando durante 7 s, mientras continúas imaginando que te sientes bien y a gusto.
- Por último, permítete un momento de respiro. Puedes hacerlo permaneciendo sentado en el lugar durante unos segundos más.

Esta práctica te permite ver algo básico: es posible sobrevivir a todos los problemas. Puedes encontrar una solución y seguir adelante. Puedes regresar a este ejercicio siempre que el trabajo que te espera te parezca una tarea imposible, recordándote a ti mismo que también puedes superarlo.

Un amable recordatorio

Un requisito de la sanación generacional es que sientas que el trabajo es seguro y tolerable. Así que ve a tu propio ritmo y observa cuándo necesitas tomar un descanso. Si este trabajo comienza a parecer demasiado para ti solo, busca un compañero de sanación o un profesional de la salud mental especializado en trauma para que te guíe a través de este trabajo profundo.

Baños de sonido para mantenerte conectado con el momento presente

Mi intención es que te sientas lo más seguro posible, en términos psicológicos, al leer este libro y participar en las prácticas. Pero ¿qué es la seguridad psicológica? Es tu capacidad de sentirte a ti mismo en el presente sin necesidad de huir, sea de forma física o mental. Si te sientes seguro, puedes permanecer en el presente y seguir los métodos de sanación que propongo. Por lo tanto, con ese fin en mente, me gustaría presentar una práctica para ayudar a mantenerte en el presente: meditaciones con baño de sonido. En caso de que no estés familiarizado con lo que es un baño de sonido, permíteme explicarlo de forma breve.

La medicina del sonido se refiere al uso del sonido y, específicamente, de ondas sonoras en ciertas frecuencias, para crear vibraciones en el cuerpo que pueden ayudar a tu cuerpo a sentir relajamiento y sanación. Los baños de sonido emiten frecuencias vibratorias que funcionan a escala celular. Y es esta energía sonora la que recalibra cualquier tensión que esté bloqueada o congelada en el sistema nervioso. Es casi como si las vibraciones sacudieran con suavidad la energía del cuerpo para regresarla a donde le corresponde. Entonces, cuando tu sistema nervioso se desequilibra debido a un alto nivel de estrés y trauma, las ondas sonoras tienen una manera, a una escala celular muy granular, de ayudar a restablecer el equilibrio. Cuando el trauma es parte de nuestra vida diaria debemos mantener la idea de equilibrio en el centro, o nos arriesgamos a perder la estabilidad.

Los baños de sonido tienen una larga historia; aparecieron siglos antes de la medicina moderna. Los cuencos tibetanos de cuarzo tienen su origen en las prácticas budistas tibetanas. Cuando se golpean, los cuencos emiten múltiples notas que pueden ayudar a eliminar la energía bloqueada al crear una vibración en áreas específicas del cuerpo, conocidas también como centros energéticos o chakras. Estas prácticas tienen una larga tradición que se remonta a más de dos mil años y suelen ir acompañadas de meditación y cantos. La práctica del canto tiene raíces ancestrales en varios lugares del mundo entero y, cuando se combina con otros sonidos curativos, puede producir un efecto calmante casi inmediato en la mente y el cuerpo.

Mi objetivo es equiparte con tantas herramientas como pueda para ayudar a mantenerte en un estado de equilibrio. Mientras más herramientas tengas, más emocionalmente estable te sentirás. En un esfuerzo por ayudar a conectarte con el momento presente, impulsar tu sanación y conectarte con la sabiduría ancestral, tomé prestado el conocimiento de esta antigua práctica y produje tres meditaciones con baño de sonido en inglés, que puedes encontrar en mi página web (www.drmarielbuque.com/sound-bath). Al tomar prestadas dichas prácticas me gustaría que tanto tú como yo honremos sus orígenes, el pueblo del Tíbet y sus descendientes, que han utilizado este método de sonido como práctica desde mucho antes de que tú y yo habitáramos este planeta, así como su propósito original de sanación comunitaria.

La intención de cada baño de sonido es profundizar tu experiencia. Si puedes, dales la bienvenida a estos baños de sonido como cierre de cada sección y permítete un momento de respiro y descanso mientras escuchas.

Sanación en comunidad

Abordar todo esto tú solo puede parecer abrumador. Si te deja sintiendo que necesitas comunidad, una estrategia útil para sanar es llevar contigo a otra persona en este viaje. Sanar con personas que consideras parte esencial de tu comunidad puede ser algo beneficioso para tu viaje de sanación. Pero recuerda: ya sea que elijas sanar con un compañero o sanar tu propia alma solo, esa es tu elección y sabrás de manera intuitiva si es la correcta o incorrecta para ti.

Si decidiste iniciar este libro con alguien más, piensa en ese compañero rompeciclos. Puede ser un antepasado o puede ser una persona viva a la que invites a hacer este trabajo contigo, paso a paso, capítulo a capítulo. Es fundamental que, si invitas a una persona viva, esté comprometida a realizar el trabajo arduo de romper ciclos y a ayudarte bridándote su apoyo cuando rompas el tuyo.

Siempre que les hago esta propuesta a los pacientes por lo general percibo cierta vacilación. Si así es como te sientes, no te culpo. Mis pacientes suelen pensar que les estoy pidiendo que inviten a sus familiares a su viaje de sanación. Que los que tienen el dolor emocional más profundo deberían hacer este trabajo con ellos. Pero esa no es mi intención. Al contrario, te pido que consideres trabajar con alguien (familiar o no, vivo o en el mundo espiritual) que contribuya a tu seguridad psicológica, y no con alguien que podría detonarte. Tiene más sentido trabajar con alguien que te ayude a sentirte seguro cuando el trabajo es tan exigente emocionalmente. No te pido que asumas una carga emocional más grande, sino que te ofrezco una forma de aliviar parte de la carga que ya llevas. Si te atrae el concepto de cosanación o sanación en comunidad, esta es tu oportunidad de considerar quién será esa persona. Si alguien te viene a la mente, invítalo a este viaje. Si sientes que tu sanación será mayor si continúas este proceso por tu cuenta, hazle caso a esa intuición. Cualquiera que sea el camino que elijas, asegúrate de reunir tus materiales de escritura para iniciar tu primera práctica de romper el ciclo.

Rompe el ciclo: rompe tu acuerdo generacional

Hasta ahora, una parte de ti ha mantenido un acuerdo inconsciente de mostrarse como un yo herido y conservar los viejos patrones que han mantenido a tu linaje en el dolor y el trauma. Este acuerdo ha sostenido el ciclo. No obstante, para actuar como alguien que rompe ciclos, es necesario romper este acuerdo; es decir, requiere liberación. Tendrás que comprometerte a soltar los viejos patrones y darles la bienvenida a otros más saludables. Entonces, para poder hacer esto, me gustaría ayudarte a romper ese antiguo contrato y escribir uno nuevo. Toma una hoja de papel en blanco para este ejercicio y escribe tu versión de lo siguiente:

- Desde [anota tu propia fecha] he estado operando como un yo herido. Inconscientemente, he alimentado un ciclo de trauma generacional que me ha mantenido en décadas de dolor. A veces, sin que mi propia conciencia tuviera conocimiento de que estaba haciendo esto, ha atrofiado mi vida y la de mi linaje. Ya no deseo estar obligado por este contrato. Lo suelto y lo dejo ir.
- Ahora toma el contrato y rómpelo en pedazos.
- Luego, en tu diario, escribe un nuevo contrato que te ayude a celebrar un acuerdo para comprometerte con el viaje de romper el ciclo. Puedes escribir una versión de lo siguiente:
    - A partir de [escribe la fecha de hoy], asumiré de todo corazón la identidad de rompeciclos. Alimentaré conscientemente mi vida y la de quienes me rodean desde una elevada conciencia multigeneracional y ancestral. Haré esto por mí, por mi linaje y por mi comunidad.
- Firma y anota la fecha en tu contrato.
- Reflexiona sobre tu experiencia con esta práctica. ¿Cómo la sentiste en tu mente, cuerpo y espíritu? Es decir, ¿cómo la sentiste en tu alma?

Lo que has aprendido hasta ahora

En este capítulo comenzamos a reconocer lo que te impulsa a leer *Esta herida no me pertenece*: el hecho de que eres un rompeciclos. Definimos qué es un rompeciclos y dejamos un espacio para que tú también agregues algo a esa definición. También aprendiste cómo preparar tu sanación para los capítulos siguientes, y concluimos este capítulo con una invitación a romper el ciclo deshaciendo el contrato subconsciente que has mantenido con un linaje de dolor. Esto es muy importante. Espero que estés orgulloso. Seguramente tus antepasados lo están. Ahora sigamos trabajando con algunas preguntas de reflexión.

PREGUNTAS DE REFLEXIÓN

¿Qué se siente aplicar el concepto de *rompeciclos* a ti mismo?

¿Cómo te sientes en cuanto a la preparación para el trabajo que tienes por delante?

¿Qué significa para ti romper el contrato con tus ciclos pasados?

CAPÍTULO 2

TU YO SUPERIOR GENERACIONAL

Eres una persona,
pero cuando te mueves,
toda una comunidad
camina a través de ti;
no vas a ningún lugar solo.

RUPI KAUR

Ahora que sabes que eres un rompeciclos, es hora de dar el siguiente paso para comprender tu *yo superior generacional*. Para ponerte en contacto con tu yo superior generacional es necesario que reconozcas y accedas a la resiliencia y la sabiduría ancestral que ya tienes dentro de ti. Muchas veces, al abordar el viaje de sanación generacional, las personas quieren ir directamente a lo que les duele. Sin embargo, esto hace que sea fácil perder de vista un aspecto de igual importancia en esta experiencia: tu resiliencia generacional. El trauma no es la única experiencia que puede transmitirse de generación en generación, ya que es posible que tú también recibieras palabras amables y llenas de amor, de poder o de afirmación. Comprender cómo abordar tu sanación generacional requiere, en primer lugar, que te conectes con tu sabiduría generacional. Allí es donde encontrarás fuerza y conocimiento interior para ayudarte a adquirir resistencia para el camino que tienes por delante. Y aunque ya es un rasgo heredado que posees, me gustaría orientarte más sobre cómo puedes acceder a tu resiliencia generacional.

Tal vez has oído hablar del concepto del *yo superior*. Tu yo superior es la versión de ti que se ha transformado por medio de la sanación. Es una versión tuya que ya no está sumergida hasta el cuello en el trauma. El yo superior no es un yo sanado a la perfección, porque la sanación perfecta es un mito. Más bien, es tu conciencia más elevada y donde reside tu mente más sabia. Donde vive gran parte de tu sabiduría innata. Es la versión de ti que se siente firme en el presente y no emocionalmente inestable. Así es como te sientes cuando tienes la mente clara y estable. Tu yo superior generacional es todas estas cosas y más. Es un reflejo de tu propia sabiduría innata junto con tu sabiduría ancestral. Es a la vez el conocimiento innato que posees y el conocimiento que te fue transmitido. Es un yo superior en capas. Un yo superior generacional es la encarnación viva de la abundancia generacional. Honrar a tu yo superior generacional significa vivir en concordancia con un propósito superior. Se trata de redirigir la energía que habrías utilizado para la autodestrucción y orientarla hacia la elevación generacional. En este punto, nuestro objetivo será ponerte en contacto con este yo superior generacional y su sabiduría, ayudándote primero a comprenderlo mejor y luego a acceder a él.

Para empezar, permíteme ofrecer un ejemplo de mi propia vida: el momento en el que al fin entré en mi propio yo superior generacional. Mi madre me transmitió una poderosa serie de palabras durante el primer semestre de mis estudios de doctorado. Yo atravesaba el peor síndrome del impostor de mi vida. Al ser una inmigrante latina negra proveniente de la clase trabajadora y estar en una institución de la Ivy League, significaba que una y otra vez me topaba con recordatorios de lo mucho que no pertenecía a aquel lugar. Un aluvión constante de abusos motivados por la raza y la clase social que enfrentaba casi a diario me hizo sentir así. Cuando le conté a mi madre estas experiencias y cuánto deseaba dejar mis estudios (el racismo y el clasismo eran casi insoportables), ella hizo eco de algunas palabras de la sabiduría generacional que nunca olvidaré. Me dijo:

—Provienes de un linaje de personas fuertes e ingeniosas. Dios te respalda y nosotros también. Ya tienes la victoria. Ahora vuelve allá y muéstrales lo poderosa que eres.

Y eso fue exactamente lo que hice. Me mantuve firme en mi poder generacional y en mi sabiduría generacional. Me presenté como mi yo superior generacional. Cada vez que sentía que el síndrome del impostor me generaba miedo, recordaba las palabras de mi madre: «Eres poderosa», y las decía en voz alta. Y era verdad. El síndrome del impostor, que emerge cuando a generaciones de mis comunidades se les dice que no pertenecen, se había infiltrado en mi alma. Sin embargo, las palabras de mi madre me recordaron que debía romper con esa mentira generacional. Soy una mujer proveniente de un linaje de poder, ingenio, fuerza, resiliencia y sabiduría. Ahora sé que el síndrome del impostor no es mi verdad, sino una herencia de generaciones de marginación, una forma en la que yo y muchas otras personas en mis comunidades hemos sido aisladas, excluidas y nos han hecho sentir que no pertenecemos. Pero pertenecemos, y asumí de todo corazón esa verdad. Mi yo superior generacional surgió a partir de este instante. Me ayudó en uno de los momentos más difíciles de mi vida y espero que pueda hacer lo mismo por ti.

Cómo se vuelve generacional el yo superior

Tu yo superior es un lugar en el que tú mismo te iluminas. Es la parte más sabia de tu mente. Todos tus deseos y tu sanación están capturados en tu yo superior. Todos aquellos chispazos de intuición, inspiración y comunicación no verbal son parte de esta experiencia interna. Tu yo superior generacional es un lugar de iluminación, tanto interior como ancestral. Las intenciones, deseos y sabiduría acumulada de tus antepasados se superponen a los tuyos y con ello contribuyen a conformar tu yo superior generacional. Cuando estás en sintonía con tu yo superior generacional, estás en un lugar amoroso, enriquecedor, ancestralmente sabio e intuitivo. En este sentido, es un lugar sagrado. Cuando accedes a este sitio generacional elevado, puedes experimentar una mayor calma, confianza en ti mismo, curiosidad y conciencia de ti mismo. Te ilumina y te satisface a través de estos regalos.

El trauma generacional nos obliga a adormecer nuestra creatividad, alegría y entusiasmo general por la vida. Sin embargo, tu yo superior generacional te ayuda a reavivar tu potencial y a levantarte para surgir de las cenizas. Cuando te comprometes a reprogramar tu alma de manera continua, tu nuevo valor predeterminado será apoyarte en tu sabiduría interna. Con el tiempo, utilizarás automáticamente esta herramienta, más que tus mecanismos actuales de afrontamiento, lo cual te permitirá reconfigurar tu cerebro y tu sistema nervioso para experimentar una mayor tranquilidad ante el estrés. Hay numerosas maneras en las que puedes iniciar el proceso de conectarte con tu yo superior generacional. Resaltemos algunas con las que puedes empezar.

Accede a tu yo superior generacional

Tu yo superior generacional es una herramienta, un instrumento de sanación, un catalizador para la liberación generacional. Acceder a él significa que estás utilizando las herramientas innatas encerradas en tu interior para ayudarte a aliviar el dolor que fue transmitido; existen formas tanto pasivas como activas de hacerlo. Para algunas personas, un yo superior generacional primero entra en contacto con ellas. Esta versión futura de sí mismas les muestra símbolos, signos, ideas, sueños e historias a los que no sabían que tenían acceso. Esta sabiduría puede parecer de otro mundo; sin embargo, dado que estos mensajes provienen de un lugar muy profundo, los sentirás conectados con el momento el presente, sólidos y te darán confianza. A continuación menciono algunas formas en las que tu yo superior generacional podría estar intentando comunicarse contigo, así que presta atención:

- MIENTRAS ESTÁS SENTADO EN SILENCIO: el silencio es el caldo de cultivo para nuestros puntos de percepción más profundos. Encuentra un lugar tranquilo para sentarte y concéntrate en tu entorno inmediato. Presta atención a tus pensamientos, ¿hacia dónde se dirigen? Si tu mente divaga, está bien; simplemente vuelve a enfocarla con suavidad. Esta orientación en tiempo presente puede ayudarte a vivir los momentos de manera más consciente y a despejar el desorden de tu mente para hacer espacio a los mensajes que esperan abrirse camino desde tu mente subconsciente hacia tu mente consciente.
- POR MEDIO DE LA MEDITACIÓN ACTIVA: si tu mente está más enfocada hacia adentro, te resultará más fácil dirigir tu atención hacia los mensajes y la guía de tu yo superior generacional. Una simple meditación sedente (sentado) puede ser útil para acercarte a lo que tu conciencia elevada espera que escuches. Pero si eres alguien cuya mente es activa en extremo, también puedes recurrir a otra forma de meditación: el movimiento de tu cuerpo. Algunas personas optan por salir a caminar sin su teléfono y escuchar o ver los sonidos y señales que los rodean. Un paseo tranquilo puede ayudarte a entrar en un estado distinto de conciencia, porque ofrece un poderoso momento de atención plena que te facilita entrar en contacto con esa parte más sabia de ti. Si la meditación durante un paseo tranquilo no es algo que te interese, algunas alternativas podrían ser el yoga, el taichí y la danza.

- AL SOÑAR: la fase del sueño está fuera de tu control consciente cuando duermes, y en ella, tu mente puede acceder a mayores profundidades de tu subconsciente. Tus sueños son capaces de ofrecerte mensajes de nivel superior si estás dispuesto a escucharlos. Algunos de los campos de la psicoterapia más antiguos, más psicoanalíticos, incluyen el análisis de los sueños para evaluar traumas profundos y complejos, ya que los sueños nos envían mensajes sobre nuestro mundo emocional. Prestar atención a tus sueños es una buena manera de medir y rastrear dónde permanece nuestra mente inconsciente.
- AL SALIR A LA NATURALEZA: tener contacto con los elementos naturales no solo es nutritivo para el alma, sino que también puede ayudarnos a percibir los numerosos pequeños milagros que existen a nuestro alrededor. Nuestro planeta es verdaderamente sabio y ancestral. Acceder a las diferentes capas de la naturaleza puede ayudarnos a capturar la sabiduría que está justo frente a nosotros. La tarea aquí puede ser tan simple como caminar descalzo sobre el pasto o explorar el parque o espacio verde local. Puedes ser tan creativo como quieras cuando sientas curiosidad por las pequeñas maravillas de nuestro planeta.
- MIENTRAS DIALOGAS CON TU YO MÁS SABIO: mantener conversaciones continuas con tu yo superior generacional, como si fuera una persona real frente a ti, puede ayudarte a acceder a cualquier información que tu yo superior generacional espera que sepas. A algunas personas les ayuda mirarse en el espejo y, literalmente, hablar con ellas mismas. Esto puede ayudarte a establecer la práctica de conversar contigo mismo de forma continua. Te sorprenderá lo que surge cuando te haces amigo de tu yo superior generacional de este modo.

- POR MEDIO DE CARTAS Y ANOTACIONES EN UN DIARIO: me gusta pensar que escribir cartas o un diario es hacer meditaciones escritas. Estás depositando tus pensamientos, deseos, fantasías, preguntas e intuiciones en un papel. Así, podrás concentrarte de manera más concreta en las preguntas para las que buscas respuesta y volver a ellas más adelante. Escribe algunas notas en tu diario y observa qué aspectos de tu sabiduría generacional surgen.
- CON EJERCICIOS DE IMÁGENES: con la visualización puedes aprovechar el poder de una conexión más sabia contigo mismo en numerosas formas. Imaginar que tu yo superior generacional viene a ti con una palabra curativa es una herramienta poderosa. Esta herramienta te brinda una experiencia inmersiva de seguridad y contención. Probémoslo ahora:
    - Piensa en tu yo superior generacional y observa si se forma alguna imagen en tu mente. ¿Cómo está vestido? ¿Qué postura tiene? ¿Cómo habla? ¿Se parece a ti en una etapa diferente de la vida? ¿Se parece a otra persona, tal vez a un guía o a un antepasado? ¿Adquiere una forma espiritual humana o más mítica? Despierta tu curiosidad por él y usa tu creatividad.
    - Luego conéctate con él o ella y escucha sus palabras. A menudo, puede ser útil escribir sobre estos ejercicios en un diario para mantener un registro de lo que escuchaste y viste.

Lo que surja para cada persona como resultado de estos ejercicios será individual, y muchas de estas prácticas, si no todas, serán nuevas para ti, por lo que una regla importante es estar abierto y receptivo a todo lo que sientas. Las formas en que llegan los mensajes pueden parecer antinaturales al principio, pero recuerda que, con cada apertura a una mayor conciencia, recibimos mensajes más grandes y directos. Por eso, cada vez que practiques, ten curiosidad por saber cuáles mensajes son para ti y cómo puedes abrir tu mente para recibirlos. Puede haber muchos beneficios al recibir pensamientos más sabios, entre ellos:

- ✦ Obtener una nueva perspectiva que podría ayudar a guiarte.
- ✦ Ayudar a que te sientas más conectado con el momento presente.
- ✦ Aumentar tu capacidad para rendirte a la sabiduría de tu yo superior generacional.
- ✦ Ayudarte a crecer con un mayor aprecio por tu propia sabiduría innata.
- ✦ Ayudarte a desarrollar la paciencia y quizá incluso la autocompasión y la compasión colectiva.
- ✦ Ayudarte a comprender cuán interconectado estás con los elementos de la vida y el universo.
- ✦ Ayudarte a aceptar las múltiples capas de quién eres y de dónde provienes.
- ✦ Ayudar a mantener la esperanza, a pesar de haber vivido una vida que alteró tu percepción de ella.

El mensaje aquí es que hay muchas maneras en que estas prácticas podrían agregar profundidad a tu viaje. Apóyate en ellas, aun cuando te parezcan nuevas y fuera de lo normal en cuanto a la manera en que generalmente accedes a tu sabiduría.

RECUERDA: se trata de elevar esa sabiduría y aumentar las formas en que puedes ser resiliente. Estos ejercicios pueden ayudar.

Rompe el ciclo: adéntrate en tu yo superior generacional

Me gustaría presentar una versión modificada de una intervención que tenemos en psicología llamada técnica de la silla vacía. Esta deriva de un tipo de psicoterapia psicoanalítica llamada terapia Gestalt, que aspira a ver a una persona completa como la suma de partes. Nos ayuda a observar situaciones desde múltiples perspectivas, para ver cómo todas están interconectadas. Para la técnica original, se requiere solo una silla vacía. La que creé para el proceso generacional requiere tres sillas colocadas una al lado de la otra. Una silla simbolizará tu yo herido; otra, tu yo superior generacional; y la otra, tu yo ancestral generacional. El yo superior generacional refleja todas las cualidades que analizamos a lo largo de este capítulo. El yo herido representa la parte de ti que lleva la herida del trauma generacional, mientras que el yo ancestral generacional se refiere a la parte de ti que contiene tu punto más sabio de percepción y sabiduría ancestral.

Una nota para considerar sobre esta práctica: si no puedes moverte entre las diferentes sillas, puedes imaginarte a ti mismo en cada una de ellas mientras realizas este ejercicio. Otra modificación que se puede hacer es pensar en las palabras y afirmaciones que puedes decirte a ti mismo, en lugar de decirlas en voz alta.

- Comienza sentándote en la silla que designaste como la silla del yo herido.
- Si te sientes seguro, cierra los ojos para mejorar tu concentración.
- Ahora considera estas preguntas:
  - ¿Qué sientes que está herido?
  - ¿Qué emociones surgen al pensar en esta herida?
  - ¿Qué sientes en tu cuerpo?

    - ¿Cómo ha captado esta herida tu espíritu?
    - ¿Qué te gustaría escuchar en este momento?
- Respira profundamente unas cuantas veces mientras permaneces en esta experiencia.
- Ahora abre los ojos y muévete hacia la silla del yo superior generacional.
- Gira hacia la silla del yo herido.
- Intenta imaginarte a tu yo herido sentado allí.
- Piensa en algo que quieras decirle a tu yo herido. ¿Qué necesita escuchar tu yo herido ahora mismo?
- Ahora di en voz alta lo que crees que tu yo herido necesita oír.
- A continuación siéntate en la silla del yo ancestral generacional.
- Gira de nuevo hacia la silla del yo herido.
- Continúa imaginando a tu yo herido sentado allí.
- Piensa en algo que creas que tus antepasados le dirían a tu yo herido. ¿Qué mensaje ancestral necesita escuchar tu yo herido en este momento?
- Ahora di en voz alta lo que crees que tu yo herido puede escuchar, desde un punto de vista ancestral.
- Y ahora, todavía en tu silla ancestral, gira hacia la silla de tu yo superior generacional.
- Imagina a tu yo superior generacional sentado allí.
- Piensa en algo que quieras decirle a tu yo superior generacional desde un punto de vista ancestral.
- Ahora di en voz alta lo que crees que tu yo superior generacional necesita escuchar desde un punto de vista ancestral.
- Cierra los ojos e imagina cómo se unen tus tres partes en un todo integrado.

- Disfruta la experiencia durante el tiempo que necesites.
- Respira unas cuantas veces para salir de tu práctica.
- Cuando estés listo, escribe algunas líneas en tu diario sobre tu experiencia.

Lo que has aprendido hasta ahora

En este capítulo aprendiste todo sobre tu yo superior generacional, la parte tuya que es infinitamente sabia y contiene sabiduría ancestral. Fuiste guiado a través de diferentes formas para acceder a esta resiliencia generacional y llevaste a cabo un ejercicio generacional de silla vacía para conectarte aún más con tu comprensión generacional. Echa un vistazo a las siguientes preguntas de reflexión y escribe todo lo que se te ocurra como respuesta antes de pasar al siguiente capítulo, en el que analizaremos cómo se procesa el trauma generacional como memoria corporal.

PREGUNTAS DE REFLEXIÓN

¿Qué representa para ti imaginarte como un yo superior generacional?

¿Qué experimentaste al involucrarte en la técnica generacional de la silla vacía?

¿De qué otra manera te gustaría mostrarte como tu yo sanado en el contexto del trabajo generacional?

CAPÍTULO 3

TU CUERPO RECUERDA TU TRAUMA

El trauma no es solo un evento que tuvo lugar
en algún momento del pasado;
también es la huella que deja esa experiencia
en la mente, el cerebro y el cuerpo.

BESSEL VAN DER KOLK

Cuando nuestro cuerpo se ve abrumado por el estrés tóxico, cuando experimenta tensión una y otra vez, puede comenzar a desgastarse. Todos tenemos un medidor de desgaste neurológico que los neurocientíficos llaman *carga alostática*. La carga alostática es la carga acumulativa de estrés crónico que el cuerpo acumula con el tiempo. Cuando el estrés se acumula sin suficiente descanso y reparación del sistema nervioso, nuestra carga alostática resulta excesiva. Esto agota la capacidad del cuerpo para encontrar su propio equilibrio y, como resultado, compromete la capacidad de este para mantenerse saludable. Como puedes imaginar, es increíblemente importante tener en cuenta esto para aquellos de nosotros que sufrimos tensión generacional, porque nuestro cuerpo y el de nuestros antepasados han estado en una sobrecarga alostática durante generaciones. Esto es demasiado para asimilar, así que, al continuar leyendo, hazlo con gentileza.

El trauma emocional puede causar daño físico al cuerpo. Las mentes inflamadas producen cuerpos inflamados. Varias disfunciones neurológicas e inmunes del cuerpo pueden relacionarse con el desgaste psicológico que provocamos en el cuerpo. Las personas que tienen un trauma emocional excesivo (las que son propensas a haber sobrepasado, sin darse cuenta, sus propias capacidades alostáticas) pueden tener un hígado que produce glucocorticoides en exceso, por ejemplo. Esto puede afectar tanto la función hepática como, curiosamente, los principales centros de memoria del cerebro. Otro ejemplo de esto es cómo el trauma desencadena el recorte o «poda» exagerada de tus neuronas, que puede ocurrir como resultado de un estrés prolongado, lo cual puede situarte en riesgo de sufrir degeneración neurológica, del tipo que puede desencadenar afecciones como la enfermedad de Lou Gehrig, también conocida como esclerosis lateral amiotrófica (ALS, por sus siglas en inglés). El estrés crónico inflama tu cuerpo de innumerables maneras. Y cuando tus genes comienzan a registrar toda esta actividad hiperinflamatoria durante un periodo prolongado, se producen cambios epigenéticos. Pero ahí no es donde termina la historia. Tienes la posibilidad de equilibrar de nuevo tu cuerpo para reducir el riesgo de sufrir complicaciones en la salud física o disminuir la progresión de enfermedades que han habitado tu cuerpo. Una forma de empezar a hacer esto es ayudando a tu sistema nervioso a relajarse más y a liberar la sobrecarga de inflamación localizada en tu cuerpo. Has estado haciendo esto con algunas de las prácticas de este libro, por lo que ya adelantaste algo, pero continuemos aprendiendo sobre la conexión mente-cuerpo y algunas formas adicionales para ayudar a eliminar el estrés tóxico de tu cuerpo.

La mente y el cuerpo son uno

Se estima que entre el 60 y el 80% de las visitas a atención primaria son el resultado de una razón subyacente relacionada con el estrés. Espero haberte encaminado hacia suficientes repeticiones mentales para consolidar el mensaje central aquí: la mente y el cuerpo están inextricablemente vinculados, y el estrés afecta a ambos. Por el contrario, cuando cuidas tu mente, tu cuerpo sentirá ese cuidado. Si liberas una y otra vez la pesadez emocional de tu mente mediante el trabajo de sanación, tu cuerpo se sentirá más ligero y menos tenso. Los ejercicios de relajación mental ayudan a sanar tu cuerpo y los ejercicios de relajación corporal ayudan a sanar tu mente. Los dos trabajan juntos en un ciclo que promueve la salud, actuando para lograr el equilibrio en todo momento.

Es posible encontrar ejemplos de esta conexión en todo el cuerpo. Cuando tu sistema nervioso está relajado, es más fácil lograr claridad mental y ejecutar pensamientos complejos, y mejoran tus habilidades para resolver problemas. Todo esto se debe a que tu cuerpo no está en modo supervivencia, por lo que tu corteza cerebral, que es responsable del pensamiento de nivel superior, tiene la capacidad de lograr un funcionamiento óptimo. Otro ejemplo de esta relación mente-cuerpo se encuentra en el microbioma intestinal, donde se localizan muchos de los neurotransmisores, las sustancias químicas que ayudan a equilibrar el estado de ánimo. Cuando consumes alimentos que nutren tu microbioma intestinal, los neuroquímicos como la serotonina, el GABA, la dopamina, la acetilcolina, la norepinefrina y la melatonina también se ven afectados. Un estado de ánimo bien regulado, a su vez, puede ayudar a mejorar la digestión, los niveles de energía, la calidad del sueño y el equilibrio corporal general. La mente y el cuerpo están hechos para coexistir en una relación de colaboración que se supone debe funcionar para mantenerte saludable.

Sin embargo, el trauma puede alterar este sistema de equilibrio y hacer girar el ciclo mente-cuerpo en la dirección opuesta. El dolor emocional afecta negativamente a tu cuerpo, lo que a su vez afecta tu salud mental. Parte de lo que ha mantenido a generaciones de familias en esta espiral descendente de mente-cuerpo es que, en muchas sociedades, el sistema médico no logra tratar a la mente y el cuerpo juntos.

Por tradición, la ciencia médica occidental trata a la mente y el cuerpo como dos sistemas que funcionan separados uno del otro. No ayudamos a las personas a aliviar el estrés como una forma de mejorar su salud física, pero deberíamos hacerlo. Según el modelo médico actual, cada órgano se trata de forma independiente en lugar de ser visto como un sistema global interactivo. Un cardiólogo atiende tu corazón, un gastroenterólogo atiende tu tracto digestivo, un neumólogo se centrará en tus pulmones, un neurólogo se centrará en el cerebro, etc. Pero no existen especialidades que se centren en identificar cómo los factores de estrés llevan al corazón a tener complicaciones estructurales; o cómo es que una relación tóxica provoca que se te revuelva el estómago de forma crónica y, además, genera lo que se conoce como el síndrome del intestino irritable; o cómo la tristeza se dirige a los pulmones y la falta de aire crónica puede ser una respuesta traumática relacionada con un duelo complicado; o cómo las neuronas de tu cerebro se desgastan y decrecen en volumen con el estrés crónico, dejándote vulnerable a enfermedades neurodegenerativas. Tu mente y tu cuerpo conforman un solo y único sistema, no son independientes. Por lo tanto, un enfoque médico integral, como el que encontrarás en este libro, que sea holístico y tenga en cuenta cómo funcionan la mente y el cuerpo como una unidad, es esencial para una sanación sostenible.

Cuanto más puedas percibir cómo tu vida emocional es una experiencia centrada en el cuerpo, más notarás lo vital que es integrar al cuerpo en la sanación del dolor generacional. Si parece demasiada información para asimilar, lo entiendo. A mí también me tomó algo de tiempo entenderlo, pero permíteme explicarte cómo llegué a este punto.

Durante mi formación doctoral fui elegida para una beca de investigación en una clínica de salud mental holística, designada por una subvención del Departamento de Salud y Servicios Humanos de Estados Unidos y en colaboración con el Centro Médico Irving de la Universidad de Columbia. Asumí múltiples funciones durante mi beca de tres años. En mi primer año, la directora de mi beca, la doctora Elizabeth Fraga, me asignó el papel de coordinadora del proyecto, donde trabajé en el desarrollo de un programa piloto que me ubicaría en diferentes clínicas de especialidades médicas en todo el sistema hospitalario de Columbia. Nuestro objetivo era ayudar a los pacientes que padecían condiciones comórbidas, es decir, que padecían complicaciones de salud física y mental. Diseñamos el programa en torno a la comunidad latina de Washington Heights en el Alto Manhattan, donde el campus del Centro Médico de Columbia brinda servicio a toda un área. Una vez conceptualizado el programa e integrado al centro médico, mi función era proporcionar servicios psicológicos holísticos en español a miembros de la comunidad que cumplieran con las condiciones clínicas que buscábamos atender. Los síntomas de salud mental que atendimos incluían depresión, ansiedad, trastorno de pánico, trastorno bipolar, trastorno por estrés postraumático (TEPT), trastorno por déficit de atención e hiperactividad (TDAH) y psicosis. Los síntomas de salud física con los que trabajamos fueron problemas cardiacos, afecciones pulmonares, afecciones autoinmunes, problemas estomacales, trastornos neurológicos y complicaciones durante y después del parto.

Durante el segundo año me asignaron como médica de salud mental en varias clínicas especializadas del hospital (por ejemplo, consultorios de cardiología, neurología, ginecología y atención primaria). Mi tarea clínica era ofrecer servicios de salud mental a pacientes que llegaban quejándose de síntomas físicos en los que no se podía encontrar una causa física obvia, o a aquellos que tenían condiciones físicas y psiquiátricas comórbidas que se sospechaba que estaban relacionadas. Además, capacité a personal del hospital (médicos, enfermeras, trabajadores sociales y asistentes clínicos) sobre las condiciones de salud mental subyacentes que con frecuencia se ocultan tras los padecimientos de salud física que presentaban nuestros pacientes. Trabajábamos en equipo. Compartíamos pacientes, compartíamos ideas, compartíamos sesiones y trabajábamos como un equipo de médicos centrado en la mente y el cuerpo. Integrábamos prácticas curativas antiguas en este sistema médico supermoderno. Fue verdaderamente innovador y, para muchos de nuestros pacientes, resultó validante y curativo. Era un modelo de psicología centrado en la comunidad y en las personas cuyo objetivo era aliviar sus dolencias y no mantenerlas como pacientes perpetuos.

En un momento dado, uno de mis supervisores clínicos y la entonces directora de la clínica, la doctora Diana Puñales-Morejón, quisieron llevar espiritistas de habla hispana a las reuniones de equipo de la clínica para capacitar al personal sobre las formas en que podríamos integrar de manera más efectiva los antiguos conocimientos culturales y espirituales a nuestro trabajo. Comprendimos que el trabajo que necesitábamos hacer en nuestra comunidad requeriría una lente holística que abarcara mente-cuerpo-espíritu y que fuera culturalmente relevante y responsable.

Estábamos trabajando para construir el futuro de la atención médica, un modelo integral de medicina. Recuerdo albergar el sentido del deber de hacer esto bien.

Después de todo, esta era mi comunidad. Mi familia vivía tan cerca del campus que una vez, cuando estaba en el vestíbulo de la clínica de ginecología buscando a una de mis pacientes, escuché a mi prima embarazada gritar desde el otro lado de la sala:

—¡Hola, Mariel!

Me quedé paralizada por un momento, ya que se supone que somos una *tabula rasa* sin conexión personal con el trabajo y las personas a las que servimos, esto según la psicología tradicional. Entonces, al día siguiente, en mi sesión de supervisión, le dije titubeando a la doctora Puñales-Morejón y al doctor Santos Vales (mi otro supervisor) que me había encontrado con mi prima en el vestíbulo, creyendo que existía la posibilidad de que me dijeran que no interactuara con miembros de la comunidad fuera de la sala de tratamiento. Sin embargo, se rieron mucho a causa de ello. Sabían que era mi iniciación en el trabajo de la sanación comunitaria. La doctora Puñales-Morejón dijo medio en broma:

—¡Bienvenida a la psicología comunitaria!

Y el doctor Vales, asintiendo, dijo:

—Las personas a las que ayudamos son nuestra gente.

En ese momento tuve una comprensión monumental: estábamos en nuestra comunidad haciendo un trabajo comunitario holístico que tenía sus raíces en la manera en que nuestra gente había sanado durante siglos. Este trabajo era tanto personal como profesional. Estábamos dedicados por completo a brindar la mejor atención a nuestro querido pueblo. Comprendíamos que necesitábamos pensar más allá de los modelos tradicionales de psicoterapia y adoptar modelos que de verdad funcionaran a largo plazo. Cuando vimos cuántas personas en el hospital acudieron a nosotros con antecedentes generacionales de dolor, condiciones comórbidas y síntomas físicos derivados del estrés, entendimos que el modelo más sólido y ético de atención era un modelo holístico que honrara la mente, el cuerpo y el espíritu de las personas a las que se nos encargó servir. Fue en ese momento cuando realmente comenzamos a ver un cambio global en nuestros pacientes. Ese es el modelo que me comprometo a enseñarte en las páginas de este libro.

Es probable que ahora te estés preguntando «qué significa sanar de esta manera más global?». La respuesta rápida es que ya estás realizando una sanación holística con las prácticas que estás aprendiendo en este libro. Cada una de las prácticas de «Rompe el ciclo» se dirige al menos a un aspecto de la mente o el cuerpo y casi todas tienen un trasfondo espiritual. En cada práctica he tomado en cuenta a tu alma entera. Entonces, si enfrentar la idea de que el estrés está en el cuerpo te parece amenazante, empieza por comprender que ya tienes herramientas a tu disposición; solo revisa los ejercicios de este libro. Puedes repetir estas prácticas una y otra vez hasta que empieces a ver resultados tangibles. Eso es lo que hice con mis pacientes: repetimos estas prácticas hasta que vimos una mejora. Analicemos las historias de Nola, una paciente cuyo dolor estaba profundamente arraigado en su cuerpo, y el viaje de dolor mente-cuerpo de mi hermana Lady para ayudar a ilustrar un poco más este enfoque holístico.

El dolor está en los pulmones

Nola tenía una enfermedad pulmonar crónica. Ella no fumaba, no trabajaba en condiciones peligrosas y no realizaba otra actividad adicional que pudiera haber causado, en circunstancias normales, una condición como la suya. Un día cualquiera, respirar se convirtió en algo difícil para ella. Esto ocurrió tantas veces que al final le diagnosticaron una enfermedad pulmonar crónica idiopática. *Idiopática* significa que brotó de modo espontáneo sin causa conocida. A lo largo de los años se sometió a varias intervenciones, incluyendo biopsias quirúrgicas en las que un médico le extirpó tejido pulmonar en busca de respuestas a esta misteriosa inflamación. Sus médicos continuaban atendiendo el pulmón mientras ignoraban sus problemas mentales y espirituales. Su tratamiento no tomaba en cuenta las capas de estrés bajo las que se encontraba esta mujer ni la función generalizada de inflamación, basada en el estrés generacional, que contribuía a la disminución de las funciones de sus órganos.

Una vez que comencé a trabajar con Nola, contacté al nutriólogo, al trabajador social y a los médicos de nuestra clínica para diseñar un plan holístico que pudiera ayudar a liberar algunos de los factores de estrés en su vida. Si no podíamos eliminar por completo su inflamación pulmonar, al menos podríamos limitar su progresión. Cuando ella venía a las sesiones trabajábamos con métodos holísticos de salud mental (es decir, todas las prácticas que ya tienes a tu disposición en este libro, como la respiración profunda y la visualización, ejercicios de estimulación vagal ventral, meditaciones, otras prácticas sensoriales corporales y, por supuesto, hablar sobre sus traumas generacionales). Yo asistía a sus sesiones con su nutriólogo y con su médico para ofrecer mi opinión y conocer sus recomendaciones sobre nutrición enfocadas a promover la salud y equilibrar su estado de ánimo. Nuestro trabajador social la enlazó con un estudio clínico donde podría recibir un monitoreo de vanguardia de su función pulmonar. Además, lo más importante era que todos sus médicos y especialistas estaban en comunicación en cuanto a niveles hormonales, cambios en el estilo de vida, el análisis de enfermedades y el progreso de la sanación. Trabajamos juntos para llevar la salud de Nola a un nivel óptimo, lo cual ayudó. Con el tiempo logró respirar mejor, estar más activa y sentirse emocionalmente más ligera bajo nuestro cuidado.

Pero para mí el caso de Nola fue, más que profesional, personal. Mientras trataba a Nola, también cuidaba a mi hermana, Lady. Unos años antes ella también desarrolló una enfermedad pulmonar. La suya, sin embargo, fue consecuencia de una afección inflamatoria llamada artritis reumatoide. Sus pulmones se convirtieron en la principal fuente de su inflamación artrítica. Como hermana mayor, Lady siempre había tenido mucha presión sobre sí. En los hogares latinos es común que se asignen responsabilidades indebidas a la hija mayor, en especial una hija inmigrante de primera generación. Es una práctica cultural que puede tener consecuencias devastadoras para los niños, darles una responsabilidad tan grande a una edad demasiado temprana. Ella siempre ha sido alguien a quien puedes acudir. Pasó su vida cuidando a todos; no solo a mí, sino muchas veces también a nuestros padres. Junto con este sentido crónico de responsabilidad familiar, experimentó otros traumas, incluida la pobreza y la ausencia de mi padre cuando estuvo separado de nosotros durante diez años mientras esperaba su tarjeta de residencia estadounidense. Toda una vida cargando el peso emocional de todos se expresaba ahora en su cuerpo físico. La condición casi le cuesta la vida.

Creo que mi hermana, como Nola, se aferró a mucho dolor, en especial al dolor de una infancia perdida, una infancia sacrificada al servicio de hacer realidad el «sueño americano» de mi familia y cuidar de mis padres y de mí. Ahora, mi hermana y yo miramos hacia atrás y hablamos de cómo ella fue parentificada, que es cuando los padres le dan al niño algunas responsabilidades que pertenecen a los padres, como cuidar de forma parcial a sus hermanos menores. Durante la mayor parte de nuestra infancia mi hermana tuvo la tarea de cuidarme, mientras que nuestra madre tenía dos trabajos. Cuando mi hermana enfermó, de repente los papeles se invirtieron y fui yo quien la cuidó. Yo tenía la función de estudiante de doctorado durante el día y de enfermera de mi hermana durante la noche. A veces dormía en un sillón reclinable de hospital junto a su cama, luego tomaba el tren desde el Bronx al Alto Manhattan para ver a mis pacientes, me dirigía al centro para ser supervisada por mi inspectora holística de salud mental, la doctora Traci Stein, caminaba de regreso al norte de la ciudad para asistir a clases por la tarde, hacía una transición para dar mis propias clases en el campus principal de Columbia en Morningside Heights, luego regresaba a Washington Heights para enseñar en el departamento de Asesoramiento Genético del Centro Médico de Columbia, y al final regresaba al Bronx, a mi sillón reclinable de hospital. ¡Uf!

Al pasar por eso, no pensaba en nada. No tenía tiempo de hacerlo. Tenía el deber de ayudar a mi hermana a sobrevivir y tenía el impulso de terminar esta carrera para ayudar a más personas a sanar. Creo que la resiliencia generacional me ayudó a superar esos momentos. A pesar de todo, logré obtener buenas calificaciones y asimilar todo el conocimiento holístico que pude, porque no solo mis pacientes dependían de mí, sino que ahora mi hermana también lo hacía.

Lo que aprendí en ese tiempo lo apliqué a todos los aspectos de mi vida. Cuando me enteré de las implicaciones de la inflamación en el cuerpo durante mi beca compartí esa información con mis compañeros y con mi hermana. Cuando descubrí los beneficios de practicar la meditación holística los compartí con mis pacientes y con mi familia. Empecé a practicar taichí y yoga. ¿Y adivina quién se unió a mí? Así es, mis pacientes y mi hermana también empezaron a practicar taichí y yoga. En clase aprendí sobre las implicaciones del microbioma intestinal en el estado de ánimo y la salud, y transmití esa información a mis pacientes y a mi hermana.

Cualquier conocimiento que obtenía sobre la atención holística iba a la comunidad y a mis espacios personales. Mi hermana experimentó un aumento positivo en su función pulmonar. De hecho, empezó a mejorar durante un breve periodo. Desafortunadamente, cuando comenzamos a integrar estas prácticas centradas en el cuerpo, los pulmones de mi hermana apenas funcionaban y una ligera mejoría no era suficiente para mantenerla con vida. Ya estaba recibiendo oxígeno las 24 horas, los siete días de la semana y necesitaba un trasplante lo antes posible. Tuvimos la suerte de que el acto desinteresado de nuestro donante de órganos le brindara a mi hermana la oportunidad de un trasplante y una segunda oportunidad de vida. Pero nunca abandonamos las lecciones que aprendimos sobre la mente y el cuerpo. Continuamos practicando la sanación holística hasta el día de hoy.

Me habría gustado aprender antes acerca del tratamiento integral del trauma. Ojalá hubiera entendido que, durante siglos, en las culturas orientales se había entendido que la tristeza se aloja en los pulmones, en el chakra del corazón. Quisiera haber sabido cómo el cuerpo se ataca a sí mismo cuando está demasiado inflamado por el estrés y por qué las prácticas antiinflamatorias mente-cuerpo son fundamentales para la sanación. Desearía haber sido consciente de todo un mundo de sabiduría sanadora antigua y de lo que esta tenía para enseñarme sobre cómo lograr el equilibrio en el cuerpo antes de que este se dé por vencido. Ojalá no hubiéramos sufrido una desconexión tan profunda con la sanación ancestral en el mundo moderno y no tuviéramos que trabajar tan duro para recuperar esta sabiduría en momentos tan críticos, cuando el dolor que llevamos amenaza nuestra vida. Sobre todo, me habría encantado que tanto para mis pacientes como para mi hermana hubieran existido métodos preventivos para protegerlos de una serie de procedimientos médicos traumatizantes. Ojalá hubiera podido salvar a todos de su dolor. Desearía haberme salvado de mi propio sufrimiento.

Pero no podía. Tuve que aceptar que no podía. Todo lo que podía hacer era educarme a mí misma, a mis pacientes, a mi familia, a mi comunidad y ahora a todos los lectores. No puedo deshacer el pasado, pero puedo ayudarte a adquirir conocimientos y a construir una vida más equilibrada, ahora y durante generaciones. Para mi hermana, romper el ciclo significaba volver a conectarse con su cuerpo de manera integral. También significaba que, como hija mayor de inmigrantes, tenía que abandonar la carga de salvar a todos, porque ahora era ella la que necesitaba ser salvada. Tenía que desaprender su respuesta al trauma, que era complacer a la gente, con una fuerte dosis de culpa. Esto significaba que necesitaba llorar la infancia que no pudo tener. Para vivir una vida más plena, tuvo que deshacerse del equipaje emocional que llevaba sobre sus pulmones. Tú también tendrás que renunciar al peso del estrés que se está plantando en ti. Ahondemos más en ese conocimiento basado en el estrés que puede ser útil a lo largo de tu viaje. Recuerda respirar profundo y hacer pausas suaves mientras continúas leyendo.

El impacto generacional del estrés

Las enfermedades crónicas en las que influye el estrés pueden afectar a generaciones de familias. Esto es cierto en particular en el caso de enfermedades inflamatorias (por ejemplo, trastornos autoinmunes, enfermedades cardiacas y problemas gastrointestinales). La exposición a experiencias adversas en la infancia (EAI) se asocia con inflamación crónica y un riesgo elevado de respuestas inflamatorias en el cuerpo. Los niños que viven con historias adversas tienden a estar más indefensos ante infecciones recurrentes y ser más susceptibles a afecciones inflamatorias crónicas, como afecciones cardiacas, artritis, diabetes, depresión, afecciones gastrointestinales, distintos tipos de cáncer, trastornos autoinmunes, demencia y otras dolencias a lo largo de su vida. Las enfermedades cardiacas y otras enfermedades crónicas que persisten hasta la edad adulta se relacionan con el abuso psicológico sufrido en una etapa temprana de la vida. Un estudio centrado en personas que vivían con lupus sistémico encontró una historia común de privación emocional durante la infancia, lo que muestra una correlación entre la presencia de la enfermedad y una relación fracturada con los cuidadores.

Estudios a largo plazo que analizan cómo los niños ven a sus padres (por ejemplo, de forma positiva y cálida, o de forma negativa y fría) relacionaron el riesgo elevado de enfermedades cardiacas e hipertensión con aquellos que veían a sus padres o cuidadores con menor calidez. Y un estudio de Harvard y de la Universidad Johns Hopkins incluso encontró que las personas que informaron que tuvieron relaciones menos cálidas y amorosas al crecer tenían más probabilidades de desarrollar cáncer en la mediana edad. La conexión estrés-enfermedad es real y es perjudicial para el equilibrio del cuerpo.

El estrés generacional no abordado puede hacer que sea casi imposible que el cuerpo alcance el equilibrio (homeostasis). En casos graves, el trauma puede destruir la capacidad del cuerpo para mantenerse con vida, ya que agrava los problemas de salud existentes o crea nuevas enfermedades en el cuerpo. Tomemos como ejemplo un grupo de músculos que se ve afectado en gran medida por la tensión en el cuerpo: el corazón. Las hormonas del estrés como la adrenalina, la noradrenalina y el cortisol son altamente responsables de la inflamación en el sistema circulatorio, y en especial en las arterias coronarias, que son las vías de los infartos cardiacos inducidos por el estrés. Y cuando hay inflamación crónica dirigida a un órgano, la función del sistema inmunológico por lo general se suprime, lo que da lugar a un riesgo elevado de infección y otras enfermedades. Ilustraré algunos otros ejemplos de conexiones comunes entre el estrés y la enfermedad, pero antes de continuar, hagamos una pequeña pausa, porque estás recibiendo mucha información importante.

Haz un escaneo corporal rápido y percibe cómo tu cuerpo asimila esta información centrada en el propio cuerpo. ¿Tus músculos están tensos o más relajados? ¿Hay alguna sensación que no hayas notado antes? Si es así, dirige tu atención al lugar donde tienes alguna sensación. Si tus manos pueden llegar a esa zona, date un suave masaje o solo golpea suavemente la zona. Aumenta la profundidad de tu respiración inhalando durante más segundos y exhalando durante unos segundos más. Y cuando estés listo, veamos algunos ejemplos más.

Otro ejemplo importante de esta conexión mente-cuerpo es la depresión que afecta a las familias. La depresión es una de las principales causas de discapacidad a lo largo del mundo. Los casos de depresión han superado al cáncer, al VIH/sida y a las enfermedades cardiovasculares y respiratorias juntas.

La depresión no es solo una enfermedad mental, también es una enfermedad corporal. Puede resultar muy difícil para las personas mover el cuerpo cuando están deprimidas. Por eso a menudo escuchamos que las personas deprimidas solo tienen energía para quedarse en la cama o en el sillón todo el día. Esto se debe en parte a que la depresión en sí misma tiene una función inflamatoria, lo que significa que el cerebro y el cuerpo deprimidos están inflamados. Esto puede explicar por qué algunos antidepresivos no funcionan en determinadas personas. La función de algunos antidepresivos es activar o inhibir ciertos neurotransmisores responsables del estado de ánimo; sin embargo, esta línea de tratamiento no aborda el proceso inflamatorio de la depresión, que es fundamental tener en cuenta.

El estrés también puede tener un impacto directo en los órganos sexuales y la reproducción. Cantidades excesivas de cortisol pueden afectar el funcionamiento bioquímico de los órganos sexuales al crear desequilibrios en los niveles hormonales, que interfieren con la producción de esperma y contribuyen a la impotencia, menstruaciones anormales, dolor y complicaciones en los órganos reproductivos.

Es importante considerar que revertir el estrés, o gestionarlo mejor, también puede ayudar a mejorar el funcionamiento de nuestro cuerpo en todas estas áreas. Como mencioné, los dos están vinculados de modo bidireccional, por lo que uno tiene impacto en el otro y viceversa, en ambas direcciones (de forma positiva y negativa).

Sabiendo todo esto, consideremos ahora algunas afecciones inflamatorias crónicas comunes y sus síntomas de salud mental. Las personas que tienen lupus a menudo luchan contra la desorientación mental y la pérdida de memoria. Quienes padecen el síndrome del intestino irritable tienen síntomas comunes de ansiedad. Uno de los principales síntomas de la fibromialgia es la depresión. La inflamación crónica empeora los estados de ánimo negativos, y esos estados de ánimo impactan de manera negativa en la condición física. Estas condiciones vinculadas se vuelven cíclicas entre la mente y el cuerpo. Por eso, cuando trabajas para *mejorar* ya sea la inflamación o el estado de ánimo, tendrás un impacto *positivo* en el otro. Esta es la razón por la que algunos medicamentos que se usan para tratar afecciones inflamatorias también ayudan a aliviar el estado de ánimo. Por ejemplo, medicamentos que tratan la artritis reumatoide, la psoriasis y el asma han tenido mayor éxito en el tratamiento de la depresión que algunos antidepresivos, dependiendo de la persona tratada. Por lo tanto, una defensa de primera línea contra el estrés también se centraría en la reducción de la inflamación en el cuerpo, razón por la cual hago tanto hincapié en este tema. No quiero que le pongas un curita a tu sanación. Quiero que estés plenamente informado y sanes de modo global tu estrés y tu tensión generacionales.

Sana el cuerpo de manera integral

Un protocolo de trauma bien integrado te enseñará cómo ayudar a tu cuerpo a disolver el estrés. Para centrarnos en sanarte completamente en lugar de solo tratar una condición de salud específica, será esencial para nosotros integrar prácticas de bienestar holístico en tu rutina diaria. Cada vez que te mueves para sanar con intención e intuición una parte de tu trauma generacional abandona tu cuerpo y deja espacio para que tu cuerpo absorba la salud generacional. Si lo eliges, el bienestar holístico puede ser una nueva forma de vida.

Las culturas antiguas han estado corrigiendo durante generaciones los desequilibrios de mente-cuerpo-espíritu. Los seres humanos han estado utilizando los recursos naturales y la energía del planeta para aliviar y tratar enfermedades durante más de 60 000 años. Hay una razón por la que las prácticas curativas se han mantenido vigentes durante milenios: porque funcionan.

Las prácticas holísticas estimulan una respuesta curativa que ofrece serenidad a todo el cuerpo. Incluyen todo lo que cae bajo el paraguas de la medicina alternativa, la homeopatía o la naturopatía, e incorporan la sabiduría obtenida del Ayurveda, la medicina china, la sanación de origen africano, la sabiduría indígena, el espiritismo y una multitud de otras escuelas de sanación que han ayudado a mantener viva a la población humana durante siglos. Los profesionales holísticos integran una amplia gama de prácticas en su terapia, dependiendo de su formación y las necesidades de los pacientes a los que atienden. El rango de estas prácticas puede ir desde la meditación hasta el consumo de hierbas, desde el yoga hasta la terapia de movimiento de la danza africana, desde los tés hasta la sanación energética. Honran el cuerpo de sabiduría que la humanidad ha llevado a todos los rincones del mundo.

Una de las técnicas que elegí integrar en mi propia vida y en mi trabajo con los pacientes es la preparación consciente de té utilizando hierbas medicinales. Las hierbas medicinales son una parte especial de la forma en que ofrezco educación psicológica centrada en lo holístico. Muchas personas que están familiarizadas con mi trabajo a través de las redes sociales me conocen por organizar lo que yo llamo sesiones de terapia de té. Durante el confinamiento por la pandemia de COVID-19 comencé a filmar videos con formato de sesiones de terapia mientras preparaba mis tés favoritos. En estos videos compartía algunas perlas de sabiduría sobre sanación, utilizando mi lema característico (¡El té está caliente!) para dar a entender que el mensaje que iba a transmitir sería una reflexión profunda sobre el trauma, las relaciones y la salud mental, aunque necesario de asimilar. Y la gente lo agradeció. Lo que la mayoría de las personas no sabe acerca de mis sesiones a la hora del té es que surgieron de un amor profundo y multigeneracional por el té y por una tradición familiar de sanación con este tipo de bebida.

Después de que mi abuela falleció, comencé a hacer mi propio trabajo de sanación, investigando mi ascendencia y obteniendo sabiduría de mi titi (mi tía); mi tío abuelo; mi hermana, Lady; mi prima Leezet, y mis padres. Esa investigación me llevó por primera vez al té. Mi madre prepara té todas las noches. Una noche me ofreció un té que olía a zacate limón (en República Dominicana se conoce como limoncillo), mi aroma preferido para aromaterapia. Mientras mi madre preparaba el té, me explicó cómo mi abuela hacía el mismo té en Barahona. Comenzó a hablar sobre mis raíces ancestrales y las formas en que mi familia se ha apoyado en las mezclas de té locales como bálsamos curativos durante muchas generaciones. Mi abuela vivía en una pequeña casa en Barahona, en una comunidad de dominicanos sumidos en la pobreza durante generaciones. Su casa estaba hecha de páneles de madera endebles y tenía un techo de lámina, sin pisos (el suelo era de tierra) y sin plomería interior. Tenía una cocina improvisada y en esa cocina ella preparaba sabiduría antigua. Remojaba hierbas locales para ayudar a curar a sus hijos, incluida mi madre, cada vez que se enfermaban. Ahora mi madre me estaba transfiriendo esa sabiduría generacional a través del té de zacate limón de mi abuela.

Cuando era más joven, siempre desestimaba la creencia de mi madre en el poder reconstituyente de los tés. No puedo creer haberles dado tan poca importancia. Cuando huelo el zacate limón me siento profundamente conectada con el momento presente; al escuchar la historia de mi madre, por fin entendí por qué. Ese aroma fue una fuente de sanación para generaciones en mi familia. Podemos llevar recuerdos olfativos multigeneracionales que nos recuerdan la resiliencia y la sanación, como lo hice yo con el té de mi abuela. Después de conocer estos tés por primera vez, seguí investigando. Descubrí las numerosas propiedades curativas que estaban presentes en este té en particular: tenía muchos beneficios antiinflamatorios. Quedé boquiabierta. Creo que mi abuela habría querido que todos supieran sobre este té, para que ellos también pudieran sentir su poder curativo. Entonces, como un amoroso regalo generacional de mi familia a la tuya, me gustaría ofrecerte esta receta. Yo lo llamo té curativo de zacate limón de Mamá Tutúna. Y en caso de que necesites cierta orientación sobre cómo puede ayudarte, te ofrezco algo de la sabiduría curativa que recibí. Puedes encontrar tanto esta receta como la información al final de este libro, en el apéndice A.

Rompe el ciclo: estimula el nervio vago ventral generacional

Dado que tu cuerpo tiene capas y es ancestral, el trabajo que se te pedirá que hagas para regularlo también será en capas. La tonificación vagal es una práctica que ayuda a profundizar en el sistema nervioso y estimular el nervio vago ventral, el nervio responsable del descanso del sistema nervioso y la reducción del estrés. Es una práctica que te ayuda a entrar en un estado más tranquilo. Estimular el nervio vago ventral puede producir un efecto inmediato sobre tu sistema nervioso y puede tener un efecto duradero en tu funcionamiento emocional general. Pero ¿cómo?

La estimulación del nervio vago (ENV) libera señales químicas llamadas neuromoduladores a las neuronas para ayudar a aumentar la cantidad de «sustancias químicas de la felicidad» que producen, como dopamina, serotonina, endorfinas y oxitocina. El proceso de ENV envía señales a tus neuronas de que estás a salvo y, como resultado, estos neuromoduladores comienzan a generar cambios muy específicos y duraderos en el cerebro. A esto lo llamamos neuroplasticidad: cuando los cambios químicos producen cambios estructurales en ciertas regiones del cerebro. La ENV ha logrado aliviar de modo eficaz los efectos de algunas lesiones cerebrales leves y del trastorno por estrés postraumático. En resumen, ayuda a tu cuerpo a sentirse más tranquilo y puede disminuir el impacto del trauma en tu cerebro y tu sistema nervioso. Con ello te brinda mayores oportunidades de sentirte seguro, amplía tu ventana de tolerancia generacional (más sobre esto en el capítulo 6, donde veremos tu sistema nervioso generacional) y desintoxica el estrés generacional de tu cuerpo. Entonces, con el ánimo de utilizar la estimulación del nervio vago para ofrecerte una herramienta para liberar el estrés, piensa en una canción que te lleve a un estado de amor, calma y tranquilidad. Si es una vieja canción, como alguna que te cantaba un familiar o un antepasado afectuoso, es todavía mejor opción.

- Siéntate en un lugar cómodo, si puedes, y baja la mirada hasta una posición que se sienta segura o cierra los ojos por completo.
- Si es posible, coloca tu mano derecha sobre tu corazón y tu mano izquierda sobre tu vientre.
- Respira con suavidad y comienza a tararear la canción.
- Asegúrate de controlar tu respiración, tararear la melodía con gran lentitud y prestar mucha atención a cómo tu cuerpo absorbe estas vibraciones sonoras.
- Imagina cómo tu tarareo penetra en lo profundo de tu sistema nervioso y te ofrece sanación, abriéndose camino a través de cada una de tus neuronas y creando nuevas conexiones neuronales y memoria celular centradas en la sanación.
- A media canción, piensa en las personas de tu linaje a quienes te gustaría ver liberadas de la carga del estrés.
- Profundiza el sonido tarareando un poco más fuerte ahora y, a medida que lo profundizas, imagina que tu sonido vibra en sus nervios vagos ventrales.
- Tenlos en mente mientras tarareas la canción hasta el final.

- Imagina que te sientes más tranquilo en tu estado emocional más regulado. Imagina que tus familiares también lo hacen. Imagina que tus antepasados también sienten esto. Imagina cómo todos ustedes se están sanando de manera colectiva en este momento.
- Una vez que termines la canción, siéntete libre de respirar con suavidad otra vez para completar tu práctica.
- Envía gratitud a los ancestros a quienes reuniste contigo en esta práctica tan solo pronunciando la palabra *gracias*.
- Date un apretón suave.
- Abre los ojos y permanece sentado durante 30 s más.
- Percibe lo que sientes. ¿Cómo está tu alma en este momento?
- Si te ayuda, toma tu diario y dedica un momento para reflexionar. Estoy segura de que hay mucho que escribir.

Lo que has aprendido hasta ahora

En este capítulo exploraste cómo se interpreta el estrés en la conexión mente-cuerpo. También aprendiste cómo el estrés puede ser el culpable de una gran cantidad de enfermedades físicas y cómo la sanación holística ayuda al cuerpo a sentirse más tranquilo. Luego hiciste un ejercicio que se enfocó en la tonificación de tu nervio vago ventral. Aprendiste mucho e hiciste mucho, así que felicítate por superar esta parte, respira profundamente unas cuantas veces para continuar calmando tu cuerpo y, cuando estés listo, échate un clavado en las preguntas de reflexión de este capítulo, antes de abordar qué es en realidad el trauma generacional y cómo vive en ti.

PREGUNTAS DE REFLEXIÓN

¿Qué es lo que más te llamó la atención acerca de cómo el trauma generacional queda capturado en el cuerpo?

¿Cómo te sientes en cuanto a integrar prácticas de sanación holística como un estilo de vida o rutina?

¿Cuál fue el resultado al realizar el ejercicio del nervio vago ventral que se ofrece en este capítulo?

CAPÍTULO 4

EL TRAUMA NO SANADO Y TÚ

Encuentra la libertad en el contexto que heredas.

LEE MARACLE, escritora indígena revolucionaria Stó:lō

Ahora que comprendiste bien por qué estás leyendo este libro (porque eres un rompeciclos, porque tienes una gran resiliencia que llevas dentro de ti y porque mereces sanar tu ser entero), comencemos a comprender las mayores profundidades del trauma generacional. Cuando una herida del cuerpo físico no se cura, continúa causando dolor y se vuelve vulnerable a una infección. Ese dolor y esa infección pueden extenderse a otras partes de tu cuerpo. Algo parecido ocurre con las emociones. Cuando las dejamos sin sanar, las emociones negativas nos lastiman profundamente. Tienen el poder de contaminar todos los demás aspectos de nuestra vida, haciendo que vivir, algunas veces, parezca casi insoportable. Pero a diferencia de las heridas físicas, las heridas emocionales pueden ir más allá de la persona herida y tener la capacidad de herir a otros, como familiares, personas que son importantes para nosotros, amigos, compañeros de trabajo y niños. Por esta razón, las heridas emocionales no sanadas pueden tener efectos devastadores en familias y comunidades enteras.

El vacío crónico de Nola

Las personas que viven con un trauma generacional a menudo tienen síntomas crónicos de salud mental. Una de las condiciones más comunes a las que tienen que enfrentarse es la depresión. Y ese era en definitiva el caso de Nola. Nola, mi paciente que padecía una enfermedad pulmonar idiopática, luchaba contra algo a lo que yo denominé «vacío crónico». Era una depresión crónica que había provocado que no pudiera encontrar alegría en su vida, sin importar cuánto lo intentara. No podía siquiera encontrar alegría en las dos áreas de la vida en las que se sentía más realizada: la maternidad y su carrera. Nada llenaba el vacío. Porque la depresión ocasiona eso. Crea una profunda tristeza, vacío y soledad. Para Nola, su depresión también se manifestaba como una irritabilidad constante. Siempre reaccionaba de forma negativa hacia quienes la rodeaban y tenía frecuentes arrebatos de ira. Esa fue su respuesta al trauma; o dicho de otra manera, su respuesta emocional ante una angustia extrema.

Con frecuencia, Nola entraba en conflicto con las personas y muchas veces discutía con quienes la rodeaban (su esposo, sus compañeros de trabajo, el único amigo al que había logrado conservar e incluso su hija adolescente). Todo lo que conocía era una miseria ineludible, porque al crecer fue todo lo que vio. Su madre sufría el mismo vacío que su abuela. Todas ellas estaban atrapadas en un ciclo de miseria.

Como su médico, me resultaba muy difícil ver con qué frecuencia Nola caía en espiral, especialmente en el trabajo. Era trabajadora social y, en lugar de contribuir a la curación de su comunidad mediante su trabajo, llevaba esa misma miseria a sus interacciones con las personas a las que debía ayudar. Les hablaba con desprecio, estaba irritable y no quería ayudarlas con tareas simples que podían mantenerlas fuera de los albergues. Como dicen, a la miseria le encanta la compañía, y Nola fue una de las que contagió su miseria a todos los que entraron en contacto con ella. Como en el caso de Nola, el dolor que siente una persona puede convertirse en un arma dañina que se descarga sobre cualquiera que esté cerca.

Existen muchos tipos de respuestas al trauma y sus manifestaciones pueden variar de forma drástica de persona a persona. Sin embargo, las respuestas al trauma están unidas en el sentido de que son causadas por el sufrimiento y crean nuevo sufrimiento. Crean sufrimiento para los demás, como fue el caso de Nola, y crean sufrimiento para uno mismo, por ejemplo, autolesión, autodestrucción o consumo excesivo de alcohol.

¿Cómo saber si lo que estás experimentando es una respuesta al trauma? Para empezar, una parte de ti sabe de modo intuitivo que tu respuesta proviene de un lugar de estrés abrumador. Este estrés puede ser agudo (lo que significa que la experiencia traumática causó un alto nivel repentino de tensión emocional y tal vez incluso amenazó tu vida, como un desastre natural, un robo a punta de pistola o un accidente grave), o puede ser crónico (es decir, que el factor estresante ocurrió durante un largo periodo, como abuso infantil, opresión o dinámicas familiares tóxicas).

Pero una respuesta al trauma no es el evento traumático original en sí, sino la forma en que procesaste emocionalmente el evento, al igual la manera en que tu mente afrontó las circunstancias dañinas para mantenerte vivo y a salvo. Entonces, cuando estás atravesando una respuesta traumática, en realidad lo que estás atravesando son adaptaciones mentales diseñadas para permanecer cuerdo, y mantener tu mente y tu corazón intactos durante un evento abrumador. El problema surge cuando esos síntomas continúan una vez que ya no estás amenazado, pero aún sientes la necesidad de protegerte sin cesar.

El trauma en sí, según las definiciones clínicas actuales, puede clasificarse en múltiples categorías, incluido el estrés postraumático, el trauma infantil, el trauma complejo, el trauma racial y, ahora, el trauma generacional. Algunas de estas representaciones del trauma aún no llegan al manual de diagnóstico que utilizan los médicos en el mundo entero. Pero no necesitas un manual científico que te diga que tu experiencia es genuina o que tu experiencia de vida fue afectada por un daño emocional. Sientes el daño en tu *mente* a través de tus emociones y pensamientos; en tu *cuerpo* por medio de sensaciones físicas y desencadenantes; y a través de tu *espíritu* en tus relaciones acabadas, en la sensación de no estar conectado con el presente y en siempre estar en modo supervivencia. Lo sientes en tu *alma*. Sé que esto es mucho para asimilar y es posible que sientas el peso de todo esto mientras lees. Pero no te preocupes, te entiendo y aprenderemos muchas prácticas que te pueden ayudar.

¿Cómo sabes que estás lidiando con un trauma generacional?

Entonces, ¿por dónde empezar? Bueno, es posible que ya lo hayas adivinado, pero todo comienza con la identificación de lo que te llevó a leer este libro en primer lugar. En mi experiencia, mi primera comprensión de cómo llevaba conmigo heridas generacionales se produjo cuando reconocí que mi incapacidad para desprenderme de pequeñas cosas materiales era un síntoma de trauma. Para ti, la primera vez que supiste que tenías un trauma generacional pudo haber sido cuando tuviste que establecer una sana distancia respecto de un familiar. Quizá fue cuando notaste por primera vez que durante toda tu vida tus familiares invalidaron tus emociones. O tal vez fue cuando te diste cuenta de que reaccionabas al estrés y al dolor emocional de la misma forma en que lo hacían tus padres. O tal vez fue cuando:

- Fuiste a terapia y te diste cuenta de que habías visto reflejados tus patrones no saludables de relaciones adultas en la casa donde viviste tu infancia.
- Te diste cuenta de que gran parte de tu sufrimiento emocional proviene de no recibir suficiente amor de

tus cuidadores, y que ellos también corrieron con la misma suerte.

- Te diste cuenta de que estabas repitiendo los mismos ciclos de relaciones tóxicas en los que viste a tus padres.
- Te diste cuenta de que tu familia guardaba secretos profundos que los habían atormentado emocionalmente a ellos y también a ti.
- Empezaste a ver que las dinámicas en las relaciones en tu familia son en realidad tóxicas y dañinas, en lugar de verlas como la norma.
- Te diste cuenta de que tienes una historia de buscar agradar o complacer a las personas para sentirte aceptado y amado, y que esta historia comenzó en tu familia mucho antes de que fueras concebido.
- Notaste que tus relaciones han tenido patrones codependientes, que siempre asumiste que eran un estándar en las relaciones.
- Te diste cuenta de que se consideraba normal que en tu familia unos a otros se hicieran dudar de su propio sentido de la realidad (*gaslighting* o manipulación).
- Te diste cuenta de que, a pesar de tener conciencia de las relaciones poco saludables, seguías comportándote de forma dañina, incluso con tus propios hijos.
- Te preguntabas por qué las relaciones abusivas se sentían muy familiares y por qué otros miembros de tu familia han sentido lo mismo.
- Te diste cuenta de que tiendes a distraerte cuando no te sientes seguro con las personas y recuerdas que las generaciones pasadas también se distraían cuando la vida era demasiado estresante.

- Te diste cuenta de que estabas recurriendo de forma inconsciente a la adicción para adormecer tu dolor de la misma manera en que lo hacen las personas de tu familia.
- La pérdida de un familiar sacó a relucir algunas emociones que pensabas que estaban enterradas.
- Escuchaste la historia de la vida de un antepasado y te diste cuenta de cuán similar fue su sufrimiento al tuyo.
- Te diste cuenta de lo difícil que te resultaba confiar en ti mismo y en los demás, del mismo modo que a tus padres les costó confiar.
- Te diste cuenta de que te resultaba difícil aceptar el amor de los demás, porque no te habían mostrado el amor genuino y ahora, como adulto, las expresiones de amor te han hecho sentir incómodo.
- Te diste cuenta de que te resultaba difícil decirles a las personas que las amabas, porque nunca fue un modelo para ti.
- Tuviste a tus propios hijos y comenzaste a preocuparte por la posibilidad de transmitir los mismos factores estresantes emocionales que heredaste de tus padres.
- Te diste cuenta de que repetías el mismo lenguaje dañino y el mismo castigo a tus hijos.
- Te diste cuenta de que pertenecer a un grupo marginado ha sido una fuente de sufrimiento para tu familia desde mucho antes de que nacieras.
- Te diste cuenta de que tú y tu linaje habían sido víctimas de las instituciones durante generaciones.
- Empezaste a darte cuenta de que en tu familia había problemas y traumas de salud mental no diagnosticados ni tratados.

- No pudiste encontrar ninguna explicación médica para tus síntomas.
- Te diste cuenta de que tu familia también estaba operando desde un lugar de dolor y, por más doloroso que haya sido reconocerlo, tuviste que aceptar el hecho de que hicieron lo mejor que podían hacer.
- Te diste cuenta de que merecías un pasado mejor y deseabas un futuro mejor.

Uno o más de estos pueden sonar exactamente como los momentos que te llevaron a saber que habías estado lidiando con la ansiedad, la depresión, la tristeza, la vergüenza, la soledad y el trauma de las personas que te precedieron. O tu historia podría ser diferente. Hay muchos más momentos de comprensión que no encajan en esta lista, pero constituyen experiencias objetivas y dolorosas que has tenido que resistir y que indican un trauma generacional. Cualquiera que sea tu historia, mantenla cerca de tu corazón. Es tuya y es válida. Sin reparar en cuáles fueron los momentos que te hicieron darte cuenta de que tenías capas de trauma en tu vida familiar, estás aquí, con una conciencia elevada del hecho de que tu familia ha sufrido heridas generacionales que fluyen a través de ti.

Sé que puede ser traumático en sí mismo aceptar la idea de que el trauma es parte de tu linaje. Redactaremos con lentitud tu narrativa generacional por medio del mapeo de tu historia en una Evaluación de sanación del trauma generacional y la creación de tu Árbol del trauma generacional en este y el siguiente capítulo. También hablaremos sobre cómo manejar las emociones que surgen cuando comienzas a profundizar en las capas, para que estés preparado en cada paso del camino. Por ahora, debes saber que, a medida que sigues leyendo, aquí y ahora, tienes en ti el poder y la oportunidad de romper el ciclo del dolor. Y por más difícil que resulte ser quien deba hacer este trabajo, también tienes que estar orgulloso de poder influir en el destino de todo tu linaje. No es tarea fácil, pero aquí estás, haciéndolo a pesar de todo.

Tensión generacional: lo que sintieron nuestros antepasados

Todas nuestras experiencias vividas en conjunto, desde ancestros lejanos hasta ancestros vivos y tú mismo, pueden converger en una superposición de *tensión generacional*. Me gusta llamarla tensión porque eso es exactamente lo que hace: te sobrecarga. Es una carga que uno lleva, e incluso si la llevas con honor, resulta extenuante y hace que la vida sea mucho más difícil de soportar. La tensión generacional vive dentro de ti y es la transmisión mental, física, espiritual y cultural del trauma. Es la angustia multigeneracional que se acumula, se entreteje en tu alma y determina la forma en que enfrentas los problemas y las alegrías de la vida.

Mucho antes de que se conceptualizara el trauma heredado en los diversos campos de la medicina moderna los humanos mostraban signos de comprender este fenómeno desde la perspectiva de las transmisiones energéticas basadas en el alma. En algunas culturas afroindígenas, una persona que tiene una crisis psicológica es vista como alguien que está en profunda conexión con su mundo interior espiritual, ya que se cree que llevan un don espiritual, perdido en algún lugar de su linaje, que la comunidad debe recuperar. De manera similar, entre los nativos americanos se concibe la idea de que las personas que experimentan estrés cargan con penas de hasta siete generaciones de su linaje. Si no logran una resolución en su generación, se dice que ese estrés afectará hasta siete generaciones en el futuro.

Si reflexionamos sobre la descendencia que se remonta siete generaciones atrás, estamos mirando a 128 quintos bisabuelos, quienes dieron a luz a 64 de sus hijos, quienes a su vez dieron a luz a 32 de sus hijos, quienes en su momento dieron a luz a 16 de sus hijos, quienes posteriormente dieron a luz a ocho de sus hijos, quienes a su vez dieron a luz a tus cuatro abuelos, quienes dieron a luz a tus dos padres, quienes, al final, te dieron a luz a *ti*. En conjunto, y contando solo siete generaciones atrás, llevas en ti al menos

255 historias directas, incluida la tuya. Este despertar a cuántas heridas potenciales del alma llevas dentro de ti es un paso importante hacia la sanación.

Nos estamos preparando para profundizar en tu linaje con mayor detalle. Al hacerlo, sigue este consejo: trata tus reflexiones de linaje como una práctica de recopilación de datos. Recopila estos datos y analízalos como si estuvieras en un laboratorio de investigación, buscando respuestas, patrones y soluciones. En parte, este libro es un viaje de recopilación de datos, obtención de conocimientos y análisis ancestral. En estas páginas aprenderás y desaprenderás, encontrarás las mejores soluciones para tomar el mejor camino que te lleve adelante y desarrollarás dentro de ti la abundancia generacional. Entonces, recapitulemos por un momento:

- La tensión generacional se refiere a la transmisión mental, corporal, espiritual y cultural del trauma.
- Sí, tus genes juegan un papel que hace que este sea un tipo de trauma único. Veremos este concepto en detalle en el siguiente capítulo, cuando aprendamos sobre epigenética.
- Sí, esto está en gran parte relacionado con lo que experimentaron tus padres y tus antepasados.
- Sí, hay una gran cantidad de historia que vive en ti en este momento.
- Sí, tienes que hacer un trabajo pesado para sentirte más ligero.
- Sí, ese trabajo pesado requerirá que observes capas de tensión traumática.
- No, el trauma no determina tu vida entera, pero puede hacerla más difícil de llevar.
- Sí, en las siguientes páginas seguirás aprendiendo formas para soltar algo de ese peso.

Rompe el ciclo: la «Evaluación de sanación del trauma generacional»

Después de identificar que sufres un trauma generacional, el siguiente paso para romper el ciclo es recopilar información sobre lo que ha contribuido en primer lugar al ciclo. Con ese fin creé una evaluación que aborda las múltiples áreas del trauma generacional. Yo la llamo «Evaluación de sanación del trauma generacional». Esta evaluación ofrece un punto de partida para recopilar información sobre cómo este trauma estratificado se ha manifestado en tu vida. Además, puede utilizarse como herramienta para tu sanación y como recurso para los sanadores que ayudan a pacientes con dolor generacional. Las preguntas de esta evaluación ofrecen la oportunidad de hacer una reflexión básica sobre tus propias experiencias con el trauma generacional. La exploración que dediques a cada una de estas preguntas puede ser tan profunda como lo consideres necesario.

Ahora bien, es importante señalar que la configuración de la evaluación será tan importante como la evaluación misma. Tú descubrirás por ti mismo qué tipo de preparación y entorno te funcionan mejor, pero aquí tienes algunas ideas para empezar:

- Encuentra un espacio sanador que represente para ti la conexión con el momento presente, la tranquilidad y la seguridad. Este lugar puede estar en tu casa o tal vez en un espacio al aire libre. He creado varios de estos espacios en mi casa. Algunos están adentro, y otros, afuera. Siéntete libre de designar una serie de espacios para tu sanación. La clave aquí es la siguiente: cuando combinas la cualidad de estar conectado con el momento presente, la tranquilidad y la seguridad, obtienes una configuración física saludable para tu trabajo profundo. Puede ser útil tener un artículo en ese espacio que te ayude a sentirte conectado con el presente, como una manta que te dé seguridad (como las que usan los niños) o un artículo que alguien te haya regalado y que te haga sentir apreciado y visto. Cualquier elemento funciona, siempre que contribuya al ambiente seguro y tranquilo que buscamos. También puedes ambientar la escena con velas y aceites aromáticos suaves que puedas oler o masajear en tus manos cuando necesites una mayor conexión con el presente. Un elemento esencial de la seguridad es la privacidad, así que elige espacios que te brinden la oportunidad de establecer privacidad para realizar este trabajo profundo.

- Identifica en tu casa un artículo que contenga una historia o energía. Puede ser una reliquia familiar o puede ser salvia, palo santo, hoja santa, cristales, agua bendita u otros objetos productores de energía que tengan valor en tu vida. Quizá quieras invitar a estos elementos a tu espacio para ofrecer una experiencia energética más profunda a tu práctica de evaluación.
- Una vez que hayas establecido dónde te gustaría estar y de qué elementos te gustaría estar rodeado, es indispensable que encuentres un momento para anclarte y acercarte lo más posible a sentirte seguro en tu cuerpo y en tu mente en el momento presente. Este puede ser un momento para sumergirte en un baño de sonido. Para obtener algunas ideas adicionales, busca en el apéndice B una lista de técnicas generacionales de conexión con el momento presente para sanar el trauma.
- Finalmente, necesitarás valentía, ya que este es un trabajo de vulnerabilidad. El trabajo de vulnerabilidad es un trabajo valiente. Todo esto produce miedo y requiere que te sumerjas en ese núcleo de resiliencia generacional que tienes dentro de ti.

Recuerda avanzar poco a poco. Esta evaluación es tuya y debes realizarla a tu propio tiempo y a un ritmo que te parezca armónico. No fuerces el viaje. En lugar de hacerlo, fluye. Comienza la «Evaluación de sanación del trauma generacional» en la página siguiente respondiendo cada pregunta. Tómate el tiempo necesario para contestar a fondo cada una de ellas. En la medida de lo posible, procura no saltarte ninguna pregunta, ni cuando tus respuestas sean breves y especialmente cuando sean difíciles de afrontar. Recuerda respirar, ya que tienes la fuerza generacional que necesitas para seguir adelante.

EVALUACIÓN DE SANACIÓN DEL TRAUMA GENERACIONAL

VERIFICA CÓMO ESTÁS

- ¿Cómo te sientes al comenzar esta evaluación?
- Realiza un escaneo corporal: percibe tu cuerpo y presta atención a cualquier sensación. ¿Qué recuerda tu cuerpo en este momento?
- Escribe cómo te sientes en cuanto a la práctica y los recuerdos o sensaciones de tu cuerpo que hayan surgido al pensar en esta evaluación.
- Recuerda anclarte mediante una técnica para conectarte con el momento presente durante todos los puntos de la evaluación, pero especialmente antes de comenzar.

MAPEA TUS ORÍGENES

Responde las siguientes preguntas con algunas oraciones para describir cómo estas experiencias se han manifestado en tu propia familia:

- ¿De qué manera alguien en tu familia ha usado la palabra *trauma* para describir las experiencias que se han tenido? Por cierto, esto te incluye a ti.
- ¿A qué experiencias se hace referencia en relación con el trauma?
- ¿Ha habido incidentes de abuso psicológico, físico o sexual dentro de tu familia? De ser así, ¿cuáles? Sé lo más descriptivo posible y ten en cuenta tu experiencia interna al escribirlos. Las reflexiones sobre el abuso pueden resultar desencadenantes, así que presta atención a cómo estás metabolizando emocionalmente estas reflexiones y ofrécete pausas y recalibración con técnicas de conexión con el momento presente, según sea necesario.
- ¿Ha habido separaciones prolongadas (divorcios, inmigración, pérdida de un hogar, etc.)? Si es así, ¿qué pasó?
- ¿Ha habido experiencias de adicción en tu familia? Si es así, escribe cualquier cosa que consideres relevante en cuanto a esas experiencias.
- ¿Hubo experiencias médicas adversas en tu linaje? Si es así, ¿cuáles?
- ¿Ha habido personas en tu familia que hayan experimentado una muerte repentina o inesperada? Si es así, ¿qué pasó? ¿Cómo procesaron las personas esa pérdida?
- ¿Ha habido experiencias de violencia cultural en tu familia (racismo, pobreza, discriminación religiosa, despojo de tierras, ocupación, prejuicios de identidad, privación cultural, guerras u otros)? Si es así, ¿cuáles? Agrega todo el contexto que necesites.
- ¿De qué manera se ha evitado hablar en torno a las cuestiones familiares?

- ¿De qué manera se normalizaron las respuestas al trauma en tu familia? ¿Cómo se han normalizado en tu comunidad?
- ¿Ha habido otras experiencias que te hayan parecido absolutamente abrumadoras y que sean exclusivas de tu familia de origen o de tu comunidad? Refiérelas minuciosamente, según sea necesario, y recuerda agregar detalles relacionados con cada generación sobre la que tengas información.

LO QUE SABES EN TU INTERIOR

- ¿Cuándo te diste cuenta de que habías heredado un trauma generacional?
- ¿Qué pasó durante ese momento de comprensión?
- ¿En qué parte de tu cuerpo has sentido las heridas del dolor generacional?
- ¿Qué sensaciones corporales surgen ahora mientras reflexionas?
- ¿Qué emociones surgen cuando piensas que tienes una herencia de trauma?
- ¿Cómo te sentiste en relación con los miembros de tu familia cuando te diste cuenta de esto?
- ¿Cómo te sentiste contigo mismo cuando descubriste que habías estado sufriendo un trauma generacional?

CALIFICA EL IMPACTO

- ¿Cómo ha contribuido el trauma generacional a que te sientas conectado o desconectado de los demás?

- ¿Dónde provocó una interrupción o malestar en tu vida familiar?
- ¿De qué manera causó una interrupción o alteración en tu vida (en tus relaciones, profesión, etc.)?
- ¿De qué manera heredaste la fuerza y la resiliencia generacional?
- ¿Qué sabiduría generacional has reunido de personas de tu familia y tu comunidad?
- ¿De qué manera esa sabiduría te ha ayudado a sobrevivir a los momentos difíciles?
- ¿De qué manera esa fuerza generacional te está ayudando a recorrer la sanación presentada en este libro?

TÚ Y EL TRABAJO

- ¿A qué aspectos de tu herencia generacional te aferras de manera intencional?
- ¿Qué aspectos de tu herencia generacional estás dispuesto a dejar atrás?
- Cuando imaginas una versión de ti mismo que opera desde un lugar de sanación, ¿qué surge en tu mente?
- Cuando te imaginas a ti mismo en una etapa muy avanzada de este viaje, ¿qué haría que tu alma se sintiera cómoda?
- ¿Cuáles son las tres técnicas de conexión con el momento presente con las que estás dispuesto a comprometerte a diario mientras realizas este trabajo profundo, más allá de esta evaluación? (Consulta el apéndice B para obtener una lista de técnicas generacionales de conexión con el momento presente que puedes probar).

REGISTRO DE SALIDA

- ¿Cómo te sientes después de pasar por esta evaluación? ¿Qué emociones siguen presentes? (Mente).
- Verifica cómo estás mediante un escaneo corporal y presta atención a cualquier sensación que tengas. ¿En qué lugar lo recuerda tu cuerpo? (Cuerpo).
- ¿Qué tan conectado o distanciado te sientes en relación con tu linaje y contigo mismo? (Espíritu).

Al finalizar la evaluación recuerda anclarte con la técnica de conexión con el momento presente que elegiste o con una meditación con baño de sonido. Hiciste algo importante y difícil. Tómate el tiempo que necesites para asimilarlo todo. Disfruta de algunos momentos de tranquilidad para ayudar a calmar cualquier emoción que persista. Cuando estés listo, concluyamos este ejercicio y sellémoslo con una ronda final de respiraciones profundas. Inhala profundamente y exhala por completo hasta que tu cuerpo se sienta seguro y bien.

Lo que has aprendido hasta ahora

En este capítulo aprendiste a identificar el trauma generacional y a detectarlo en tu propio linaje. Completamos el capítulo ayudándote a analizar tu propia historia, mediante la Evaluación de sanación del trauma generacional, para comenzar a profundizar en las formas en las que el trauma y la resiliencia generacionales se han manifestado en tu vida, así como en el impacto que han tenido. ¿Estás listo para seguir adelante? Eso espero, y sobre todo deseo que te sientas conectado con el momento presente y estés lleno de la valentía que necesitarás para el trabajo que sigue. Sumérgete de forma rápida en tus preguntas de reflexión y entremos en la genética de todo esto.

PREGUNTAS DE REFLEXIÓN

¿Cuál fue tu momento *ajá* en el que supiste que tenías una historia de trauma generacional?

¿Cómo te sentiste al completar la «Evaluación de sanación del trauma generacional»?

¿Qué lecciones aprendiste sobre cómo te relacionas con tu propio trauma generacional después de completar la evaluación?

CAPÍTULO 5

UNA HERENCIA GENÉTICA

Hijo de tigre, pintito.

Dicho utilizado por mi madre, MARGARITA

El trauma generacional es una fuerza que fluye de una generación de una familia a la siguiente. Las emociones que no se resuelven o no se atienden en una generación corren el riesgo de transmitirse a la siguiente, una y otra vez. El trauma de tu familia se convirtió en una herencia, tanto biológica como social, que con el tiempo llegó hasta ti. Es un legado que se perpetúa porque la mayoría de la gente no sabe cómo identificarlo, reclamarlo, ni cómo resolverlo. Las personas que forman parte de una historia de trauma generacional tienen un progenitor (o dos), abuelos, bisabuelos y antepasados más lejanos que han vivido sus propios traumas. Quienes viven con un trauma generacional no resuelto con frecuencia no son plenamente conscientes de los síntomas que presenta o de sus peligros, por lo que tienen pocas oportunidades, e incluso menos recursos, para superarlo. Esto podría deberse a que nadie les ha informado sobre qué es el trauma generacional, puesto que es una de las áreas de estudio más recientes en la salud mental, pero también podría deberse a que estos traumas se han normalizado de modo tan amplio en las comunidades que se volvieron casi invisibles. Y lo que no se ve es difícil de trabajar y superar. En algunos casos es imposible y, en la mayoría, esto conduce a que un trauma generacional se transmita de una persona a otra de manera involuntaria.

Hay que tener en cuenta varios niveles: lo que llamamos *traumas con T mayúscula* (traumas que son extremos y generalizados y amenazan tu seguridad o tu persona) y *traumas con t minúscula* o traumas sutiles (situaciones que son comunes, sucesos cotidianos que causan daño emocional, pero que no crean una amenaza para tu seguridad).

Los traumas con *T mayúscula* y *t minúscula* de tus antepasados, combinados con las formas en las que ellos respondieron a estas experiencias, te fueron transmitidos, primero a escala genética mientras te formabas para la vida, en el útero, y más tarde, en las formas en las que experimentaste el mundo, por medio de factores estresantes continuos y del modelado de cómo enfrentar esos mismos problemas. Esta no es una lista exhaustiva de traumas con *T* mayúscula y *t* minúscula, pero échale un vistazo para ver si alguno te suena familiar.

LOS TRAUMAS CON *T* MAYÚSCULA PUEDEN SER:

- Haber sido abandonado por los cuidadores.
- Vivir con padres que no atienden tus necesidades (físicas, emocionales o espirituales).
- Que no se atiendan tus necesidades básicas (por ejemplo, ropa limpia, nutrición adecuada, higiene), aunque esto no fuera un acto deliberado, sino una consecuencia de la injusticia económica que sufrieron tus cuidadores.
- Que tus padres se divorcien, en especial si el divorcio incluyó una gran agitación emocional y logística.
- Tener seres queridos que eran adictos a sustancias o sufrían otras adicciones.

- Que se violen los límites de tu cuerpo, por ejemplo, mediante acoso y violencia sexual.
- Experimentar formas extremas de castigo.
- Experimentar el encarcelamiento de uno de los progenitores.
- Experimentar injusticia o persecución basada en la identidad.
- Ser obligado a integrarse a una nueva cultura o idioma.
- Ser desplazado de tu hogar.
- Vivir en la pobreza.
- Vivir en una tierra asolada por la guerra u ocupada.
- Experimentar o presenciar violencia o daño corporal.
- Ser sujeto de acoso o *bullying*.
- Sufrir o que alguien cercano a ti sufra una enfermedad debilitante.
- Que una experiencia médica salga mal.
- Tener un accidente grave.
- Atravesar un desastre natural o una pandemia.
- Ser testigo de una muerte.
- Y cualquier otra experiencia que haya amenazado tu sensación de seguridad, identidad o bienestar.

LOS TRAUMAS CON *t* MINÚSCULA PUEDEN SER:

- Tener que mudarse a una nueva ciudad o país.
- Perder una mascota querida.
- Tener un conflicto continuo con alguien.

- Revelar algo vulnerable y ser invalidado como resultado.
- Ser el chivo expiatorio, es decir, ser el blanco de las frustraciones y la ira de otra persona.
- Perder un objeto preciado.
- Trabajar con un supervisor o compañero difícil.
- Atravesar por una ruptura difícil.
- Tener una emergencia financiera temporal.
- Experimentar cambios repentinos en tu familia.
- Perder una parte de tu sistema de apoyo.
- Sufrir una lesión que no pone en peligro la vida.
- No conseguir el trabajo que querías.
- Ser rechazado por un amigo o una potencial pareja.
- Tener una batalla legal.
- Verte obligado a ocultar quién eres.
- Estar en una relación tóxica (pero que no representa una amenaza para tu sensación de seguridad).
- Y experimentar casi cualquier otra cosa que pueda percibirse como muy estresante, pero que no cause una amenaza de alto nivel a tu seguridad.

No importa el nivel del trauma o el impacto que produjo, la forma en que se internaliza un trauma puede ser muy individual y personal, lo que significa que cualquier trauma tiene la capacidad de provocar la experiencia de la traumatización generacional. No subestimes el poder de los traumas con *t* minúscula cuando se agravan con el tiempo. Todas las experiencias traumáticas, grandes y pequeñas, tienen la capacidad de hacernos sentir emocionalmente sobrecargados. Con suficiente cariño, los traumas con *T* mayúscula pueden desaparecer, y con un entorno emocional que sea poco sano en grado suficiente, los traumas con *t* minúscula pueden tener un impacto generacional extenso. Es decir, el grado de la experiencia traumática en sí no es lo único que puede mantener el trauma. Nuestros entornos sociales también juegan un papel importante en cómo estos traumas con *T* mayúscula y con *t* minúscula se procesan.

Todo comienza con un ambiente duro

Entornos sociales estresantes o, como los llaman algunos terapeutas cognitivo-conductuales, *ambientes duros*, pueden dejar una huella en tu epigenoma (tus expresiones genéticas) y causar innumerables consecuencias con un potencial devastador para ti y tus descendientes. Un ambiente duro es aquel en el que el estrés es alto de modo persistente, como un hogar con un progenitor malhumorado o un vecindario en el que tu seguridad era amenazada de manera constante, o una escuela donde vivías en un estado de terror por los compañeros abusivos (*bullies*) o la violencia. Cuando ese estrés persiste durante meses o incluso años, registras el estrés que provoca tu ambiente duro en tus propias células.

Gran parte de nuestra comprensión inicial de las transmisiones genéticas del trauma provino de estudios realizados con descendientes de sobrevivientes del Holocausto. Este entorno extremo, en el que el terror y el genocidio persistieron en campos de concentración definidos por la violencia brutal, la muerte sin fin, las violaciones a la seguridad y el terror constante, dejó profundas cicatrices emocionales en los sobrevivientes. Lo que los científicos encontraron sorprendente fue que los residuos de ese trauma también eran evidentes a lo largo de generaciones de descendientes.

Entonces, para comprender estos residuos, los estudios más notables en mi campo no se centran en los propios sobrevivientes del Holocausto, sino en los hijos de los sobrevivientes y en la transmisión generacional de las respuestas al trauma que llevaban consigo. Estos estudios son notables porque demostraron que los hijos adultos de sobrevivientes del Holocausto tenían un marcador genético único: sus niveles de cortisol estaban por debajo de los niveles de los judíos que no habían nacido de sobrevivientes del Holocausto, y los niveles bajos de cortisol pueden ser indicadores de la presencia de trastorno por estrés postraumático (TEPT). Hubo una clara diferencia entre los niveles de cortisol de los descendientes de quienes padecieron un horror persistente y los que no portaban ese legado. Y los estudios continúan mostrando los efectos adversos de estos traumas con *T* mayúscula en grupos de comunidades objetivo, incluyendo a personas de la diáspora africana, debido a los siglos de terror racial, sistemas de castas y opresión que continúan causando daños multigeneracionales a las personas de ascendencia africana. Investigaciones similares se han enfocado en el riesgo de enfermedades mentales entre los nativos estadounidenses, dado que múltiples generaciones han sufrido genocidio, terror y desplazamiento a manos de los colonizadores europeos. Otros estudios también se centran en las experiencias generacionales de los aborígenes, las comunidades asiáticas, las comunidades del sur de Asia, las comunidades del Medio Oriente y otras poblaciones que han acumulado traumas colectivos y para quienes estos se han transmitido de generación en generación durante siglos.

Cómo se fija el trauma

Todos tenemos un sistema neurológico diseñado para ayudarnos a lidiar con el estrés, y tu cuerpo responde de forma automática para ayudarte a resolverlo y superarlo. Cuando te enfrentas con un factor estresante, entras en estado de alarma. Tu sistema nervioso se activa debido a la liberación de hormonas del estrés, es decir, cortisol y adrenalina. En esta etapa tus pupilas se dilatan, tu ritmo cardiaco aumenta, tus respiraciones se hacen cortas, tus sentidos se intensifican e incluso puedes comenzar a temblar. Tu cuerpo se está preparando para defenderse de la amenaza. Por lo general, una vez que se resuelve o desaparece el factor estresante y tu sistema nervioso ya no percibe una amenaza a tu seguridad, tu cuerpo se prepara para descansar después de estar tan energizado. Esas hormonas del estrés comienzan a eliminarse de tu sistema a medida que te calmas y alcanzas el equilibrio emocional. Por ejemplo, en el siguiente escenario se presenta una forma más leve en la que esto podría suceder. Debes acudir a una cita con el médico y necesitas asegurarte de tener tu cartilla de salud para recibir el servicio; sin embargo, no puedes encontrar el documento. Corres el riesgo de llegar tarde y perder tu cita, por lo que tus hormonas del estrés se elevan. Pero por fortuna encuentras el formato, justo a tiempo para llegar a tu cita, momento en el que tu sistema nervioso deja de sentirse alarmado. Entonces este se relaja de forma natural, ya que la amenaza de faltar a tu cita desapareció. Estás en equilibrio nuevamente. Esa es una forma en la que un hecho cotidiano puede llevar a tu sistema nervioso a un estado intensificado y luego a un equilibrio una vez que ya no necesita estar en alerta.

Pero ¿qué ocurre si el factor estresante no desaparece? ¿Qué pasa si el estrés es demasiado poderoso para disiparse por sí solo? ¿O qué sucede si estás expuesto al mismo evento estresante una y otra vez? Si el estrés persiste por un tiempo prolongado, digamos días o semanas, es posible que empieces a desarrollar ciertos signos de inquietud emocional continua. Con el tiempo, esto puede provocar síntomas emocionales persistentes como tristeza, falta de concentración e irritabilidad, y complicaciones físicas como problemas intestinales, dolores de cabeza e insomnio. Si no puedes resolver estos síntomas en un periodo de tiempo razonable y tu mente y tu cuerpo no tienen la oportunidad de descansar, estarás estresado más allá de tu capacidad para lidiar con las circunstancias y los recursos de tu cuerpo se agotarán. Si en un cuerpo existe este nivel de estrés durante años, es ahí cuando una persona se vuelve susceptible a enfermedades crónicas, dolencias e incluso la muerte. La mayoría de las veces, cuando se deja sin atender este estrés crónico, se convierte en una herencia emocional.

En las últimas décadas ha avanzado nuestra comprensión del sistema nervioso y cómo está implicado en las respuestas al trauma. Se identificaron los síntomas del trauma como respuestas físicas incompletas retenidas en el cuerpo, el cual captura energía vinculada con cada situación en la que estamos involucrados. Cuando ocurre un evento que pone en peligro la vida o que es estresante, se convierte en energía en el cuerpo y busca ser descargada. Si se mantiene en el cuerpo durante demasiado tiempo, esa energía puede convertirse en un síntoma de trauma, que muchas veces es difícil de expulsar.

El cuerpo guarda un recuerdo del evento estresante, lo que ocasiona que sea más difícil procesar y liberar esa energía la siguiente ocasión en que se encuentre con un factor estresante. Esa energía corporal se congela. Mantenida en el cuerpo durante demasiado tiempo, la energía acumulada se convertirá en la corriente subyacente de un trauma generacional, porque nuestro sistema nervioso está configurado para atravesar el estrés y descargarlo rápidamente, no para retenerlo. Si no eres capaz de emancipar a tu cuerpo con éxito de esa energía basada en el estrés, entonces se estanca, se vuelve debilitante y, con el tiempo, generacional.

IMAGINA ESTO: estás viajando en un elevador y escuchas un gran golpe. Intentas abrir la puerta y te das cuenta de que estás atrapado. El botón de emergencia no funciona. Pasa una hora, luego dos y todavía nadie ha escuchado tus gritos de ayuda. La tensión se está acumulando dentro de ti. Con cada momento que pasa, se acumula más energía. Tu corazón late de modo continuo a mil por hora, tu respiración se entrecorta, tu cuerpo comienza a temblar y te mareas. Tus pensamientos te dicen que nunca te encontrarán. Ahora tienes miedo de morir. Así, todo tu cuerpo está ahora en un aumento energético, tratando de mantenerte con vida.

Cuando al fin llega la ayuda, tu cuerpo todavía está respondiendo al miedo que sentiste en el elevador. Es posible que el factor estresante haya desaparecido, pero el estrés permanece en tu cuerpo. No entras de inmediato al estado de reposo. La liberación se produce cuando ayudas activamente a que tu sistema nervioso se relaje, ya sea mediante respiraciones profundas o con otras prácticas de relajación. Si nunca tienes la oportunidad de calmarte de forma activa, corres el riesgo de no recuperar en tu cuerpo la sensación de seguridad. Sin iniciar ese proceso de calma, ya sea de forma natural o intencionada, tu cuerpo puede quedarse atrapado en la sensación de sobrevivir a una amenaza. Esta energía estancada puede convertirse en un síntoma de trauma. Meses después el miedo y las respuestas corporales que acompañaron a ese factor estresante se vuelven crónicos. Años más tarde tu cuerpo recurre al miedo como norma y tus células registran que tu cuerpo sufre un trauma de manera crónica.

Varias áreas científicas de estudio trabajan para ayudarnos a tejer las piezas de esta enorme red que llamamos trauma generacional. Para darte una idea amplia de la importancia del trauma generacional, considera que se puede encontrar información crítica sobre las transmisiones generacionales en campos centrados en la estructura y función de nuestras células (biología celular); los contenidos de la mente (psicología); el proceso biológico de las emociones (psiquiatría); la estructura del cerebro (neurología); las formas en que el sistema nervioso y el cerebro influyen en la mente (neuropsicología); el desarrollo prenatal de células sexuales, embriones y fetos (embriología); la conexión entre mente, cuerpo y relaciones (neurobiología interpersonal); la relación entre inmunidad, sistema endocrino y sistema nervioso (psiconeuroinmunología); las formas en que la adversidad en la vida temprana conduce al deterioro en la edad adulta (ciencia del desarrollo), y, más notablemente, cómo nuestros entornos sociales afectan nuestras expresiones genéticas (epigenética).

Cada uno de estos campos de la investigación científica ha desempeñado un papel clave para revelar la importancia de las historias generacionales. Cada uno ha tenido una función para revelar la multitud de formas en que las experiencias traumáticas se mantienen en la mente, el cuerpo y el espíritu, y que luego impactan a un gran número de personas. Cada campo nos ha ayudado a comprender un aspecto clave de cómo el estrés traumático nos afecta a escala microscópica y celular y, curiosamente, cómo esta transmisión podría haber comenzado mucho antes de que naciéramos.

Tres cuerpos en uno

Los investigadores y científicos están descubriendo que el cuerpo cuenta historias por medio de los restos de estrés que quedan en sus células. El mecanismo inicial de transmisión del trauma es a través de las células sexuales (tanto a través del óvulo como del espermatozoide) en el momento de la concepción. Estudios realizados específicamente en espermatozoides descubrieron que las expresiones genéticas relacionadas con el estrés se reflejan en esas células. Los espermatozoides se multiplican a lo largo de la vida de una persona, replicando mensajes genéticos que incluyen la memoria celular del trauma. El otro tipo de célula sexual, el óvulo, aunque no se replica de la misma forma en que lo hacen los espermatozoides, porta mensajes genéticos similares.

Los fetos desarrollan sus células sexuales precursoras en el útero. Eso significa que te originaste como un óvulo y un espermatozoide, células precursoras en los órganos reproductivos de tus padres mientras *ellos* todavía se estaban desarrollando como embriones dentro del útero de cada una de tus abuelas. Es un hermoso momento transgeneracional en el que tú, tus padres y tus abuelas eran uno. Estaban coexistiendo uno dentro del otro tanto en tu lado materno como en el paterno; tres generaciones en un solo cuerpo, compartiendo las mismas historias, sonidos, vibraciones, respiraciones y amor, pero también los mismos factores estresantes, de modo simultáneo. Eras parte de dos cuerpos generacionales separados, lo que significa que compartiste estas experiencias generacionales del útero con tu madre y tu abuela materna, pero también con tu padre y tu abuela paterna. Cualesquiera que hayan sido los pensamientos y emociones que guiaban las experiencias vividas por tus dos abuelas, introducían hormonas a su torrente sanguíneo, las cuales se filtraban hacia tus padres y hacia ti. En esos momentos, las células en las que después te convertirías al desarrollarte internalizaban todo lo que sucedía en la vida de tus abuelas mediante esas hormonas. Si ellas estaban estresadas, entonces sus hormonas del estrés alertaban a todas las células de sus cuerpos embarazados (¡incluyéndote a ti!) en cuanto al hecho de que algo no se sentía seguro. Las células sexuales que existían en estos úteros generacionales eran susceptibles al estrés que sentían. Las células precursoras que con el tiempo se convertirían en ti recibían información emocional de los entornos sociales de tus abuelas, y si ellas percibían que el estrés estaba presente de manera crónica en sus cuerpos, entonces es probable que tus genes estuvieran atravesando una regulación epigenética, en la cual las células registran cómo deben responder a estímulos o factores estresantes. Con el tiempo, cualquier sobreestimulación o estimulación crónica ante el estrés que fuera parte de esa formación pudo haber tenido un impacto en tu desarrollo cognitivo, tus emociones y tu sistema nervioso, incluso antes de que nacieran tus padres.

Está dentro de tus células

Cuando somos concebidos, heredamos no solo características como el color de ojos, el cabello y la estatura, sino también características de personalidad e incluso la forma en que afrontamos los factores estresantes de la vida. De hecho, solo el 2% de los marcadores genéticos contribuyen a nuestras características externas. Todos los demás están relacionados con rasgos que no podemos ver. En la década de 1980 aprendimos que los genes tienen la capacidad de activarse o desactivarse según las señales que reciben de nuestro entorno social. Estos genes controlan no solo nuestra apariencia física, sino también nuestras emociones y comportamientos. A partir de esta comprensión del comportamiento celular los científicos y médicos comenzaron a desarrollar una ventana de conocimiento que permitió ver cómo la memoria celular de un ancestro podría alterar las expresiones genéticas sus descendientes. Esto fue algo que vi surgir de manera muy explícita en mi trabajo con mi paciente de muchos años, Brooklyn.

Brooklyn nació siendo rompeciclos. Era una investigadora nata muy curiosa. Por ello tenía sentido que aplicara esa curiosidad a su historia familiar. Brooklyn provenía de un hogar donde el caos era la norma.

—Todo el mundo tiene algo —afirmaba, refiriéndose a la historia de salud mental de su familia.

Pero ella no veía esto como un destino al que debía resignarse.

—No voy a permitir que eso me defina —sostenía con frecuencia.

Y yo le creía, pues veía su voluntad de romper ciclos y quería ayudarla.

Cuando comencé a trabajar con Brooklyn ella estaba en el tercer año de sus estudios en una universidad de la ciudad de Nueva York. Ella es nativa de Nueva York y en ese momento vivía con su familia y trabajaba medio tiempo mientras asistía a la escuela. Tenía un espíritu revolucionario con un grado de indagación que creo que era, al mismo tiempo, su don y su talón de Aquiles. Su curiosidad sobre su propia situación emocional a veces la llevaba a profundos laberintos, lo que con el tiempo la conduciría a lo que llegamos a llamar su «dolor profundo». En este dolor profundo, Brooklyn temía lo peor (mente), tenía dolores de cabeza crónicos y punzantes (cuerpo), y se sentía desconectada por completo de sí misma y de todos los que la rodeaban (espíritu). En otras palabras, lo sentía en su alma. Debido al caos de su familia y su casa, Brooklyn vivía en un estrés crónico. Por lo general estaba ansiosa, preocupándose por todo y por todos. No tenía un factor estresante, sino muchos. Brooklyn se molestó cuando se dio cuenta de que, en cuanto las cosas parecían demasiado buenas para ser verdad, como cuando recibía las excelentes calificaciones que merecía, o cuando se sentía conectada de forma más profunda con su pareja romántica, se sumía en el laberinto, en el que entraba cada vez a mayor profundidad, hasta que de pronto se descubría saboteando la oportunidad o la relación y regresando a su lugar de miedo y oscuridad. Tanto Brooklyn como yo teníamos curiosidad por saber qué podía decirnos su profundo dolor sobre el pasado de su familia y las razones por las que le resultaba tan familiar y extrañamente reconfortante ir allí.

Lo que descubrimos es que este profundo dolor le resultaba más familiar y se sentía más como en casa que cuando estaba rodeada de positividad y esperanza. De manera inconsciente, ella lo buscaba cuando las cosas se sentían demasiado bien. Me dijo:

—Cada célula de mi cuerpo se siente bien cuando entro en ese profundo dolor.

Y cuando escuché eso, mis ojos se abrieron como platos. Algo importante había encajado en su lugar.

Me sumergí en mi propio laberinto para comprender las implicaciones científicas y psicológicas de ese sentimiento. Quería descubrir *cómo* era que ese impulso impactaba su cuerpo. Resulta que ella no estaba muy equivocada al decir que *cada célula* sentía su dolor. Cuando se sufre un trauma, ciertas células en realidad se activan, en especial si fueron programadas para reaccionar de forma exagerada al estrés a lo largo de generaciones de experiencias. Estaba segura de que había una energía profunda, ancestral y dolorosa fluyendo por todo el cuerpo de Brooklyn. Me comprometí a ayudarla a comprender esto por sí misma. Destacaré cómo fue el viaje de Brooklyn en los siguientes capítulos, pero por ahora profundicemos en cómo nuestro cuerpo se enlaza con el trauma a escala celular.

Enlazados

Estamos biológicamente ligados al estrés de nuestra familia de muchas maneras. Una de las más poderosas es a través de las células nerviosas de nuestro cuerpo llamadas neuronas. Las neuronas son un componente fundamental de nuestro sistema nervioso y son responsables de captar información sensorial del mundo exterior. Los mensajes que las neuronas reciben del mundo se envían a nuestro cuerpo por medio de señales eléctricas que se transfieren como información a nuestro cerebro. Cada experiencia sensorial que tienes (cada sonido, cada tacto, cada olor, cada sabor y cada imagen que ves) no es más que una carga eléctrica que envía un mensaje desde tu cuerpo hasta tu cerebro.

Ahora bien, si una neurona refleja cómo es tu experiencia del mundo con estas señales eléctricas, entonces una neurona espejo es una neurona que dispara una carga eléctrica cuando experimentas el mundo de otra persona. Digamos que estás viendo en la televisión a alguien que entra en un desván oscuro. Si sientes miedo, no es porque estés en peligro; es porque sospechas que la persona de la televisión podría estar en peligro al entrar en esa habitación oscura y aterradora. Ese miedo es causado por el funcionamiento de tus neuronas espejo: sientes de forma empática las emociones que crees que otros están sintiendo. Cuando los científicos comenzaron a estudiar esto, pudieron ver que las áreas prefrontales de tu cerebro que activan ciertas neuronas, por ejemplo, cuando entras en un desván oscuro, estaban conectadas con las neuronas que se activan cuando ves a otra persona entrar en un lugar similar.

Con el tiempo, después de asimilar de manera repetida la experiencia de otra persona como propia, tus neuronas espejo tienen una mayor probabilidad de sobredispararse y comenzar a formar una respuesta habitual a las emociones de los demás. Las neuronas espejo hiperactivas son frecuentes, en especial en familias con intensos intercambios emocionales y altos niveles de reactividad emocional. Las neuronas espejo te ayudan a crear una sensación de empatía, pero si se usan en exceso, pueden dificultar la separación de tus respuestas emocionales de las de otra persona.

En la casa de Brooklyn las experiencias emocionales de todos estaban enlazadas entre sí. Reflejaban el dolor del otro con tanta empatía inconsciente que el dilema de un solo miembro podía llevar a toda la familia a un estado de sobrecarga del sistema nervioso.

Esto es algo que yo llamo *sistema nervioso generacional*. Explicaré esto con más detalle en el siguiente capítulo, pero debes saber que, para Brooklyn y su familia, esto significaba que cuando una persona sentía una profunda tristeza, otra sentía empatía por esa profunda tristeza, luego otra, luego otra, hasta que todos en su casa estaban tristes o sintiendo un profundo dolor. Cuando una persona sentía enojo, todos también se enojaban, y así continuaban. Compartían una única experiencia emocional, desencadenada de forma colectiva. Esto no es raro en familias donde el caos emocional es la norma. Estas familias absorben de modo colectivo las emociones que siente un individuo, porque todos funcionan bajo una experiencia colectiva de neurona espejo.

Recuerdo el momento en que Brooklyn y yo hablamos por primera vez de este fenómeno. Tuvo una sensación de desesperanza al ver con cuántas capas de preprogramación había estado operando durante tantos años. De igual modo, estaba molesta al comprender al fin las formas en que los miembros de su familia tenían que sufrir una deuda emocional que no les pertenecía.

Enfrentaba la realidad de que, en ese mismo momento, mientras estábamos sentadas en silencio dándoles espacio a sus lágrimas, no podía cambiar de inmediato estas respuestas arraigadas en su familia, ni en ella misma. Para empezar, tuvimos que lidiar con su frustración por su propio dolor y por el dolor que su familia había sufrido durante generaciones. Teníamos que enfrentar el hecho de que ella había vivido periodos críticos en su vida y que no podíamos retroceder el tiempo para deshacer la forma en que su sistema nervioso había sido moldeado por estas fuerzas generacionales. Lo único que podíamos hacer en ese momento exacto era ver hacia adelante. No teníamos el poder para reescribir el pasado, pero podíamos trabajar para superar la incomodidad y el dolor mientras trazábamos una forma de ayudarla a reestructurar su propio sistema nervioso. Nuestro objetivo era ayudar a Brooklyn a encontrar alguna liberación.

En lugar de sentirse derrotada, Brooklyn salió de mi oficina ese día con una conciencia elevada sobre cómo estaban enlazadas las respuestas de su familia al estrés. Al final, sintió que se le había quitado un peso de encima al saber por fin que ella y su familia padecían desencadenantes crónicos. A pesar de que era difícil asimilar la información y ella tenía una sensación de tristeza, también sintió alivio. Miró su propio cuerpo con asombro por el modo en que se había estado sincronizando con los cuerpos de su familia. Y sintió una profunda sensación de poder sobre sí misma después de este momento. Ahora comprendía algo que podía liberarla del efecto contagioso del estrés que atravesaba el hogar de su familia. Para Brooklyn eso era oro puro.

También tendrás momentos que te resultarán reveladores y empoderantes. Obtener un conocimiento más profundo sobre la preprogramación de tu propia familia te traerá algo de dolor, pero también te traerá alivio, como sucedió con Brooklyn. Al final, el trabajo valdrá la pena.

¡Esa es una respuesta al trauma!

Respuesta al trauma es un término que parece estar conquistando el mundo en estos días. Una respuesta al trauma, para decirlo con claridad, es una reacción crónica a un factor estresante. Las respuestas al trauma son la forma en que aprendiste a mantenerte a salvo. Y pueden ser útiles (adaptativas) o inútiles (desadaptativas). Algunas respuestas al trauma pueden transmitirse a través de los genes o mediante el comportamiento. A continuación proporciono un ejemplo más claro para ayudar a ilustrarlo. Digamos que tu abuelo se quemó de forma grave en una estufa cuando era joven, por lo que durante toda su vida tuvo miedo de quemarse con las estufas. Cuando eras niño te gritaban «¡Cuidado!» cada vez que te acercabas a una. Ahora, como adulto, ese miedo a las estufas calientes que fue modelado por tus abuelos se convirtió en tu propio miedo a acercarte a una estufa. El miedo a quemarte se volvió tan profundo que, de hecho, nunca aprendiste a cocinar para evitar una quemadura. Esa es una respuesta al trauma, la cual fue heredada. Es una respuesta impulsada por el miedo resultante de una experiencia traumática de tu ancestro. Este miedo pertenecía a otra persona (tu abuelo), lo modelaron para ti y después te lo inculcaron. Ahora tú también llevas esa respuesta al trauma.

Hay tantas variaciones de respuestas al trauma como personas. Cuando empieces a reflexionar sobre cuáles de tus propios comportamientos podrían ser respuestas al trauma, recuerda que el propósito aquí no es arrojar luz sobre estas respuestas para producirte vergüenza. Más bien, el propósito es llevar la atención consciente a estos comportamientos con curiosidad. En el mejor de los casos, esto te permitirá notar cómo has operado desde el modo supervivencia y por qué. Reflexionar sobre cuáles de tus comportamientos podrían ser respuestas al trauma es un ejercicio dedicado a ayudarte a descubrir tus propios patrones traumáticos ancestrales que ya no son respuestas útiles ni adaptativas. Es cierto que estas respuestas al trauma pueden haberte ayudado, al igual que a tu familia y a tu comunidad a adaptarse y sobrevivir durante generaciones. Incluso puedes verlos como un compañero familiar del que inconscientemente no quieres desprenderte, como el «profundo dolor» de Brooklyn. Sin embargo, reconocer estos comportamientos es el primer paso para ayudar a sentirte motivado a remplazarlos por otros mejores. Cuando construyas tu caja de herramientas para el trauma generacional con las prácticas que propongo a lo largo de este libro tendrás una gama más amplia de maneras de abordar tu sanación. Esto te permitirá vivir una vida más plena y redefinir tu legado generacional.

Antes de que podamos llegar al objetivo de establecer tu legado debemos arrojar luz sobre estas respuestas al trauma para que puedas comenzar a remplazarlas con comportamientos más saludables. Comencemos: en tu diario, enumera cualquier respuesta al trauma que tengan tú o tu familia. Mantenlos a la mano porque los necesitaremos en la siguiente sección, cuando comencemos a agregar capas a este ejercicio. Para ayudarte a comenzar, aquí hay algunos ejemplos comunes de cómo podrían ser las respuestas al trauma:

- Evitar enfrentamientos a toda costa.
- Explosividad al estar estresado.
- Cerrarte emocionalmente ante el menor indicio de estrés.
- No hablar de las emociones auténticas ni expresarlas.
- No poder mostrar vulnerabilidad en las relaciones.
- Comportarse de forma autodestructiva que ponga en riesgo tu bienestar.
- Permanecer en silencio y jamás actuar.
- Sentirse vacío de forma crónica.
- Tener pesimismo crónico y una visión negativa de la vida.
- Tener largos ataques de tristeza.
- Operar de modo constante desde un lugar de miedo.
- Sentirse nervioso y asustarse con facilidad ante ruidos repentinos.
- Ser incapaz de concentrarse.
- Tener sueños perturbadores.
- Evitar las interacciones sociales.
- Evitar ciertos entornos.
- Culparte constantemente.
- No poder participar en la intimidad emocional.

¿Puedes pensar en algunas respuestas al trauma que te parezcan más propias de ti y de tu familia? Puedes comenzar reflexionando sobre cualquier situación estresante que hayas enfrentado. ¿Cómo has respondido? ¿Cómo reaccionan en general tus familiares ante situaciones similares? ¿Cómo tienden a sentirse todos ustedes en esos momentos? ¿Cómo lidias con eso?

El acumulador de emociones

Contaré una historia de mi propia experiencia familiar para ilustrar la forma en que las respuestas al trauma pueden transmitirse de una generación a la siguiente. Al igual que mi abuela, mi madre y yo, mi papá, Rammy, siempre ha sido un acumulador. Pero no un acumulador de cosas. Mi padre es un acumulador de emociones. Se aferra a sus emociones hasta que parece que su pobre corazón está a punto de implosionar. Mi papá es dócil, amable, gentil, humilde hasta el extremo y un ser humano amoroso en todos los sentidos. A pesar de haber sido bombardeado con mensajes socializados sobre la masculinidad, mensajes prevalentes en particular en la comunidad latina, donde el machismo (es decir, el orgullo masculino fuerte, a menudo tóxico) corre desenfrenado, mi papá mantuvo su ternura y su buen corazón.

Pero cuando mi papá no se siente bien o tiene una emoción desafiante, como miedo o preocupación, no se lo cuenta a nadie. La retiene hasta que el problema pasa. Cada vez que uno de sus familiares está enfermo, por ejemplo, se preocupa de manera intensa. Podemos verlo en sus ojos, pero nunca lo menciona. Solo hasta después de que la enfermedad pasa, es decir, una vez que las cosas volvieron a la normalidad, al fin vemos a mi papá respirar profundamente, o incluso llorar, y liberar el miedo al que se había aferrado en silencio.

Cuando le pregunté a mi papá por qué nunca sostenía conversaciones sobre las situaciones más desafiantes que atravesaba o los miedos que tenía, me dijo:

—No quiero imponer ninguna carga sobre mi familia.

No quiere que nadie más sienta el dolor. Entonces él *mantiene* la emoción *por nosotros*.

Mi papá ha vivido toda su vida como acumulador de las emociones. Sus padres lo criaron para que siempre fuera amigable, agradable y amable. Sus lecciones fueron hermosas y veo tanta luz en mi papá gracias a ellas. Pero cuando damos tanto valor a la armonía y la afabilidad, queda poco espacio para la expresión de otras experiencias emocionales menos tolerables. Un enfoque común ante los problemas del lado de la familia de mi padre es: «No nos centremos en lo malo; todo estará bien». Esto sonaba un poco como el concepto de *positividad tóxica*, que es cuando una persona siente que solo puede expresar emociones positivas y, por lo tanto, no suele mostrar ni hablar de emociones y circunstancias negativas. Cuando le pregunté a mi papá qué pensaba sobre ese concepto, respondió diciendo que lo ve más como un «optimismo realista». Dice que es importante aferrarse a la fe en que todo estará bien y no considerar la posibilidad de que algo salga mal.

—Así es como protegemos a nuestras familias de las cargas emocionales —señaló.

Entiendo lo que quiso decir, en especial porque tenía algunos matices culturales que entendí personalmente. Quiso decir que él guarda las emociones negativas por su familia, porque cree que ese es su deber como padre. Este es un mensaje socializado, y no es poco común que lo haga un progenitor, en particular un padre, en la cultura latina: ser el acumulador de las emociones fuertes en nombre de las personas a las que ama. Pero yo también entendía, desde un punto de vista psicológico, que una persona no siempre puede afirmar que todo está bien para que así sea.

Yo entendía que las emociones reprimidas no desaparecen, solo encuentran otras formas de expresarse. Durante años vi cómo este optimismo realista, o tal vez el no asumir las emociones duras, fue una parte definitiva de los años de formación de mi padre. Ser criado para hacer espacio solo para el bien puede comprometer la capacidad de una persona para expresar de forma adecuada toda la gama de emociones. No había mucho espacio en la vida de mi padre para expresar y exteriorizar sentimientos de vergüenza, miedo, tristeza, preocupación o ansiedad, lo cual era también una norma generacional para su época. Y aunque es más expresivo y abierto en cuanto a sus sentimientos ahora que ha hecho parte de este trabajo de romper ciclos, durante gran parte de su vida batallaba para dejar salir estas emociones.

El instinto de mi padre de aferrarse a emociones pesadas, de mantenerlas en privado para proteger a quienes lo rodeaban para que no se sintieran «mal», es un reflejo del amor, pero también es su respuesta al trauma, y una que, sin saberlo, modeló para sus hijos. Yo siempre he tenido propensión a adormecer las emociones incómodas hasta que pasa el factor estresante. A través de mi trabajo llegué a comprender que esta es una versión de la respuesta de mi padre al trauma. Aprendí a ser una acumuladora de las emociones, como mi padre. Para liberar este rasgo heredado se ha requerido un largo tiempo y mucha práctica. Todavía me preocupo profundamente por los demás, pero no en detrimento de mi persona. Y también creo que puedes desarrollar ese estándar. Aunque para deshacer este tipo de herencia se requiere tiempo y práctica, es posible sanarla. Ese es el mensaje principal al que espero que te aferres aquí: que incluso cuando tenemos una larga historia de carga emocional, como mi papá y yo, la sanación es posible. Así fue para nosotros y puede serlo para ti.

Rompe el ciclo: tu «Árbol del trauma generacional»

Entonces, ¿por dónde empezamos a hacer el trabajo? Como les digo a mis pacientes, no podemos mirar hacia adelante sin mirar atrás, y lo mismo ocurre contigo. Es probable que las heridas que llevas abarquen muchas generaciones. Aunque no será posible, o siquiera necesario, retroceder al principio de los tiempos para encontrar los orígenes iniciales de las heridas del alma de tu familia, cualquier información que conozcas puede crear, de todas formas, un mapa que sea suficiente para ayudar a responder algunas preguntas cruciales para tu viaje de sanación. Entonces tomemos un momento para rastrear los orígenes de tu dolor por medio de un «Árbol del trauma generacional».

Te voy a pedir que dibujes un árbol, desde sus raíces hasta su hoja más alta. Este árbol representará las características psicológicas, físicas, espirituales y culturales de las personas de tu familia e incluso de tu comunidad extendida. Estará formado por cuatro partes de igual importancia: la tierra, las raíces, el tronco y las hojas. Cada componente contribuye a una imagen más amplia de ti y tu bienestar al incluir el trauma de tus antepasados como parte de tu historia. Queremos prestar mucha atención al desarrollo de cada parte del árbol y sus características correspondientes para que, cuando nos alejemos, veamos una imagen clara de la narrativa de tu trauma generacional.

El mapeo de árboles se ha utilizado de forma amplia en la psicoterapia narrativa y en otras terapias similares. Cuando mapeamos las experiencias psicofisioespirituales (mente-cuerpo-espíritu) de una persona y los mensajes culturales que ha internalizado, podemos obtener una imagen más clara de qué trauma puede haber capturado la unidad familiar. Tomamos estos enfoques terapéuticos para crear un árbol extendido y más contextualizado que ofrezca las narrativas de múltiples generaciones, con la esperanza de obtener una mayor claridad sobre la dinámica familiar como un todo. Tómate tu tiempo con este ejercicio. Esta es una larga lista de historias y tomará un poco de tiempo recopilarlas. Regálate ese momento prolongado.

Comenzaremos con las hojas, que representan a cada miembro de la familia; luego pasaremos al tronco, que es un reflejo del impacto que tuvieron en ti; después bajaremos a las raíces, que representan cualquier creencia que se haya internalizado; y al final entraremos en la tierra, que refleja las normas culturales que mantienen el trauma vigente a lo largo de generaciones.

Cuando estés listo, comencemos. Dibuja un árbol en una hoja de papel ocupando todo el espacio. Recuerda las cuatro partes (las hojas, el tronco, las raíces y la tierra) y asegúrate de dejar suficiente espacio para escribir en cada una. Si necesitas una ayuda visual, échale un vistazo al ejemplo que te ofrezco a continuación. Esto debería ayudarte a ver cómo empezarás a trazar el árbol. Tómate todo el tiempo que necesites para dibujarlo y para respirar y liberar tensiones mientras lo completas.

ÁRBOL DEL TRAUMA GENERACIONAL

Ahora que tu árbol está dibujado, comencemos a llenar las hojas. Cada hoja representa a un miembro de tu familia que deseas que sea parte de tu narrativa: personas que están en conexión directa contigo, como padres, abuelos, tus hijos y demás, y también personas que están conectadas contigo a través de uno o dos grados de separación, como hermanos, tíos y primos. Si tienes familiares, elegidos o adoptados, o personas que han tenido una conexión lo suficientemente amplia con tu vida y tu linaje, no dudes en agregarlos también. La tensión emocional y la resiliencia no solo provienen del linaje, sino de cualquier persona que haya estado lo bastante cerca como para influir en tu experiencia vivida. Este es tu árbol y tu historia, así que hazlo tuyo.

Cuanta más familia puedas incluir, mejor. Pero no te sientas presionado para agregar personas de las que no tienes un informe histórico. El objetivo de este árbol es visualizar información, así que haz tu mejor esfuerzo para completarlo con las personas a cuya historia tienes acceso.

Escribe en cada hoja el nombre de la persona, su relación contigo, cualquier evento traumático que haya ocurrido en su vida, cualquier característica de personalidad que haya adoptado y que refleje una respuesta al trauma, las formas en que su cuerpo respondió (si tuvieron algún problema de salud física, en especial si fue una consecuencia del estrés crónico), y las formas en que su espíritu asimiló estos problemas (a través de la desconexión de uno mismo o de los demás).

Si te resulta útil, algunos ejemplos de eventos traumáticos podrían ser los siguientes:

- Dificultades económicas.
- Accidentes mayores.
- Muertes traumáticas.
- Abuso (físico, emocional, sexual, económico, etc.).
- Sesgo de identidad o violencia.

Algunos ejemplos de respuestas al trauma podrían ser los que escribiste antes o estos:

- Evitar a personas, lugares o cosas que provoquen miedo.
- Tener dificultades para establecer límites adecuados.
- Entrar en situaciones de alto riesgo.
- Autosabotaje.
- Agradar o complacer a las personas para sentirse aceptado o amado.
- Adormecerse a través de actividades sin sentido.
- Contar o explicar demasiado para sentirse comprendido.
- Atacar verbalmente cuando no se sienten escuchados.
- Negar su propia realidad (dudar ellos mismos de su propio sentido de la realidad).
- Alejar el amor debido a las dificultades para aceptarlo.
- Leer demasiado a las personas, en caso de que otras personas puedan lastimarlas.
- Evitar conflictos.
- No defenderse por sí mismos.

Las condiciones físicas comunes relacionadas con el trauma incluyen:

- Condiciones metabólicas (diabetes, enfermedades cardiacas, hipertensión, etc.).
- Condiciones autoinmunes/inflamatorias (enfermedades reumáticas, fibromialgia, síndrome del intestino irritable, etc.).
- Otras condiciones inflamatorias (dolores de cabeza, fatiga crónica, dolor muscular, etc.).

Las desconexiones comunes basadas en el espíritu podrían ser las siguientes:

- Falta de amor propio.
- Baja autoestima.
- Incapacidad para mantener relaciones saludables.
- Disociarse.
- Sentirse el chivo expiatorio.
- Cualquier otra cosa que cree una desconexión consigo mismo y con los demás.

Las condiciones comunes de salud mental diagnosticables asociadas con respuestas al trauma podrían ser las siguientes:

- Trastornos depresivos (trastorno depresivo mayor, trastorno bipolar, etc.).
- Trastornos de ansiedad (trastorno obsesivo-compulsivo [TOC], ansiedad social, fobias específicas, etc.).
- Trastorno por estrés postraumático (TEPT).
- Trastorno por déficit de atención e hiperactividad (TDAH).
- Trastornos psicóticos (esquizofrenia, trastorno delirante, etc.).

ADVERTENCIA: *Creo que existe una utilidad clínica en comprender cómo los síntomas, en conjunto, pueden verse como una condición que debe ser tratada por un profesional de la salud mental. También encuentro útil que nombremos y destaquemos cualquier problema de salud mental que haya existido dentro de nuestras unidades familiares. Sin embargo, es importante entender que algunas etiquetas pueden* 1) *ser dañinas,* 2) *malinterpretarse, y* 3) *no permitirnos ver la complejidad de las experiencias traumáticas que llevaron a una persona a interiorizar estos síntomas. Ten en mente esto al agregarlas a tu narrativa generacional.*

Una vez que hayas considerado todas las capas de cada hoja de tu árbol pasaremos al tronco. Esta parte se enfoca de manera más intensa en ti. Aquí haz una lista de las formas en que las tensiones generacionales de los individuos de las hojas te han causado un impacto. Pueden ser experiencias tanto directas como indirectas. Un ejemplo de una experiencia directa es que alguien te diga de forma explícita que no eres digno de ser amado. Una experiencia indirecta sería saber que tu abuela abusó físicamente de tu madre. Como resultado, tu madre se volvió una persona muy retraída. De hecho, estaba tan retraída que no cuidó tus emociones de la manera en que tú lo necesitabas. Entonces, las tendencias agresivas de tu abuela te impactaron de modo indirecto, o, dicho con otras palabras, impactaron la capacidad de amor y cuidado de tu madre, lo que luego influyó en la forma en que ella te cuidó o dejó de cuidarte.

Algunos ejemplos adicionales de impacto indirecto son los siguientes:

- Un bisabuelo que estaba atrapado en un patrón de complacer a las personas y modeló eso a sus hijos, quienes lo modelaron a los hijos de sus hijos, quienes luego lo modelaron para ti. (De modo que las tendencias de tu bisabuelo a complacer a la gente se convirtieron en un legado que se transmitió de generación en generación hasta llegar a ti).
- Una abuela que sufrió depresión posparto y no podía conectarse emocionalmente con tu padre cuando él era bebé, y tu padre, a quien se le dificultaba estar en sintonía emocional contigo. (Así que el impacto inicial habría sido para tu padre, pero tú sufriste las consecuencias generacionales de esa depresión posparto no atendida).

- Un hermano mayor que lastimaba físicamente a su hermano menor (a ti), porque aprendió de tus padres que, cuando alguien está enojado, el comportamiento apropiado es golpear a alguien que es más vulnerable. (Así que la fuente inicial de dolor fueron tus padres hacia tu hermano mayor, pero el objetivo generacional secundario con el tiempo se convirtió en el hermano menor, tú).
- Un progenitor que no pudo obtener préstamos debido a su origen racial, lo que lo llevó a una deuda de la que no pudo recuperarse y esto resultó en que tú no tuvieras suficientes recursos al crecer (por lo tanto, el impacto inicial fue para un progenitor; pero, en consecuencia, tú sufriste una pobreza traumatizante a partir de entonces).

Puede ser útil comenzar a reflexionar sobre las experiencias específicas que tuviste con cada individuo, considerando de nueva cuenta las formas directas e indirectas en las que te impactaron. Para empezar, mira cada hoja y pregúntate «¿De qué manera *su* trauma contribuyó al trauma que yo he vivido?». Aquí es donde puedes plantear la popular pregunta «¿Qué te pasó?». También puedes preguntarte «¿Cómo llegué aquí?», «¿Quién me lastimó?», «¿Qué experiencia tuvo esa persona?» y «¿Cómo fue que su incapacidad para romper el ciclo acabó por perjudicarme?».

Una vez que hayas completado tu tronco haz algunas respiraciones profundas, porque esto fue intenso. Cuando estés listo, atendamos las raíces de este árbol.

Cuando sufrimos, nuestra mente crea nuevas realidades, nuevas creencias y normas para ayudarnos a lidiar con ello. Cambiamos y desarrollamos una forma diferente de ser. Yo he cambiado y tú también lo has hecho. Y esta parte del árbol te ofrece la oportunidad de reflexionar sobre lo que en realidad ha cambiado en ti debido a la experiencia traumática de tu familia. Entonces, aquí escribirás en cada raíz las diferentes formas en que adoptaste creencias limitantes sobre ti mismo, los demás y el mundo como resultado de las experiencias angustiantes que anotaste en el tronco. Estas son las creencias internalizadas que mantienen el ciclo del trauma en ti. Tomar conciencia de ellas te ayudará en las etapas posteriores de tu sanación para comprender qué creencias necesitas descartar. Algunos ejemplos de estas podrían ser la creencia de que:

- «No se puede confiar en nadie».
- «Las personas solo me amarán si les soy útil».
- «Por mucho que lo intente, nunca llegaré muy lejos».
- «Soy una fruta estropeada y en mal estado».
- «No puedo mostrar ningún signo visible de debilidad».
- «Si muestro alguna vulnerabilidad, seré vulnerable ante cualquier amenaza».
- «Primero tengo que cuidar de todos los demás».
- «Necesito controlar a la gente; de lo contrario, siento que perderé el control de mí mismo».
- Y cualquier otra que sientas más personal con tu experiencia vivida.

Tómate un momento para reflexionar sobre las creencias a las que te has aferrado personalmente y que reflejan tus heridas. Una vez que hayas terminado de atender las raíces, es hora de cavar en la tierra de tu árbol.

Ningún sistema arbóreo está completo sin la tierra que lo mantiene en crecimiento. Verás, en la sociedad todos internalizamos los mensajes de nuestras comunidades y de las instituciones con las que estamos vinculados, como escuelas y centros religiosos, así como aquellos mensajes que provienen de las personas de nuestra cultura. Estas instituciones inculcan creencias en nosotros que pueden impulsarnos hacia adelante o hacer que prosperen los ciclos de trauma en nuestras comunidades. Un ejemplo de una creencia cultural prominente es que no se deben contar los asuntos familiares fuera de la familia. Es una regla estricta para muchas comunidades. Esta creencia puede fomentar que se mantengan secretos perjudiciales a nivel individual y familiar. Entonces, al pensar en mensajes sociales, me gustaría que consideres este tipo de guiones culturales que han impulsado creencias comunes en los miembros de tu familia y en ti.

Algunos ejemplos de estos mensajes pueden ser:

- «La ropa sucia se lava en casa».
- «Aunque te lastimen, siguen siendo familia, así que tienes que ser amable con ellos».
- «Debes respetar a tus mayores sin considerar su comportamiento hacia ti».
- «No vamos a terapia; nosotros mismos solucionamos nuestros problemas».
- «La depresión no es real; solo tienes que levantarte y sacudírtela».
- «Mostrar tus emociones es un signo de debilidad».
- «No se puede confiar en personas ajenas a la familia».
- «Todos tienen las mismas oportunidades; nadie te detiene, excepto tú mismo».
- Y cualquier otra que haya sido relevante en tu vida.

En cuanto completes toda la tierra que rodea al árbol, el ejercicio habrá terminado, al menos por ahora. Has completado una parte importante de una tarea muy difícil, así que hagamos una pausa. En este punto de tu reflexión, es probable que sientas muchas emociones. Puede haber una mezcla de ira y culpa y una pizca de tristeza abriéndose paso hacia tu corazón. Estas respuestas son completamente naturales. Por eso nos tomaremos un momento para sumergirnos en una reflexión con una escritura guiada.

Haz una pausa y verifica cómo estás: ¿cómo está tu alma?

Toma tu diario. Escribe sobre tu proceso para completar tu «Árbol del trauma generacional». ¿Cómo te hizo *sentir* (palabra clave: *sentir*) llenar cada parte de tu árbol? ¿Qué partes fueron las más difíciles? ¿Cuándo te sentiste más dolido? ¿Algo te hizo sentir triste o enojado? Ahora, tómate un momento para considerar en qué parte de tu cuerpo aparecen estos sentimientos. ¿Los sientes en tu cabeza?, ¿tu estomago?, ¿tu espalda? Por último, tómate un momento más para considerar tu espíritu. ¿Qué tan conectado te sientes contigo mismo y con tu familia después de terminar esta práctica?

A lo que en realidad quiero llegar con esto es lo siguiente: ¿cómo está tu alma? ¿Cómo te sientes en tu mente, cuerpo y espíritu? Mi intención es lograr que te observes a ti mismo y verifiques cómo estás, de manera total y holística. Es muy importante que hagamos esto con frecuencia durante tu viaje, ya que el trabajo en trauma generacional es un trabajo duro. Es multidimensional, no solo multigeneracional. Entonces, a medida que avances en las siguientes fases de este libro, bríndate una verificación más profunda y pregúntate: «¿Cómo está mi alma?». Y si la palabra *alma* te recuerda alguna experiencia religiosa o espiritual que no te gusta, intenta utilizar la pregunta modificada: «¿Cómo estoy realmente?». Una vez que lo hagas, bríndate unas cuantas respiraciones para que tu mente, cuerpo y espíritu vuelvan a un estado más neutral. Si te ayuda, haz una pausa aquí y realiza una meditación con baño de sonido para ayudarte a conectar con el momento presente.

Lo que has aprendido hasta ahora

Este capítulo contuvo una gran cantidad de información sobre las transmisiones biológicas de traumas, genes y respuestas al trauma en tu linaje. Hubo muchos detalles importantes, pero lograste aplicar lo que aprendiste para completar un «Árbol del trauma generacional» con el objetivo de trazar tu propia historia generacional. Espero que estés orgulloso de ti mismo por haber superado esta parte del viaje. Ahora que completaste todo esto, haz algunas pausas y respira. Luego concéntrate en reflexionar más con las preguntas que incluyo a continuación. Cuando estés listo, pasa al siguiente capítulo, donde podrás alcanzar una mayor comprensión de tu sistema nervioso generacional.

PREGUNTAS DE REFLEXIÓN

¿Qué emociones surgen cuando piensas en las diferentes formas en que los cuerpos de los miembros de tu familia han estado genéticamente conectados con el estrés?

¿Qué se siente profundizar en tu linaje a través del ejercicio de mapeo de árboles?

A partir de ahora, ¿qué más quisieras aprender?

PARTE II

Esto se compone de capas

CAPÍTULO 6

TU SISTEMA NERVIOSO GENERACIONAL

Un padre no puede darte lo que nunca recibió.

LADY, mi hermana

Hay una rama del sistema nervioso del cuerpo humano que es responsable directa de gestionar las relaciones interpersonales. Nos ayuda a experimentar nuestras conexiones con los demás de una manera que nos haga sentir seguros y protegidos. Los científicos llaman a esto el *sistema nervioso social*. Es una parte del cuerpo humano que comienza a desarrollarse en el útero y luego continúa con rapidez durante la primera infancia para ayudarnos a formar una relación con nuestro entorno social. Cuando un bebé empieza a conectarse con las expresiones faciales y los tonos de voz de un cuidador, empieza a comprender si algo está bien o mal en el entorno con solo observar a esa otra persona. Con suficientes señales de que el mundo que lo rodea está bien, ese bebé comenzará a sentirse seguro y curioso. Pero si un bebé tiene un alto nivel de vulnerabilidad emocional y no recibe suficientes señales de seguridad, puede comenzar a desarrollar un sistema nervioso hiperactivo. Cuando un progenitor tiene un sistema nervioso hiperactivo y no es capaz de conectarse con su bebé de tal manera que le ayude a sentirse seguro, puede contribuir a que su hijo desarrolle un sistema nervioso hiperactivo similar al suyo.

El sistema nervioso está estructurado para ayudarte a procesar el estrés de forma temporal y luego liberarlo para que puedas relajarte de nuevo. No obstante, si vives con un trauma no resuelto, tu experiencia estará conformada por constantes respuestas intensas del sistema nervioso que dejan poco espacio para la liberación del estrés y la relajación. Debido a que tu mente permanece hiperenfocada en cuándo llegará el próximo peligro, tu sistema nervioso rara vez entra en un estado de calma. Así es como un trauma no resuelto puede desgastar la capacidad del sistema nervioso para funcionar de manera correcta.

Aprender a salir de estos ciclos requiere que proceses cómo existen dentro de ti las respuestas al trauma de tu sistema nervioso para que puedas sanar cualquier fractura que haya tenido lugar.

El sistema nervioso generacional

Los humanos tenemos un sistema nervioso que descarga el estrés de manera bastante similar a como lo hacen otros mamíferos. Nuestro sistema nervioso se divide en tres partes. La primera es el sistema nervioso simpático, que es la parte del sistema nervioso que se activa ante una amenaza y prepara la mente y el cuerpo para la protección de uno mismo. Te prepara, ya sea para luchar contra la amenaza o para huir de ella: la respuesta de lucha o huida. La siguiente es el sistema vagal dorsal. Es la parte del sistema nervioso más implicada en la sobrecarga emocional. Es el sistema de apagado. Cuando el estrés parece ya insoportable, el sistema vagal dorsal nos lleva a la inmovilidad y la disociación: la respuesta de paralizarse. En un nivel más extremo, desencadena un profundo agotamiento corporal y más tarde conduce al colapso de todo el cuerpo: la respuesta del cervatillo. Pero en un lugar intermedio, entre estas dos partes del sistema nervioso, tenemos una parte muy útil y adaptativa que nos ayuda a salir de manera segura de esa respuesta de protección y nos impide entrar en una desconexión total o, literalmente, correr para salvar nuestra vida. Esa tercera parte del sistema nervioso se llama sistema vagal ventral, que quizá recuerdes de la práctica de tonificación vagal ventral del capítulo 3. Nos protege de sobreestimar situaciones como amenazantes, mantiene nuestras emociones estables y hace más accesibles las conexiones saludables con los demás. También es la parte de nuestro sistema nervioso que inhibe en nosotros el comportamiento impulsivo cuando estamos luchando o huyendo y, en cambio, nos ofrece una mayor gama de acciones para elegir. Es la parte del sistema nervioso responsable de establecer y mantener una seguridad psicológica. Y la seguridad psicológica deja más espacio para el pensamiento crítico, la búsqueda de soluciones, el acceso a recuerdos y la creación de seguridad para los demás. Si no nos sentimos seguros en nuestro propio cuerpo, será muy difícil vivir una vida que sea equilibrada y crear un contenedor de seguridad para quienes nos rodean, incluidos nuestros hijos. Nos tomaremos un momento ahora para aumentar tu respuesta vagal ventral.

Siéntate cómodo en tu asiento. Al inhalar, intenta llenar tus pulmones de aire. Una vez que tus pulmones estén llenos, contén la respiración durante 2 s. Luego suelta el aire muy despacio, durante unos 7 s. Repite este proceso durante 5 minutos, porque el sistema nervioso requiere por lo general esa cantidad de tiempo para entrar en un ritmo de relajación. Observa cómo respondió tu cuerpo a esta restauración. Si alcanzaste un estado de calma, ese es el sentimiento de relajación. Pero un sistema nervioso que está atrapado en un estado de supervivencia no logra este estado de calma con suficiente frecuencia. En cambio, está atrapado en una espiral de hiper o hipoexcitación. Si no te sientes calmado después de este ejercicio, debes saber que se necesitan varias repeticiones de estos ejercicios para comenzar a percibir su efecto. Es posible que no sientas el impacto de inmediato y eso está bien.

Llevemos este concepto de sistema nervioso inestable al hogar multigeneracional de Brooklyn. Ella nunca se sintió contenida y segura. En su casa, todos sentían la tensión del estrés de otra persona. Por su descripción, entendí que todos vivían en modo supervivencia. Y este modo de supervivencia estaba perpetuando aún más los traumas en la familia de Brooklyn: su madre y su tía habían interiorizado los estados emocionales intensos de su propia madre, y para cuando comenzamos a trabajar juntas, también Brooklyn lo había hecho. Cuando algo negativo le sucedía a un miembro de la familia, todos compartían el estrés, lo que contribuía al caos en la casa compartida. Su madre y su abuela se gritaban: la respuesta de pelea. Brooklyn y su tía se desconectaban y se aislaban: la respuesta del cervatillo. Cada uno de ellos tenía diferentes tipos de respuestas de supervivencia al estrés colectivo de su familia. Y cada una de estas respuestas era un reflejo de una desestabilización emocional, lo que significa que les resultaba difícil controlar sus emociones.

Este efecto de contagio de múltiples sistemas nerviosos desestabilizados es lo que yo llamo un *sistema nervioso generacional*, un término que quizá recuerdes del capítulo anterior.

Para agregar una capa a esta dinámica, la madre y la tía de Brooklyn eran gemelas, por lo que su abuela, su madre, su tía y ella misma habían coexistido en un solo cuerpo en un momento dado. Maravilloso, ¿verdad? Cuando su abuela estaba embarazada, las cuatro estuvieron expuestas a los mismos factores estresantes y a una codificación genética similar. Y aunque ahora existían en cuerpos separados, todavía estaban profundamente conectadas entre sí. Su comportamiento, sus profundos vínculos genéticos y la desestabilización emocional generalizada que definía su casa familiar compartida reforzaban su sistema nervioso generacional. Las experiencias de nuestros antepasados producen algo así como una huella digital, que imprime patrones neuronales únicos en nuestro cerebro a lo largo de generaciones. Los psicólogos sospechan que estas huellas dactilares contribuyen al desarrollo posterior de afecciones psiquiátricas y que la transmisión biológica de estas huellas podría ayudarnos a comprender ciertos temperamentos y la susceptibilidad a afecciones como la ansiedad, por ejemplo. También se ha observado que dificultades de comportamiento, problemas cognitivos y otros problemas psicológicos se transmiten por líneas genéticas. Además, en los casos en que se dañó la confianza o hubo deshonestidad, falta de apertura en la familia o problemas de relación, se descubrió una diferencia notable en las expresiones de los descendientes del trauma.

El doctor LeManuel Lee Bitsóí, miembro de la Nación Navajo, ha dirigido varios estudios sobre el genoma en el Centro de Excelencia en Ciencias del Genoma de la Universidad de Harvard. Él ha contribuido a nuestra comprensión actual de la transmisión epigenética con su trabajo, cuyo objetivo es descubrir las formas en que el trauma generacional y el trauma histórico han contribuido a las enfermedades físicas y mentales en las familias nativas estadounidenses. Los estudios científicos también están revelando las múltiples formas en que la modificación epigenética puede incluso comprometer los sistemas de órganos (por ejemplo, el cerebro, el corazón o los riñones), e influir en la forma en que se desarrollan y funcionan estas estructuras. Existen múltiples conexiones entre el estrés y el bienestar de quienes son afectados por el primero, y múltiples áreas de investigación científica están en el proceso de ayudarnos a obtener una imagen biológica más clara del impacto del trauma no metabolizado y la fractura mente-cuerpo que puede ocurrir a lo largo de generaciones.

Aunque en décadas recientes varios estudios mundiales han examinado de cerca la carga genética de las enfermedades físicas y mentales, la evidencia más reveladora de cómo estas experiencias se transfieren de una generación a la siguiente proviene de las historias de las propias familias. Es decir, proviene de las capas reflejadas en tu «Evaluación de sanación del trauma generacional» y tu «Árbol del trauma generacional», razón por la cual aquí abordamos primero esas capas. Porque, si profundizas lo suficiente, verás que las familias han contado historias que hablan de cómo el trauma generacional ha estado en el centro de su dolor. Hay detalles en nuestras historias que tienen más matices y complejidad que los que cualquier área científica puede estudiar. También hay respuestas al trauma que se han reciclado y requieren que levantemos las capas, poco a poco. Cuando lo hacemos, notamos que muchas familias, incluida la nuestra, se aferran a estos desencadenantes de traumas generacionales que continúan transmitiéndose a la siguiente generación una y otra vez.

Desencadenantes generacionales

Cuando los síntomas de trauma de una persona fueron detenidos, es decir, cuando una persona tiene signos crónicos de trauma, estos síntomas causan lo que se conoce como retención traumática. Pero tu cerebro es inteligente y oculta esta tensión de manera magistral atrás de tus defensas psicológicas. Este mecanismo de afrontamiento está preprogramado en ti para ayudarte a continuar viviendo tu vida después de sufrir un trauma. Pero a veces la tensión oculta del pasado se desbloquea mediante un desencadenante y provoca que el sistema nervioso vuelva a adoptar una respuesta de lucha, huida, congelamiento o del cervatillo. Te teletransporta en el tiempo al evento traumático.

Los desencadenantes pueden ser señales emocionales internas (una pérdida de autocontrol, sentirse abandonado, sentir vergüenza, etc.) y señales sensoriales externas (ver un accidente, el olor del perfume de alguien, un ruido fuerte, etc.). Cuando un recuerdo del pasado se desbloquea antes de que lo hayas sanado de forma adecuada, la experiencia puede provocar que te tenses. Estos desencadenantes activan recuerdos y evocan una reacción en tu sistema nervioso. Cada persona tiene solo cierta capacidad para manejar emociones difíciles, y la tolerancia a las emociones intensas es única para ese individuo. Su tolerancia está determinada por una serie de factores. Lo más notable aquí es lo que yo llamo tu *ventana generacional de tolerancia*.

Tu ventana de tolerancia es el espacio emocional dentro del cual te sientes cómodo y seguro. En esta ventana puedes lidiar con los factores estresantes diarios, buscar soluciones en la vida y las relaciones y sentirte relativamente equilibrado. Pero cuando algo te empuja más allá de tu límite emocional, se puede activar una respuesta de hiperactivación (en la que sientes mucha energía, hipervigilancia, ansiedad, ira, inquietud, agitación e irritabilidad) o una respuesta de hipoactivación (en la que sientes retraimiento, entumecimiento, vergüenza, depresión y desconexión). Ahora bien, tu ventana generacional de tolerancia refleja tus propias limitaciones dispuestas en capas con las limitaciones emocionales de las personas que llegaron antes que tú.

Cuando un progenitor tiene un sistema nervioso que sufre una respuesta crónica al estrés, sus hijos son entonces más susceptibles a tener una estructura del sistema nervioso similar: una herencia biológica de vulnerabilidad emocional. En el ámbito biológico, sus hijos podrían tener de entrada una mayor incomodidad con las emociones difíciles que los niños cuyos padres no tienen esa respuesta de estrés crónico. Además, un progenitor modela sus capacidades emocionales (o incapacidades) a sus hijos, y les enseña de manera inconsciente cómo responder al estrés. También modela su ventana de tolerancia y luego los hijos adoptan una ventana de tolerancia similar para sí mismos. Esto puede ser un poco complejo de entender, así que permíteme ilustrarlo con un ejemplo de la sala de terapia.

Una vez tuve un paciente, Zuri, cuyo padre había sufrido un trauma. Como resultado, cuando ocurría lo más insignificante, él entraba en un estado de hipoactivación o desconexión emocional. Tenía una ventana de tolerancia seriamente pequeña, lo que significa que tenía muy poca capacidad para manejar situaciones estresantes. Para él, cualquier situación más allá de un factor estresante leve le provocaba una desconexión emocional importante. Esta respuesta era provocada tanto por sus vulnerabilidades emocionales predispuestas como por sus propios traumas pasados que le dificultaban tolerar bien el mínimo estrés. Por lo tanto, le costaba mantener la calma y la concentración cuando estaba bajo presión, y se retraía con facilidad; cambiaba a una respuesta de cervatillo/desconexión en la que dependía del alcohol para adormecer sus emociones sobrecargadas. Esta cadena de conducta era la respuesta modelada al estrés que mi paciente había observado desde la infancia y, con el tiempo, se había convertido en la respuesta conductual que desarrolló para afrontar su propio estrés.

Mi paciente ya había nacido con una vulnerabilidad al estrés elevado. Incluso le dijeron que cuando era bebé era extremadamente difícil calmarla y consolarla, y que cualquier cosa, por más insignificante que fuera, la hacía estallar en largos ataques de llanto. Si avanzamos hasta su niñez, cada vez que se sentía abrumada (cuando algo la sacaba de su propia ventana de tolerancia), entraba en hipoexcitación, al igual que su padre. La respuesta por defecto de su sistema nervioso correspondía tanto a la que estaba predispuesta por su genética como a la que veía cuando su padre la modelaba. Ella expresaba una herencia generacional de vulnerabilidad emocional, en la que con gran facilidad se sentía agotada y se disociaba, y también estaba aprendiendo que la manera de lidiar con el hecho de tener una ventana de tolerancia reducida era responder como un cervatillo o desconectarse.

Una vez que se desencadenaba esta respuesta, mi paciente no hablaba con nadie y se aislaba. Pero cuando ella misma se convirtió en madre, quedó consternada al ver que sus propios hijos mostraban una respuesta de afrontamiento similar a la que ella había heredado de su padre. Ella estaba siendo testigo de un ciclo de ventanas de tolerancia generacionales reducidas, es decir, un ciclo de tolerancia disminuida al estrés. Los hijos de mi paciente le ofrecían un espejo que reflejaba su propia alma. Quería romper el ciclo y transmitir un mejor legado a sus hijos y a las generaciones futuras. Esto significaba que necesitábamos profundizar juntas en las respuestas del sistema nervioso generacional reflejadas en su familia y ampliar su ventana de tolerancia en esta generación para que ella tuviera la oportunidad de modelar esta habilidad para sus hijos.

Esta es una tarea que tú también debes considerar. En nuestras familias de origen, cada uno de nosotros aprendió cómo responder a los factores estresantes de nuestra vida observando a nuestros familiares y cuidadores. Este es el proceso de construcción de un sistema nervioso generacional hiperactivo. Las familias heredan, unas de otras, ciertas respuestas al estrés. Cada familia y cada persona dentro de una familia tendrá su propia versión de cómo se muestra esto. El sistema nervioso generacional de tu familia no será idéntico al de nadie más. En cambio, se verá como las respuestas al trauma singulares reflejadas en tu «Árbol del trauma generacional». Y notarás que hay un modo en el que las hojas alimentan el tronco, o que el suelo alimenta las raíces, y que todo el ecosistema del árbol fluye en un ciclo de dolor. En el centro de ese ciclo hay un conjunto de respuestas generacionales del sistema nervioso que aún no han sido alteradas. Aprender cuáles son puede ayudarte a cambiar esas respuestas generacionales por otras más saludables.

Algunos otros ejemplos de respuestas del sistema nervioso generacional podrían ser:

- La respuesta de supervivencia aprendida de permanecer en silencio (quedaste atrapado en el modo congelación) con padres cuya respuesta al trauma fue gritar cuando estaban bajo estrés (ellos estaban atrapados en el modo pelea).
- El comportamiento aprendido de apartarse de una situación (quedaste atrapado en el modo de respuesta del cervatillo/desconexión) cuando alguien mayor se volvía físicamente abusivo (quedaba atrapado en el modo pelea).
- La respuesta aprendida de gritar siempre para defenderte (te quedaste atrapado en el modo pelea) porque los adultos en tu vida te culpaban de forma constante y te reprendían verbalmente (también estaban atrapados en el modo pelea).

- La respuesta de supervivencia aprendida para huir de situaciones incómodas (quedaste atrapado en el modo huida) porque nadie te escuchaba y las personas tendían a evitar los problemas (también estaban atrapados en el modo huida).
- ¿Qué otras podrías añadir a la lista que te parezcan más acordes con tu experiencia?

Siempre me han fascinado las múltiples formas en que las respuestas al trauma pueden aparecer en un linaje familiar. Pero cuando revisé mi propio árbol genealógico, comencé a comprender este concepto con mayor profundidad y a escala personal. Vi un patrón de respuestas que todos los miembros de mi familia presentaban. Mi madre ha estado atrapada más que nada en el modo pelea: lucha con uñas y dientes cuando la empujan más allá de sus límites emocionales. Mi padre tiene por defecto un modo huida: reprime sus emociones y se aleja del conflicto. Mi hermana adoptó una respuesta del sistema nervioso similar a la de mi padre. Ella, por defecto, ha huido del conflicto durante la mayor parte de su vida. Y yo reflejé la respuesta al trauma de mi madre, por lo que, para mí, el modo pelea me era familiar y cómodo.

Aunque teníamos respuestas variables del sistema nervioso por defecto, un hilo común entre nosotros era que teníamos una familia que estaba hiperactivada en conjunto. Esto era evidente cuando estábamos todos juntos y nuestros sistemas nerviosos individuales comenzaban a alimentarse unos con otros, formando un sistema nervioso generacional inestable. Pasamos décadas absorbiendo y amplificando las respuestas al trauma de cada uno. Es decir, hasta que mi hermana y yo decidimos ser rompeciclos. Cuando aprendimos a reestructurar nuestras respuestas y abrir espacio para que mis padres hicieran lo mismo, comenzamos a sanar como una unidad.

Es increíblemente difícil pasar de nuestras respuestas al trauma, programadas a gran profundidad, a comportamientos más constructivos. Hablo desde la experiencia personal y profesional. Pero creo que no hace falta decir que, si no te movilizas hacia la disrupción del trauma, te encontrarás viviendo con la misma herencia de respuesta desencadenante durante años. Para siempre si nunca encuentras una manera de abordarlo. Si no atiendes tu trauma, tu legado será la herencia de un sistema nervioso generacional inestable, una estrecha ventana de tolerancia generacional y un conjunto de respuestas desencadenantes generacionales para ti, para tus hijos y para sus hijos. Por eso romper el ciclo es una tarea tan urgente.

Recuerdos generacionales

Nadie *desea* que algo lo detone, ni permanecer atorado en respuestas generacionales desencadenadas. Con frecuencia, los factores desencadenantes aparecen en tu vida sin previo aviso y provienen de una amplia gama de fuentes internas y externas. Esto se debe a que los desencadenantes generacionales incluyen recuerdos diferentes, enterrados, que conforman la vasta red de la *memoria generacional*. Los recuerdos desencadenantes pueden enviarte a otro lugar y momento, o a veces incluso a un recuerdo más allá de tu propia vida.

Tomemos, por ejemplo, a mi paciente Leon. Cuando el abuelo de Leon tenía 20 años, antes de tener hijos, recibió una fuerte paliza por parte de un extraño. Quedó con una conmoción cerebral y algunas costillas lastimadas. Y también le quedó un recuerdo olfativo. Parecía que su atacante había tomado una taza de café antes del ataque y su aroma dejó una huella en la memoria del abuelo de Leon. Durante el resto de su vida, cada vez que el abuelo de Leon olía café, lo desencadenaba y lo enviaba de regreso al momento en que fue atacado. Se sentía mal y se bloqueaba emocionalmente, su cuerpo lo preparaba para recibir otra paliza, aunque no hubiera ninguna amenaza presente.

Aquí es donde se pone interesante. La madre de Leon, nacida años después del ataque, encontraba repulsivo el olor del café al igual que su padre, y el propio Leon sentía que se le revolvía el estómago al olerlo. Se activaron tres generaciones de recuerdos, desencadenados por el aroma del café, que había estado presente en un incidente traumático décadas antes.

Esto puede parecer fantástico, pero tanto la memoria olfativa como la transmisión genética de esos recuerdos son un fenómeno bien estudiado. El olfato puede ser un poderoso conector de memoria cuando se vincula con nuestros recuerdos de la infancia. Muchos sobrevivientes de abuso sexual infantil reportan que los olores del hogar donde ocurrió el abuso quedan grabados en su memoria. Ya en la edad adulta avanzada señalan lo desencadenante que puede ser estar cerca de esos olores. El olor se graba de modo profundo en tu cerebro. El sentido del olfato está vinculado especialmente a la memoria porque los olores toman una ruta directa al sistema límbico del cerebro. Dado su viaje directo al centro del cerebro hacia un sistema conectado con las respuestas del sistema nervioso, el olor es un poderoso recuperador de recuerdos. Más aún, los estudios han demostrado que la combinación olor-trauma tiene un efecto multigeneracional y que la sensibilidad a olores específicos trasciende generaciones. Fascinante, ¿verdad?

Hay muchos recuerdos a los que no tienes acceso inmediato. Algo de esto puede deberse a una buena razón: es esa función protectora de tu mente que mencioné antes en este capítulo, que oscurece algunos recuerdos dolorosos y te ayuda a conservar la energía mental. Este es un mecanismo de afrontamiento que te ayuda a funcionar después de un evento traumático. Sin embargo, en tu ADN se almacena un caché de recuerdos heredados, en espera de que tú accedas a ellos; recuerdos que, si los recuperas, podrían ayudarte a construir una comprensión más completa de cómo llegaste aquí y cómo puedes sanar.

Los tipos de recuerdos generacionales incluyen:

- ✦ MEMORIA CELULAR: el recuerdo del estrés multigeneracional que se lleva en las células y en los genes. Nuestras células son muy inteligentes. Mantienen un registro de lo que nos sucede e incluso de lo que pasó antes de nosotros. Las expresiones genéticas que tenemos en nuestras células que reflejan altos niveles de estrés y se activan con mayor facilidad ante circunstancias estresantes plasman este tipo de memoria. Nuestras células saben que venimos de los cuerpos estresados de nuestros padres y retienen ese recuerdo del estrés dentro de ellas; reaccionan y responden tanto a los recuerdos del estrés del pasado como a los factores estresantes del presente.
- ✦ MEMORIA DE PROCEDIMIENTO: el recuerdo de la tensión emocional que se lleva en el cuerpo, concretamente en el cerebro y el sistema nervioso. Estos recuerdos pueden reavivarse por algo que sucede en nuestra vida. Un ejemplo de esto es el olor a café que llegó a las distintas generaciones de la familia de Leon. Nuestros sentidos (nuestra capacidad de oler, ver, saborear, tocar y oír) se vinculan a nuestros recuerdos. Por lo tanto, cuando nos desencadenamos, volvemos atrás por medio de nuestros sentidos, es decir, por medio de algo en nuestro entorno actual que olemos, vemos, saboreamos, tocamos o escuchamos y que nos recuerda algo pasado.
- ✦ MEMORIA INTUITIVA: el conocimiento interno de que algo sucedió en tu linaje y provocó algún dolor en tu propia alma. Tu intuición es un recuerdo. Tus momentos *déjà vu* son recuerdos. Tus sueños son reflejos de tus recuerdos. Todos estos están encerrados en tu intuición y te ayudan a desarrollar un conocimiento interno más allá de tu pensamiento consciente.

Los desencadenantes y los recuerdos traumáticos están entretejidos en tantas capas de la psique que pueden sorprenderte cuando menos te lo esperas. Pero tu viaje de sanación consiste en ampliar tu conocimiento de ti mismo y luego utilizar ese nuevo nivel de conocimiento interior como herramienta para tu sanación.

Antes de continuar permíteme preguntarte: ¿qué te parece todo esto? ¿Alguno de estos tipos de recuerdos despierta en ti algún pensamiento o emoción? Si es así, este podría ser un gran momento para hacer una pausa y escribir en tu diario. También puede ser un momento para solo sentarte en silencio y notar cómo te sientes. Recuerda que siempre es una buena idea respirar profundamente unas cuantas veces cuando te sientes a meditar. Una vez que estés listo, pasemos al ejercicio de este capítulo.

Rompe el ciclo: amplía tu ventana de tolerancia generacional

Ampliar tu ventana de tolerancia te aleja de los factores desencadenantes y te acerca a la seguridad y la conexión. Esto ocurre al aumentar la cantidad de estrés que puedes tolerar en un momento dado. Nuestro objetivo es aumentar tu capacidad para tolerar el estrés, y que no se quede plantado en tu alma y se convierta en una carga que lleves contigo toda la vida. Para lograrlo se necesita práctica diaria y muchas repeticiones, pero a largo plazo vale la pena, porque ayudará a tu sistema nervioso a relajarse con mayor rapidez y frecuencia.

Para la práctica de este capítulo me gustaría centrarme en ampliar tu zona segura. Introduzcamos en tu rutina diaria una técnica de liberación emocional (EFT, por sus siglas en inglés) modificada, con información generacional. La EFT es una práctica mente-cuerpo que estimula los puntos de acupresión mediante golpecitos y se sabe que ayuda a reducir los síntomas relacionados con el estrés, la ansiedad, la depresión y el trauma. Para esta práctica tomaremos prestado el sonido *om* del sánscrito, una lengua antigua y clásica de la India. *Om* se considera el más poderoso de todos los mantras y emite vibraciones sonoras que se conectan de modo directo con la rama de relajación de nuestro sistema nervioso: el nervio vago ventral, que quizá recuerdes de la sección sobre el sistema nervioso vagal ventral. Para esta práctica generacional de EFT sigue estas indicaciones:

- Encuentra un asiento cómodo en un lugar que sientas seguro. Si puedes sentarte afuera, será aún mejor, ya que nos enfocaremos en conectarte con el momento presente durante esta práctica. Si prefieres practicar en el espacio seguro que desarrollaste en la sección *Prepararse para hacer el trabajo,* del capítulo 1 (consulta la página 34), puedes ir ahí ahora.
- Una vez que estés preparado, encuentra un ritmo para tu respiración y profundízala.
- Aumenta el tiempo dedicado tanto a la inhalación (aprox. 5 s) como a la exhalación (aprox. 7 s).
- En tu siguiente inhalación recuerda una imagen de ti mismo sintiéndote relajado, tranquilo y sereno.
- En tu siguiente exhalación suelta el aire con el sonido del mantra *om*, respirando energía curativa hacia esta imagen de ti mismo en tu zona segura.
- En la siguiente inhalación recuerda la imagen de un antepasado que no haya tenido acceso a herramientas sanadoras para ampliar su propia ventana de tolerancia, y a quien te gustaría enviar algunas vibraciones curativas.
- En tu próxima exhalación libera el sonido del mantra *om* e imagina exhalar energía amorosa y curativa sobre tu antepasado.

- Ahora lleva tu respiración a un ritmo neutral, respirando como lo harías de forma normal.
- Ahueca tus manos y utiliza tus dedos índice, medio y anular para golpear con suavidad cinco veces los puntos meridianos que se enumeran a continuación. Con cada suave golpe, recuerda respirar.
    - Golpea suavemente la parte superior de tu cabeza, tu coronilla: tu vaso rector que viaja a lo largo de tu espalda, el cual está más conectado con tu sistema nervioso.
    - Golpea suavemente las esquinas internas de tus cejas: el meridiano de tu vejiga, que está más conectado con experiencias de miedo y recuerdos inquietantes.
    - Golpea suavemente las esquinas exteriores de tus ojos: el meridiano de la vesícula biliar, que está más conectado con la experiencia de la represión emocional.
    - Golpea suavemente justo debajo de tus ojos: el meridiano de tu estómago, que está más conectado con la experiencia de la desesperación.
    - Golpea suavemente justo bajo tu nariz: también tu vaso rector, el cual está conectado a tu sistema nervioso.
    - Golpea suavemente el área de tu barbilla: tu vaso central, que se conecta con todas las demás funciones de tu mente y tu cuerpo.
    - Golpea suavemente justo encima de tu clavícula, a cada lado: el meridiano de tu riñón, que se conecta principalmente con la vergüenza.
    - Golpea suavemente bajo los brazos (las axilas): el meridiano del bazo, que está relacionado más que nada con la apatía y el disgusto.

- Golpea suavemente la parte carnosa exterior de tus manos: el meridiano del intestino delgado, que está más conectado con la negación y el entumecimiento.

- Para finalizar esta práctica volvamos al punto de partida, así que baja las manos a los costados.
- Profundiza tu respiración una vez más.
- Aumenta el tiempo dedicado tanto a la inhalación (5 s) como a la exhalación (7 s).
- En tu siguiente inhalación recuerda una imagen de ti mismo sintiéndose relajado, tranquilo y sereno.
- En tu próxima exhalación suelta el aire con el sonido del mantra *om*, respirando energía curativa en esta imagen de ti mismo en tu zona segura.
- En la siguiente inhalación recuerda la imagen de un antepasado que no haya tenido acceso a herramientas curativas para expandir su zona segura, y a quien te gustaría enviarle algunas vibraciones curativas.
- En tu siguiente exhalación suelta el aire con el sonido del mantra *om*, respirando energía sanadora sobre tu antepasado.
- Ahora lleva tu respiración a un ritmo neutral, respirando como lo harías de forma normal.
- Envía agradecimiento a tus antepasados por estar presentes en esta ofrenda y a ti mismo por tomarte el tiempo para interrumpir la secuencia del trauma capturada en tu sistema nervioso.

Lo que has aprendido hasta ahora

En este capítulo aprendimos sobre uno de los principales transportadores del trauma generacional: tu sistema nervioso generacional. Analizamos las diferentes formas en que las respuestas al trauma mantenidas en una generación se transfieren por medio de respuestas del sistema nervioso a lo largo de la línea familiar. Esa respuesta preprogramada del sistema nervioso puede ser mucho para asimilar, así que tómate un momento para digerir esta información. Tal vez quieras regresar a tu práctica generacional de *tapping* con EFT para relajar más el sistema nervioso. Como forma adicional de calmar tu sistema nervioso generacional puedes sumergirte en una meditación con baño de sonido para conectarte más con el momento presente. Cuando estés listo, responde las preguntas de reflexión de este capítulo y pasa al siguiente, donde veremos a tu niño interior generacional.

PREGUNTAS DE REFLEXIÓN

¿Qué experimentaste al aprender sobre las múltiples capas de tu sistema nervioso generacional?

¿Qué desencadenantes generacionales y respuestas al trauma descubriste que existen en tu familia y tu comunidad?

¿Qué te vino a la mente cuando realizaste la técnica del *tapping* como práctica rompeciclos?

CAPÍTULO 7

TU NIÑO INTERIOR GENERACIONAL

A los 12 años me convertí en lo que soy hoy.

KHALED HOSSEINI

La calidad de tus relaciones en la primera infancia, en particular con tus cuidadores, sienta las bases de cómo puedes vincularte con los demás. Si esas relaciones formativas fueron seguras y alentadoras, entonces estás en mejores condiciones para construir un estilo de apego seguro y una confianza saludable, y puedes mantener la cercanía en tus relaciones. En cambio, si estos años críticos fueron inseguros y no se te proporcionó un entorno alentador, es probable que desarrollaras un estilo de apego inseguro y sufrieras una herida de niño interior. Como resultado, cada relación correrá el riesgo de estar marcada por versiones de las lesiones emocionales que sufriste. Eso también significa que si eres capaz de aprender a construir seguridad, confianza y vínculos estables por medio de tu propia sanación, puedes ayudar a deshacer las heridas emocionales de tu infancia. Aprovechemos este momento para comprender los remanentes del estrés infantil y el protocolo para curar las heridas generacionales del niño interior.

Estrés infantil: cómo continúa la transmisión

Los humanos estamos hechos para la conexión. Necesitamos tener un sentido de pertenencia, apego y seguridad con los demás. De manera instintiva, desde que nacemos buscamos experiencias que nos ayuden a desarrollar la conexión. Cuando somos bebés, lloramos si necesitamos consuelo. A escala biológica, el llanto le indica a un adulto que nos sostenga en la seguridad de un abrazo y nos dé una tierna sonrisa indicando que todo está bien. El mensaje que esto le envía a nuestro cerebro y sistema nervioso en desarrollo es: «Si necesito a alguien, ellos responderán. Y por lo tanto, puedo contar con los demás».

En esos primeros años se desarrolla un ritmo entre los niños y sus cuidadores. Cuando eras bebé te quedabas en tu cuna mientras que un adulto iba a buscar tu leche. Luego, regresaba con tu leche tibia, te alimentaba, te sonreía y te hacía eructar para que te tranquilizaras. Se iba y luego regresaba. Se ocupaba de tus necesidades y te brindaba una sonrisa de confianza y seguridad. Entonces podías descansar y digerir, lo cual es el mecanismo básico de un sistema nervioso estable. Registraste que podías confiar en tus cuidadores; ellos eran una señal de que el mundo era seguro y te brindaban el bienestar que no podías obtener por tu cuenta. Ese suministro constante de atención es la base de un apego seguro, el tipo de estilo de conexión relacional que se produce cuando te sientes protegido por tus cuidadores y sabes que puedes confiar en que ellos van a estar presentes cuando los necesites. Aunque no puedas recordar estas interacciones, tuvieron un profundo impacto en tu desarrollo.

Para los niños que crecieron en hogares con trauma, el patrón puede ser muy diferente. La conexión entre el cuidador y el niño puede verse oscurecida por el abuso, la negligencia, el consumo de drogas, las enfermedades mentales, la codependencia, la toxicidad, la mala sintonía emocional o la desconexión. En esas circunstancias el apego no puede encontrar una base segura y esas familias quedan atrapadas en círculos de trauma.

Un bebé desarrolla patrones recíprocos de expresiones cuando interactúa con su cuidador. Si el adulto refleja expresiones faciales positivas, el bebé puede descansar y explorar su mundo con una dócil curiosidad. Pero si las expresiones faciales no son receptivas, como cuando un progenitor se disocia y pasa por alto la necesidad de relacionarse del bebé, este nota el cambio de inmediato e intenta una y otra vez recuperar la atención y el cuidado del progenitor. Resulta agotador para el bebé monitorear continuamente la disponibilidad del cuidador y, al final, esto lo lleva a una desconexión emocional. En ese escenario, tenemos un progenitor que está emocionalmente atrofiado y un bebé que, por el bien de la supervivencia, aprendió a desconectarse de la misma manera. Esto significa que los síntomas de trauma persistentes y no examinados en los adultos pueden crear una fractura emocional temprana en sus hijos. Lo cual, a su vez, contribuye al desarrollo de un niño inseguro, cuya capacidad para confiar en los demás se ve comprometida.

Si avanzamos algunos años, ese niño inseguro desarrollará una mayor necesidad de validación. Sin embargo, es probable que los padres sigan abrumados por su propio trauma y no estén muy preocupados por atender a su hijo de tal manera que este construya una base segura. Esto le envía a su hijo el mensaje de que es «demasiado» y «difícil de amar». El mensaje se interioriza y crea heridas internas, que, si bien comienzan en estos periodos críticos del desarrollo, duran toda la vida.

Periodos críticos

Los científicos del desarrollo consideran que hay periodos durante el crecimiento que son críticos. El tiempo en el útero es uno de ellos, cuando se desarrollan los órganos vitales. Otra etapa importante son los primeros años de vida, porque en ellos se establecen las bases para la conexión social. Es durante estos dos periodos críticos cuando la mayoría de las respuestas al estrés queda integrada al sistema nervioso y el cerebro. Cuando un bebé escucha gritos fuertes en casa, su sistema nervioso se pone en alerta y surgen las respuestas desencadenantes: ritmo cardiaco acelerado, respiración superficial, estreñimiento, pupilas dilatadas, sudoración y tensión muscular. El bebé está en una respuesta de lucha, huida, congelación o de cervatillo. La amígdala, un centro emocional primario del cerebro, también está en alerta máxima. Las hormonas del estrés lo inundan. Si esto sucede con suficiente frecuencia, su cuerpo en desarrollo podría quedar atrapado en un estado de estrés.

Ahora consideremos de dónde vienen los frecuentes gritos. Si son un patrón, entonces es muy probable que provengan de un adulto que se encuentra inquieto. Él también podría estar viviendo con un sistema nervioso inflamado, inestable, lo que significa que son dos personas las que tienen un alto nivel de estrés tóxico. Así, el estrés se vuelve generacional. El adulto que no puede regular sus emociones contribuye a que, a su vez, su hijo tenga una falta de regulación del sistema nervioso. La ciencia nos dice que, si no se aborda ese estrés heredado, cuando el bebé crezca también lo transmitirá a sus hijos. Y el ciclo se repite una y otra vez.

Ahora bien, un poco de estrés es esencial para el desarrollo normal. Saber controlarlo es una característica adaptativa y de hecho contamos con un sistema nervioso diseñado para manejar el estrés de modo eficaz para que este sea tolerable. Sin embargo, el cuerpo con trauma persistente ha soportado demasiado estrés y ha vivido bajo una capa continua e implacable de tensión emocional. Cuando el estrés alcanza esos niveles, a la persona le resultará muy difícil sacar esa energía. Como resultado, su cuerpo se convierte en un depósito de energía emocional dañina. Si esto sucede en una edad temprana, se convierte en una herida que permanecerá hasta la edad adulta. Esto es un síntoma típico de experiencias infantiles adversas.

Experiencias adversas generacionales

Una de las investigaciones de apoyo más sólidas que tenemos sobre el papel del estrés traumático en nuestra sociedad proviene del estudio de experiencias adversas en la infancia (ACE, por sus siglas en inglés) realizado por los Centros para el Control y la Prevención de Enfermedades (CDC, por sus siglas en inglés). El estudio de ACE comenzó en la década de 1990 en California; en él encuestó a más de 17 000 miembros de organizaciones de mantenimiento de la salud (HMO, por sus siglas en inglés) del sur de ese estado, acerca de experiencias en la infancia que produjeron un impacto negativo duradero en la vida de las personas. Los hallazgos principales llevaron a los investigadores a centrarse en las experiencias derivadas del encarcelamiento de los padres, abuso de sustancias, violencia doméstica, pérdida de un padre por divorcio o muerte, trauma sexual, negligencia emocional y física, enfermedades mentales en la familia y violencia. Cuando se introdujo por primera vez, ofrecía una forma de validación necesaria desde hacía mucho tiempo en la sala de terapia. El estudio inicial tuvo deficiencias, ya que no incluyó diversas experiencias de personas de identidades culturales múltiples ni tuvo en cuenta experiencias variables fuera de estas áreas centrales de enfoque. Aun así, explorar las experiencias infantiles adversas en relación con ese estudio fundamental sigue siendo un punto de partida clave en la conversación terapéutica para la mayoría de los sobrevivientes de trauma.

En una de las sesiones iniciales, mi paciente Leon y yo comenzamos a hablar de sus experiencias adversas en la infancia. Decidimos profundizar juntos en el cuestionario ACE. El estudio ACE original incluye diez preguntas sobre experiencias adversas en la infancia y permite a la persona o al médico hacer un recuento al final. Las puntuaciones en el cuestionario pueden variar de cero a diez: cero significa que no hubo incidentes adversos infantiles; y diez, que la persona sufrió un total de diez categorías notables de experiencias adversas infantiles. Cuando Leon conoció las ACE, comenzó a expresar cómo esta nueva forma de ver los traumas de su infancia le dio una sensación de alivio. Aunque el cuestionario nos ayudó a llenar algunos vacíos sobre lo que le había sucedido en la infancia, no nos ayudó a completar la historia. Los aspectos dañinos de su educación no se reflejaron en el cuestionario ACE original ni en las versiones posteriores modificadas a las que tuvimos acceso; por su parte, el cuestionario tampoco capturó su historia generacional. Debido a que la evidencia muestra que la inestabilidad emocional de un padre puede conducir a un maltrato que influya en el funcionamiento emocional y conductual de su hijo, necesitábamos arrojar luz sobre la capa de sus experiencias adversas infantiles.

Juntos comenzamos a desarrollar una versión de ACE más integral, más personalizada y más generacional con la esperanza de poder contar su historia completa de tal manera que incorporara también la historia familiar. A partir de mi trabajo con Leon y con otros pacientes que sintieron esta misma limitación, decidí trabajar en mi «Cuestionario de experiencias adversas generacionales». Esta evaluación les permitió a mis pacientes llenar los vacíos y hacer que su recuerdo de experiencias adversas fuera más estratificado y matizado.

Tres áreas se convirtieron en el foco de atención: *1)* ¿Qué te pasó? *2)* ¿Qué ocurrió antes de ti?, y *3)* ¿Qué ocurrió a tu alrededor? Estas preguntas nos brindaron la oportunidad de abordar no solo lo que les sucedió directamente a mis pacientes, sino también lo que les pasó de forma indirecta (dentro de sus familias y comunidades) y que de igual forma contribuyó a la adversidad que vivieron. Aunque dejé mucho espacio para desarrollar en conjunto cómo podría verse el «Cuestionario de experiencias adversas generacionales» para cada paciente, comenzamos centrándonos en unos cuantos temas. Mis pacientes seleccionaron de esta lista las experiencias que tenían más sentido para ellos, con base en las experiencias que recordaban.

Mientras los lees, te animo a que hagas lo mismo. Selecciona los elementos de la lista que se conectan con tus experiencias generacionales. A diferencia del cuestionario ACE original, no contarás las respuestas ni te daré un número en el que enfocarte. Aunque, para fines de la investigación y recopilación de datos, la puntuación puede ser una herramienta importante a considerar, para los propósitos del protocolo de sanación que estamos siguiendo aquí, las puntuaciones puede distraernos de la historia más completa y matizada que ofrece cada una de tus respuestas. En lugar de eso, trataremos cada elemento de la lista como un tema de conversación sobre el cual puedes reflexionar. Entonces, al leer, selecciona los que tengan sentido y, si lo deseas, escribe en tu cuaderno sobre cada elemento para ampliar tus reflexiones acerca de cada experiencia individual. Ten en cuenta que las partes de este cuestionario tituladas «¿Qué ocurrió antes de ti?» y «¿Qué ocurrió a tu alrededor?» no excusan de ninguna manera los comportamientos dañinos de quienes no rompieron el ciclo antes que tú ni los comportamientos, creencias, prácticas y daños estructurales impuestos por las instituciones que te rodean y que facilitaron la lesión traumática. Están ahí solo para ayudarte a comprender las capas de dolor y trauma que forman parte de tu historia.

¿QUÉ TE PASÓ? (ADVERSIDAD DIRECTA DE LA INFANCIA)

- No me mostraron amor ni afecto.
- Abusaron de mí de manera verbal o emocional.
- Me invalidaban de forma crónica.
- Me golpearon físicamente.
- Abusaron de mí sexualmente.
- Mis padres tuvieron una separación o un divorcio difícil.
- Mi familia tenía conflictos internos.
- Un ser querido murió de forma prematura o violenta.
- Fuimos desplazados de nuestra casa.

- Tuve que o me obligaron a emigrar de un lugar conocido.
- Tuve un trauma médico.
- Viví en situación de pobreza.
- Mis cuidadores fueron encarcelados.
- Fui perseguido u oprimido por mi identidad cultural.
- Alguien padecía una enfermedad mental persistente en nuestra casa.
- Alguien tenía una enfermedad física persistente en nuestra casa.
- Alguien cercano a mí sufría de adicción.
- Cualquier otro caso que se haya sentido *personalmente* traumático.

¿QUÉ OCURRIÓ ANTES DE TI? (ADVERSIDAD INFANTIL GENERACIONAL)

- A mis padres/abuelos/familia/ancestros no se les mostró amor ni afecto.
- Abusaron de ellos de manera verbal o emocional.
- Los invalidaban de forma crónica.
- Los golpearon físicamente.
- Abusaron de ellos sexualmente.
- Tenían padres que tuvieron una separación o un divorcio difícil.
- Los adultos de su familia tenían conflictos internos.
- Uno de sus seres queridos murió de forma prematura o violenta.
- Fueron desplazados de su hogar.

- Se vieron obligados a emigrar debido a las terribles condiciones en que vivían.
- Tuvieron un trauma médico.
- Vivieron en situación de pobreza.
- Sus cuidadores fueron encarcelados.
- Sufrieron persecución u opresión por su identidad cultural.
- Alguien padecía una enfermedad mental persistente en su casa.
- Alguien tenía una enfermedad física persistente en su casa.
- Alguien sufrió de adicción en su casa.
- Cualquier otro caso que se haya sentido *generacionalmente* traumático.

¿QUÉ OCURRIÓ A TU ALREDEDOR? (ADVERSIDAD COLECTIVA COMUNITARIA O SOCIAL)

- Sufrimos una pandemia.
- Tuvimos que vivir con el miedo de ser atacados con violencia debido a una identidad marginada.
- Incorporamos valores culturales dañinos que se normalizaron y permitieron la perpetuación de mayores traumas.
- Fuimos sobrevivientes de un genocidio cultural.
- Sufrimos una opresión cultural continua y generalizada.
- Nos vimos obligados a asimilarnos a una cultura y un idioma diferentes.
- Tuvimos que presenciar cómo aterrorizaban o mataban a un(os) miembro(s) de la comunidad.

- Nuestra vida fue invalidada o atacada de forma sistemática.
- Nos vimos afectados de modo negativo por un desastre natural.
- Cualquier otro caso que se haya sentido traumático de manera *colectiva*.

A Leon le pareció que esta modificación del cuestionario ACE era más validadora y reveladora. A través de sus propios recuerdos pudo ver cómo los mensajes culturales sobre el castigo corporal proliferaban en su familia y su comunidad. Reflexionó sobre cómo esta disciplina física se había normalizado en su comunidad (colectivo/cultural: lo que pasó culturalmente alrededor de Leon, lo cual responde a la pregunta «¿Qué ocurrió a tu alrededor?»); cómo su padre sufrió fuertes puñetazos por parte de su padre, y golpes con el cinturón por parte de su madre (generacional: lo que pasó en la familia de Leon, lo cual responde a la pregunta «¿Qué pasó antes de ti?»); y cómo no pudo escapar del dolor físico y psicológico que le transmitieron sus padres (individual: cómo Leon sufrió directamente traumas, lo cual responde a la pregunta «¿Qué te pasó?»). Él pudo desarrollar una visión más integral de las experiencias traumáticas de su infancia que, a pesar de ser una reflexión dolorosa, lo ayudó a deshacerse de parte del gran peso que cargaba.

A medida que avanzamos a través de todas estas capas de experiencias dolorosas, la pregunta central del cuestionario ACE modificado es «¿Qué te pasó *a lo largo de las generaciones*?». Esta pregunta va más allá de tu propia infancia y también se centra tanto en las heridas internas de tus antepasados como en las influencias sistémicas que han perpetuado el trauma en tu linaje. Este ejercicio se convierte en una exploración de las formas en que los traumas pasados de tu familia pueden abrumar a tu alma en el presente. El punto no es necesariamente generar empatía hacia quienes no han trabajado para romper este ciclo por su cuenta (ya sea porque carecían de recursos o motivación, o porque tenían intención de causar daño), aunque algunos rompeciclos sí experimentan esta empatía. Más bien, el objetivo de este ejercicio es conocer la historia completa de tu trauma para ayudarte a sanar de la mejor manera posible.

Como médica, yo combinaría la información recopilada con este «Cuestionario de experiencias adversas generacionales», la «Evaluación de sanación del trauma generacional» y el «Árbol del trauma generacional» para presentar el panorama completo de lo que se debe trabajar en terapia. Aunque esto puede parecer una tarea difícil y desalentadora, muchas veces me he encontrado con motivación y curiosidad sobre los siguientes pasos para ayudar a mis pacientes a soltar su dolor. Este puede ser un buen momento para hacer una pausa en tu lectura, y reflexionar y escribir sobre lo que todo esto significa para ti, de manera específica y generacional. Echa un vistazo a toda esta recopilación de datos que has realizado hasta ahora. ¿Cómo te hace sentir? ¿Cuáles son los patrones que puedes trazar a partir de lo que has escrito hasta ahora? Y, dado que estamos a punto de sumergirnos en tu niño interior, ¿cómo ha tomado todas estas experiencias que causaron tus heridas? Debido a que esto puede ser emocionalmente agotador, sería bueno que respiraras de forma profunda unas cuantas veces antes de pasar a la siguiente sección.

Su niño interior se convierte en *tu* niño interior

Es común que las víctimas de trauma se estanquen emocionalmente en la edad en que su seguridad y conexión se vieron comprometidas. En esa edad, su sensibilidad se intensificó y desarrollaron una aguda conciencia de que ya no estaban en un entorno seguro o estable. Esa edad queda marcada por lo que los psicólogos llaman la *herida del niño interior*, una carga psicológica derivada de la infancia que permanece hasta la adultez.

Tu niño interior es un reflejo de tus emociones infantiles reprimidas que nunca tuvieron la oportunidad de ser sentidas en plenitud ni de ser gestionadas de forma eficaz. Esta supresión suele reaparecer en la vida. Puedes notar que tienes un temor profundo al abandono. Esto podría deberse a una experiencia en la infancia en la que te sentiste abandonado por un cuidador. O tal vez tengas baja autoestima, tendencias a buscar agradar a las personas y problemas para establecer límites, lo que coincide con una historia de abandono emocional o físico en tu infancia. También puedes sentir inseguridad, la cual se relaciona con el sentimiento de desconfianza en los adultos que te rodeaban. O tal vez con mucha frecuencia te sientes culpable, lo que puede ser el resultado de que alguien te culpó y convirtió en chivo expiatorio en tu infancia. En todas estas experiencias, el dolor infantil dejó una impresión emocional en ti durante tu crecimiento y hasta la edad adulta. Las impresiones que dejan estas experiencias no desaparecen por sí solas. En cambio, se hacen presentes en tus amistades, tus vínculos románticos, tu carrera y la relación con tus hijos. Al menos así será hasta que aprendas a llenar el vacío, a atender a tu niño interior y a repaternarte.

Todo el mundo tiene un niño interior, incluidos tus padres. Si no pudieron vivir una infancia saludable, ellos también desarrollaron estas heridas, lo que los llevó a internalizar ideas negativas sobre su valía personal y transmitírtelas. ¿Pero cómo sucede eso? Pues bien, esto sucede sobre todo por el modelaje. Por ejemplo, si las emociones de tus padres fueron reprimidas en favor de los demás cuando ellos eran niños, es probable que desarrollaran el hábito de complacer a la gente. En tu infancia, es posible que los hayas visto complacer a los demás y luego tú absorbiste aquel patrón que mostraban en sus relaciones. Lo interiorizaste y lo hiciste propio. Este es un ejemplo de transmisión generacional del niño interior, que es una herida emocional infantil modelada por tus padres y heredada por ti.

Además de servir de modelo, los miembros de la familia también pueden imponerte un daño directo que contribuye a la transmisión generacional de tu niño interior. Por ejemplo, algunas familias abusan de manera física de sus hijos durante generaciones. Digamos que tus bisabuelos aprendieron que la forma de mantener a raya a su hija, tu abuela, era castigarla físicamente. Esa estrategia creó en ella una herida infantil interior, pero también un modelo de cómo ella castigaría después a su propio hijo (tu padre). Así continuó el ciclo. El castigo físico es un ejemplo de lo que un cuidador *le hace a* su hijo y que mantiene el ciclo en marcha.

Otra forma en que se perpetúa la transmisión del niño interior es por medio de lo que los cuidadores *no hicieron*, como ofrecer apoyo emocional. Por ejemplo, si cuando era niño tu padre no recibió validación emocional de sus padres, entonces tampoco sabrá de modo intuitivo que debe estar atento a tus emociones. Nunca aprendió que las emociones de los niños necesitan validación. De modo que ese abandono emocional que has sentido de forma tan profunda también era prominente en él. Esto no ofrece ninguna excusa para descuidar las necesidades de un niño, pero nos proporciona un lente generacional que permite ver cómo continúan los ciclos de negligencia emocional.

Tanto lo que te hicieron (por ejemplo, el castigo físico) como lo que no te dieron (por ejemplo, la falta de validación emocional) podrían ser el resultado de una herida del niño interior transmitida de generación en generación. Quizá existe una versión más específica para ti de cómo se han reciclado las heridas del niño interior en tu familia. Esta podría ser una oportunidad para dar un paso atrás y reflexionar sobre esas transmisiones generacionales del niño interior. Pregúntate: *1)* ¿Qué *modelaron* para mí? *2)* ¿Qué me *hicieron*?, y *3)* ¿Qué no *recibí nunca*?

Comenzarás a encontrar puntos en común cuando empieces a hacer las mismas preguntas sobre la infancia de tus cuidadores y la de sus cuidadores. Los puntos en común y los patrones generacionales comienzan a volverse mucho más evidentes. A menudo se dan por sentado porque nunca nadie los expuso. Si no se sacan a la luz, entonces se normalizan y se hacen generacionales. Aprender a arrojar luz a estas heridas puede ser un primer paso para garantizar que no se sigan transmitiendo a las generaciones futuras. Es el comienzo para transmitir estabilidad emocional, seguridad y madurez. Estas transmisiones infantiles generacionales arraigadas pueden terminar contigo.

Padres emocionalmente inmaduros

En una familia relativamente estable, los cuidadores pueden ser contenedores para las emociones de sus hijos. Pueden tolerar la evolución, la independencia, la rebelión y las necesidades de un niño. Fomentan una expresión saludable de todas estas emociones. Sin embargo, en una familia donde residen rasgos dañinos y la inmadurez emocional es la norma, es muy posible la transmisión generacional de las heridas del niño interior. Un cuidador emocionalmente inmaduro es aquel que no puede regular de modo adecuado sus desencadenantes emocionales. Más bien necesita que otros manejen sus emociones por él. En algunos casos, esos «otros» son sus hijos, porque sus hijos son vulnerables y accesibles.

En familias como esta, los niños se convierten en depositarios emocionales del dolor no sanado de sus padres. Estos padres pueden comenzar a utilizar a sus hijos como apoyo emocional al contarles demasiadas cosas; con ello se produce lo que se llama *incesto emocional*, en el que los niños asumen el papel de una pareja íntima con quien el padre puede compartir todas sus preocupaciones e inseguridades. Esto puede llevar a los niños a internalizar el estrés empático. Dicho estrés se transmite de padres a hijos como resultado de que el niño observa a sus padres abrumados y desea remediar las cosas por ellos. Pero la mayoría de las veces, está más allá de su capacidad sanar el dolor de sus padres. En cambio, continúan ingiriendo ese dolor y crecen para convertirse en adultos que continúan cargando esa herida por sus padres.

Los padres de Leon eran emocionalmente inmaduros. Su madre, en particular, era de mecha corta. Esto la llevaba a reprender a menudo a Leon tanto de forma verbal como física, excepto cuando lo distanciaba. Pero entonces se sentía sola, así que buscaba la atención de su hijo para llenar el vacío. Una pregunta que solía hacerle a Leon era «¿Me amas?». A esto, con frecuencia le seguía: «¿Crees que soy una buena madre?». Y luego el gran final: «Dale un abrazo a tu madre». Cuando ella se sentía culpable por maltratar a su hijo o sentía que se había desencadenado su herida de abandono, usaba a su hijo para calmar su angustia. Luego le enseñó que él necesitaba ser su manto emocional, pues esperaba que él fuera su consuelo. Como resultado, durante mucho tiempo Leon se aferró a la fantasía de que podría salvar a su madre de su dolor. Que él podría sanar a la niña interior que seguía sufriendo dentro de ella, y así dejara de expresarle su dolor. Pero intervenir para salvar a un progenitor deja al niño con la consecuencia inevitable de que este descuida sus propias necesidades y, con ello, llegan los patrones de agradar o complacer a las personas. Para interrumpir este ciclo de inmadurez emocional es fundamental aprender a calmarse, sanar las heridas de tu propio niño interior y lidiar con tu estilo de apego.

Estilos de apego generacional

Las perturbaciones en tu infancia tendrán un impacto en la forma en que te vinculas con los demás. Este es un hecho innegable. La calidad de tus vínculos dependerá de cómo fueron tus relaciones durante los años formativos. Cuando un niño goza de un desarrollo saludable, es porque su progenitor pudo trabajar en las heridas de su niño interior y logró ser emocionalmente maduro; lo cual brinda una base sólida para aprender un estilo de apego seguro, es decir, una conexión segura y de confianza con los demás. Los apegos seguros pueden ofrecer un amortiguador contra el trauma.

Pero cuando no existe esa base, o esta se tambalea en un momento crítico de la infancia, entonces aparece el desequilibrio emocional y los apegos inseguros.

¿Recuerdas el sistema nervioso generacional hiperactivo del que aprendimos en el capítulo 6? El sistema nervioso de tu cuidador fue tranquilo, lo que le permitió tener una conexión contigo, o bien, hiperactivo, lo que dejó poco espacio para la sintonía, lo cual puede causar problemas de apego en la edad adulta. Para establecer seguridad, tanto tus necesidades físicas como emocionales deben ser satisfechas con consistencia. Esta permite que ambos sistemas nerviosos gocen de equilibrio y sintonía. De acuerdo con la teoría del apego, es poco probable que un progenitor con estrés crónico ofrezca un apego seguro a su hijo. Un sistema nervioso que permanece atrapado en un lugar inseguro complicará una conexión saludable, lo que hará muy difícil, aunque no imposible, que un padre forme una base de apego segura para sus hijos. A un progenitor que padece de sensibilidad al rechazo y las heridas de abandono y que no puede vincularse de manera emocional con su hijo le resultará difícil darle a este lo que él mismo no tuvo.

Como adulto, es posible que seas susceptible a repetir la misma dinámica de tu experiencia infantil y a representar de forma inconsciente los mismos patrones de apego con tus propios hijos. Así es como una persona puede convertirse, sin saberlo, en un conservador del ciclo. O puedes optar por romper el ciclo y elegir el camino de la sanación del niño interior, la madurez emocional y la base de apego segura. Puedes redirigir el curso de tu linaje.

Esta fue la decisión que tomó Leon. Cuando tuvo sus propios hijos, cambió la trayectoria de estas transmisiones del niño interior. Se fortaleció su intención de repaternarse y sanar lo sufrido por generaciones anteriores. Como resultado, logró alterar gran parte de esos patrones como padre. Así como lo hizo Leon, tú también puedes hacerlo. Un primer paso para él, y ahora para ti, fue captar cómo se manifiestan estos patrones. Esto requerirá una reflexión más profunda, así que haz una pausa y reflexiona sobre estas preguntas para arrojar luz sobre cómo las capas de las historias de apego se abrieron camino hasta tu vida familiar.

- Describe tu relación con tu(s) cuidador(es) principal(es).
- ¿Qué pasaba cuando los necesitabas en tu infancia (para brindarte amor, cariño, asistencia, seguridad, etc.)?
- ¿Qué tipo de emociones te generó el necesitarlos?
- En pocas palabras, describe la relación de tu(s) cuidador(es) con *su(s)* cuidador(es).
- ¿Qué pasaba cuando necesitaban algo en su infancia (ayuda, amor, cariño, seguridad, etc.)?
- ¿Qué emociones les provocaba expresar la necesidad de sus propios cuidadores?
- ¿Cuáles son las similitudes entre las dos generaciones de apego?
- ¿Cuáles son las diferencias entre las dos generaciones de apego?
- ¿Cómo te gustaría cambiar las formas en que te relacionas con los demás, incluida la siguiente generación, tus descendientes?

Los apegos saludables son fundamentales para todos nosotros. Los humanos somos seres relacionales, lo que significa que las relaciones siempre serán esenciales para nuestra supervivencia y bienestar. Por lo tanto, conocer las capas de tu historial de apego y comprometerte a establecer un legado diferente será un aspecto clave de cómo funcionarás en tus relaciones de ahora en adelante. Tomémonos un momento para revisar cómo Yara logró superar estas heridas de la infancia para crear su propio legado.

La herida de abandono de Yara

El padre de mi paciente Yara a menudo evadía cuidar de ella. Era tan inconsistente que a ella le costó mucho confiar en él, y un día, cuando ella aún era bastante joven, olvidó recogerla de la escuela. Yara se sintió abandonada y su confianza en la capacidad de su padre para cuidarla se rompió. Luego, su mamá y su papá tuvieron una gran pelea como resultado de aquel suceso, lo que llevó a Yara a sentirse avergonzada por necesitar a su papá en primer lugar. La pelea fue tan grande que su padre se fue ese día para nunca más volver. Yara murmuraba durante nuestras sesiones: «Si no lo hubiera necesitado, esto no habría sucedido. No se habría ido».

Durante el resto de su infancia y en la edad adulta desarrolló una intensa autosuficiencia para evitar la carga emocional del abandono. Ella no quería volver a ser un lastre para las personas y cargar con el dolor de que estas se fueran una vez más. Pero a medida que aligeraba la carga de los demás, se imponía una aún mayor: el de la hiperindependencia. Mostraba una excesiva confianza en sí misma, guiada por el temor de que otros la decepcionaran. Y en el centro de ese comportamiento hiperindependiente estaba la falta de confianza en los demás. «No puedo confiar en que otros aparezcan cuando los necesite» era el círculo infinito de su pensamiento. Su vida estaba organizada en torno a ese miedo. Y si íbamos a juntar los fragmentos de nueva cuenta, entonces teníamos que ayudarla a abandonar ese miedo. Primero nos sumergimos en sus experiencias adversas generacionales y comenzamos a descubrir las capas. Su padre también había sido abandonado por uno de sus cuidadores. Se trataba de una herida generacional, por lo que ella estaba aún más decidida a encontrar la salida a ese patrón.

Dado que la herida de abandono de Yara era impulsada por la idea de que no podía confiar en que las personas estuvieran presentes para ella, nuestra misión era desacreditar esa creencia. Entonces, comenzamos ayudándola a desarrollar confianza en cuestiones pequeñas. Procesamos su incomodidad acerca de permitir que alguien estuviera presente para ella y trabajamos para ampliar su confianza en la idea de que ella no era una carga. Le dije: «Te mereces la tranquilidad de confiar en otra persona, pero comencemos poco a poco y avancemos desde ahí». Como Yara confiaba en mi guía, aunque todavía no confiaba en sí misma ni en los demás, creyó en el valor de la tarea. Pudimos empezar ese mismo día.

Le pedí que le hiciera una petición sencilla a una amiga que conocía desde hacía unos cinco años. Su relación no era muy equilibrada, pues debido a su hiperindependencia, Yara no permitía que esta amiga hiciera ciertas cosas por ella. Por ejemplo, a lo largo de los años su amiga se había ofrecido más de una vez a recogerla cuando salían a conciertos. Pero este era un gran detonante para Yara, porque le recordaba aquella ocasión en que su papá no se presentó a buscarla en la escuela. Esta falta de confianza había puesto cierta distancia entre ella y su amiga. Así que establecimos este pequeño acto de confianza como nuestro objetivo final: Yara toleraría que su amiga la recogiera para ir a un evento.

Pero tuvimos que empezar poco a poco. Al principio esto significaba permitir que su amiga reservara sus boletos. Después dejó que su amiga recogiera los boletos el día del concierto. Cada pequeño momento de confianza le ofrecía a Yara la oportunidad de ser, para ella misma, la mamá que necesitó de niña. A través de este proceso, aprendió lo que necesitaba para sobrevivir emocionalmente a cada tarea. A veces el rematernaje que ella misma se ofrecía era una respiración profunda. En otras ocasiones era una afirmación de que no volvería a ser abandonada y que, de ser así, podría sobrevivir a la experiencia.

Por medio de este proceso, Yara comenzó a creer que su padre también necesitaba repaternarse, debido a las heridas de su propia infancia. Tuvimos discusiones sobre lo que significaba saber que él también había sido abandonado por un cuidador. En las sesiones permitimos algunos momentos para procesar cómo su propia sanación afectaría a todo su linaje, incluido su padre. Yara no estaba perdonando ni excusando a su padre por su abandono, sino solo reconociendo que su sanación tendría un impacto generacional. Se estaba sanando para sí misma y para cualquiera que no pudiera hacerlo. Con el tiempo, Yara pudo romper esas heridas infantiles generacionales y tener confianza en los demás.

Después de meses de prepararse para ello, al fin pudo permitir que su amiga la recogiera para un evento al que asistieron juntas. Pero todo comenzó con la confianza que tenía en mi capacidad para ayudarla y el permiso que se dio para tolerar la incomodidad de rematernar a su propia niña interior generacional. Realizar un proceso en el que te conviertes en el padre o madre generacional que necesitaste de niño podría hacer lo mismo por ti. Todo empieza rompiendo los ciclos de crianza que no funcionaron para cambiarlos por un proceso diario de repaternación que sí funciona. En las siguientes secciones profundizaremos en cómo puede verse esta reparación de tu crianza generacional, pero por ahora, echemos un vistazo más profundo a los ciclos de crianza que los rompeciclos notan en su propio viaje de sanación.

Rompe los ciclos de crianza

La crianza de los hijos es una habilidad que en su mayor parte se aprende. Tus padres aprendieron observando a otros padres, incluidos los suyos. Y la realidad es que si tus abuelos tuvieron errores en su crianza, eso afectó la manera en la que tus cuidadores te atendieron. Muchas veces, las técnicas de crianza se transmiten de generación en generación. Las prácticas dañinas a menudo se disfrazan de sabiduría generacional (por ejemplo: «tengo que pegarte para que aprendas la lección»). Muchas iteraciones de estas actitudes dañinas se transmiten, se normalizan y luego reproducen las heridas internas del niño y los apegos inseguros. Algunas creencias y prácticas parentales comunes pero dañinas son:

- «Yo batallé, así que tú tendrás que batallar».
- «Nunca escuché a mi madre decirme que me amaba y crecí muy bien».
- «Lo hago porque te amo».
- «Algún día me lo agradecerás».
- «Los niños no deberían involucrarse en los asuntos de los adultos».
- «No puedo ser dócil contigo, porque el mundo no será dócil contigo».
- «Ahora eres el hombre/mujer/persona de la casa».
- «Necesitas distinguir el bien del mal».
- «Los niños deben ser vistos y no escuchados».
- «Lo que yo digo se hace y punto».
- «Pero son familia».
- «Debes darles un abrazo y un beso».
- «Cúbrete cuando estés cerca de hombres y niños».

No son solo los valores los que se traducen en heridas generacionales. Los dichos comunes que escuchaste mientras crecías también pueden internalizarse como mensajes dañinos. Son las palabras crueles y a veces violentas que salieron de la boca de los miembros de tu familia las que se te quedaron grabadas de por vida, por ejemplo:

- «Nunca debí haberte tenido».
- «¿Por qué no puedes ser más como tu hermano/hermana?».
- «Eres como tu padre/madre».
- «¿En qué me equivoqué contigo?».

- «Fuiste un accidente».
- «¿Por qué no puedes hacer nada bien?».
- «Ya no sé qué hacer contigo».
- «Eres demasiado feo/gordo/delgado/moreno/gay».
- «Si no fueras tan difícil, no nos estaríamos divorciando».

La herida generacional también radica en la invalidación crónica que descartaba tus experiencias y no te permitió expresar tus emociones de manera natural, lo que te envió un mensaje sobre cómo debes procesar tus emociones. Algunos ejemplos de esto incluyen:

- «Aguanta».
- «Ya supéralo».
- «No seas gallina».
- «Compórtate como un hombrecito».
- «No es tan grave».
- «Eso no es lo que realmente pasó».
- «Eres muy dramático».
- «En realidad no te sientes así».
- «Debería darte vergüenza».
- «No te creo».
- «Eres un vago».

La intrusión física que sufren algunos niños puede contribuir a que se detenga su desarrollo emocional en la edad de esa violación física. La falta generalizada de límites corporales que un adulto pudo imponerte quizá te dejó cicatrices que solo tú puedes ver y sentir. Tal vez otros no las vean, pero para ti son muy reales y dolorosas. Estas incluyen, por lo general:

- Abuso sexual.
- Hacerte daño físico.
- Falta de privacidad corporal, en especial a medida que maduras.
- Hacer que tu cuerpo sea examinado en exceso mediante el síndrome de Münchhausen por representación, que es cuando alguien afirma falsamente que tú tienes una enfermedad para buscar atención personal para sí mismo.

La herida transgeneracional está en las cosas que nunca te dieron o en las que te quitaron. Y esto puede ser a través de las personas de tu familia o de los sistemas que hicieron que sufrieras una perturbación en el cuidado y el afecto. Estas incluyen:

- Miembros de la familia que no brindan amor.
- Recibir menos afecto que un hermano/hermana.
- No experimentar validación y afirmación continuas.
- Falta de atención a tus necesidades básicas (ropa limpia, nutrición adecuada, etc.).
- Que te colocaran en el sistema público de resguardo de menores, lejos de los cuidadores iniciales.
- Ser desplazado por la guerra, la inmigración, el encarcelamiento u otras fuerzas sistémicas que te despojaron de las atenciones de tus cuidadores.
- Y cualquier otra perturbación que haya provocado una carencia en tu vida.

La herida transgeneracional también está en los sentimientos que te dejaron estas experiencias. A veces no recuerdas mucho cómo tu familia o una institución te causó daño, porque para algunas personas las infancias trágicas se convierten en un recuerdo borroso o reprimido. Aun así, lo que te queda revela mucho de las desigualdades que viviste durante tu infancia. Se puede encontrar en:

- Sentir que no eres lo suficientemente bueno.
- Sentir que no tienes control.
- Sentir que no puedes establecer o mantener límites saludables.
- Sentir un caos interior, incluso cuando en el exterior tu vida no es caótica.
- Sentir que tus necesidades no deben tomarse en serio.
- Sentir constantemente que los demás no te valoran ni te ven.
- Sentir que te ignoran y no te escuchan.
- Sentir que no puedes confiar en nadie.
- Sentir que no puedes confiar ni siquiera en ti.
- Sentir que nunca podrás recibir amor.
- Sentir que tienes poco poder.
- Sentir como si tuvieras algo roto y sin remedio dentro de ti.

Estos comportamientos y creencias se aprenden en la infancia. Y el maestro casi siempre es un adulto. Puede tratarse de cualquier persona cercana a ti: abuelos, tíos, tías, primos, hermanos, miembros de instituciones religiosas, vecinos, maestros y cualquier otro miembro de la comunidad que tuviera acceso a ti o fuera una autoridad y que te haya lastimado.

A menudo son los cuidadores quienes causan esta lesión, y el daño es diferente cuando se trata de un cuidador principal; después de todo, tienen el deber explícito de protegerte. Se supone que un cuidador es tu persona segura predeterminada. Aun así, ya sea un progenitor o un miembro de la comunidad, o si esa persona te lastimó de forma consciente o inconsciente, eso no marca una gran diferencia en cómo se interpreta el dolor. Tu mente joven y en desarrollo registró el mismo mensaje de cualquier manera. Sin importar quién causó el daño, la consecuencia final fue la misma: te convertiste en un adulto con un niño interior con heridas profundamente arraigadas, una inmadurez emocional o un estilo de apego fracturado. Te convertiste en el nuevo portador de un linaje de trauma. Pero solo porque ese sea el legado de crianza que te precedió no significa que sea el legado que tengas que transmitir a la siguiente generación. Hay formas de salir de estos patrones, y la salida comienza con repaternar o rematernar a tu niño interior generacional. Ahora hagamos el trabajo.

Rompe el ciclo: reparación de la crianza generacional

Repaternarte es la manera de brindarte lo que necesitabas cuando eras niño y que no recibías. Así es como ayudas a calmar a tu niño interior y a sanar las heridas que han estado ahí desde que tu desarrollo emocional se detuvo. También es la forma en que puedes reparar apegos inseguros y desarrollar relaciones más sanas. Esto se puede abordar de varias formas. En particular, comienzas con reflexiones sobre lo que necesitabas en tu infancia y que no obtuviste, y después te ofreces estos momentos de nueva crianza en el presente. No es necesario seguir este orden, solo practica lo que sientas que es más fiel a las necesidades de tu niño interior:

- Recita afirmaciones que te gustaría haber escuchado cuando eras niño, como «Eres digno de todo el amor que recibes».
- Date el abrazo amoroso que te faltó recibir cuando lo necesitabas.

- Ofrécete regalos diarios de aliento y amor, como prepararte tu té caliente favorito o comprarte una vela relajante.
- Háblate a ti mismo en un tono suave y tranquilizador.
- Recrea recuerdos de la infancia, como ver una película que te encantaba en aquel entonces.
- Juega, en especial en actividades lúdicas que te perdiste en la infancia, como subirte a un columpio en el parque.
- Llama a alguien que te hacía sentir seguro cuando eras niño o, incluso, en la actualidad.
- Ofrécete oportunidades para reír a carcajadas de una manera muy infantil.
- Y cualquier otra cosa que necesitaras en específico y que fuera exclusiva de tu propia infancia.

Y puesto que estamos trabajando con las capas de generaciones, la reparación de la crianza también tiene que ser generacional. Eso significa que el trabajo puede consistir en ayudar a tus mayores y antepasados a reconciliar las heridas internas de su pasado. Si alguien todavía vive y estás dispuesto a hacer este trabajo con él o ella, entonces puedes invitarlo a practicar contigo. Si están en el mundo de los espíritus, puedes escribirles en un diario para contarles cómo también estás rompiendo este ciclo en su nombre. Si necesitas otra forma más tangible de hacer esto, te digo cómo. Solo continúa leyendo.

Busca una fotografía tuya de cuando eras niño, de preferencia a la edad en que ocurrió la interrupción de tu desarrollo emocional.

- Mira esa imagen durante 60 s y observa todos los detalles.
- Respira profundo, porque es probable que este sea el momento en que tu respiración se hace superficial.

- Recuerda que estás a salvo, estás aquí, eres un adulto y estás listo para darle a este niño lo que no recibió en el pasado.
- Si te ayuda, di esas palabras en voz alta: «Estoy a salvo, estoy aquí en el presente, soy un adulto, soy capaz y estoy listo para darle a mi niño interior lo que necesita».
- Piensa en las dificultades de esa época.
- Ahora escribe las formas en que tu niño interior tuvo dificultades.
- Mira la imagen y recita este mantra: «Mi dulce niño interior, te libero del dolor de aquellos que te precedieron y te libero del dolor que sufriste en esta generación».
- Para agregar las capas, reflexiona sobre las formas en que tu niño interior ha sido similar al niño interior de las personas que desearías que también pudieran sanar. Estos pueden ser tus padres, abuelos, hermanos o antepasados más lejanos.
- Para profundizar aún más el trabajo, intenta encontrar imágenes de ancestros vivos o pasados que también deseas que participen en un ejercicio de afirmación del niño interior y recita lo siguiente: «Mi querido antepasado, sé que tu dolor generó una herida de niño interior en ti también. Libero esa herida en tu nombre y me conectaré con mi alegría infantil por ambos».
- Respira profundo muchas muchas veces.

Este es un ejercicio muy mental y espiritual, pero te invito a considerar las formas en que tu cuerpo responde a este mantra. Haz una pausa y reflexiona sobre el impacto que tuvo en ti el ofrecerte a ti mismo y a tus ancestros estas afirmaciones liberadoras.

Lo que has aprendido hasta ahora

En este capítulo exploramos cómo los traumas del niño interior se transmiten de una generación a otra y la relación entre el trauma y los estilos de apego. Fuiste guiado a través de una serie de heridas generacionales del niño interior, el «Cuestionario de experiencias adversas generacionales» y un ejercicio de reparación generacional de la crianza. Estos conceptos estaban entrelazados, como lo están en la vida real, pero los separamos para que pudieras comprenderlos un poco mejor, porque cuanto más sabes, más ciclos puedes alterar. Una vez que estés listo para realizar algunas reflexiones más profundas, pasa a tus preguntas de reflexión de este capítulo y respira profundo unas cuantas veces antes de sumergirte en el siguiente, donde exploraremos ciclos de abuso.

PREGUNTAS DE REFLEXIÓN

¿Cómo resultó para ti aprender sobre las múltiples capas de experiencias adversas infantiles en tu linaje?

¿Qué tipos de patrones generacionales de niño interior pudiste identificar en tu familia?

¿Cómo fue para ti participar en el ejercicio de reparación de la crianza generacional?

CAPÍTULO 8

CICLOS GENERACIONALES DE ABUSO

Somos demasiados los que necesitamos aferrarnos
a la noción de amor que hace que el abuso sea aceptable o
al menos hace que parezca que lo que ocurrió no fue tan malo.

bell hooks

Los sobrevivientes del abuso tóxico suelen estar muy en sintonía psicológica con los demás. Esto podría deberse a que de niños necesitaban ser conscientes de cualquier cambio, por mínimo que fuera, en las emociones de los adultos en su entorno por el bien de su supervivencia. En un hogar con un padre abusivo o narcisista, un repentino destello de ira puede tener consecuencias violentas. Cuando una persona emocionalmente vulnerable, como un niño, está expuesta al abuso, puede aprender, en consecuencia, a repetir ciclos de dolor. Si no cuestiona los patrones de relación a los que estuvo expuesta, los considerará dinámicas normales y regresará a ellos de forma cíclica más adelante. Algunas de estas dinámicas pueden tener un carácter tóxico y, por lo tanto, dejar a alguien en un camino repetitivo de abuso. Sigamos adelante para conocer algunas cualidades comunes del abuso generacional y los remanentes psicológicos que pueden dejar atrás por generaciones.

Repetir relaciones traumatizantes

Cuando el caos es todo lo que conocemos, este puede resultarnos familiar. Una realidad desafortunada para muchas personas traumatizadas es que de modo inconsciente continuarán repitiendo los mismos comportamientos que no son sanos y pueden tener problemas para aprender a romper con sus experiencias repetitivas. El impulso integrado, subconsciente, que tienen para repetir el caos familiar es la premisa básica de lo que se llama *compulsión a la repetición*. Es cuando una persona repite un comportamiento una y otra vez y recrea viejos patrones una y otra vez, incluso cuando reconoce que esos patrones de comportamiento son dañinos. La compulsión a la repetición se manifiesta en todo tipo de relaciones: profesionales, románticas, con amigos... en todas ellas. Impregna toda la vida de una persona.

Este impulso se vuelve cíclico a medida que cada relación fallida confirma las creencias negativas que tienes profundamente arraigadas (por ejemplo, que no se puede confiar en las personas, que las relaciones saludables no son posibles). Si estas son las creencias que tienes sobre ti mismo, los demás y el mundo, repetirás comportamientos que reflejan estas creencias interiorizadas. He visto que esto sucede a menudo con pacientes que intentan escapar del trauma. Se ven impulsados de forma inconsciente a participar en una recreación traumática de experiencias pasadas para reconectarse con el pasado, aunque el pasado haya sido profundamente hiriente. Por ejemplo, es posible que racionalicen cuando una pareja los maltrata y permanezcan en relaciones tóxicas. Pueden involucrarse con una pareja que muestra los mismos patrones de relación que vieron mientras crecían. Una de esas dinámicas es la codependencia.

La codependencia es un patrón de relación en el que una persona necesita de manera constante la presencia de otra para ayudar a calmar sus propias emociones, aunque la necesidad sea inconsciente. Los codependientes se habilitan entre sí y se retroalimentan en este ciclo. En este tipo de relaciones las personas absorben los sentimientos del otro, sienten el deber de solucionar sus problemas y se preocupan emocionalmente entre sí. ¿Te suena familiar? Los niños criados en codependencia pueden adoptar esas mismas cualidades relacionales al llegar a adultos. Esto crea ciclos generacionales de codependencia y puede paralizar la capacidad de varios miembros de la familia de consolarse a sí mismos. También puede crear un caldo de cultivo para otros patrones nocivos de disfunción y abuso en las relaciones. Aunque estos ciclos producen consecuencias negativas, volver a ellos puede ser emocionalmente gratificante porque los sentimos muy familiares. Se sienten como en casa.

Sin embargo, como rompeciclos, ya no querrás quedar atrapado en estos patrones. En cambio, lo que quieres es que las heridas del pasado sanen. Ya no desearás repetir esos ciclos dañinos. Quieres liberarte de ellos. La buena noticia es que con el conocimiento y la estrategia adecuados, puedes dejar de recrear el pasado y afectar de modo negativo tus relaciones actuales. Puedes aprender nuevas estrategias para romper estos ciclos de abuso generacional.

Cómo continúan los ciclos de abuso

La mayoría de las veces, las relaciones que comienzan con poder, manipulación, codependencia u otros hábitos tóxicos terminan así. Siguen un patrón determinado. Este patrón es el ciclo del abuso. Un ciclo de abuso, que también se conoce como *ciclo de violencia*, describe un patrón de comportamientos utilizados para obtener o mantener poder y control sobre otra persona en una relación, y por lo regular se caracteriza por un desequilibrio de poder. En general, una persona utiliza comportamientos abusivos para controlar a la otra. En el peor de los casos, estos comportamientos pueden ser aterradores y conducir a actos de violencia que ponen en peligro la vida o que, incluso, resultan fatales.

Los niños que sufrieron estos ciclos de abuso corren un mayor riesgo de perpetuarlos en sus relaciones íntimas adultas. Dado que esto les ha sido modelado, puede que lo repitan en su vida adulta. Pero una comprensión consciente de lo que son estos patrones puede ayudar a prevenir que se repitan. Para evitar relaciones violentas, disfuncionales y abusivas, es necesario identificar las etapas clave de este ciclo. Las cuatro etapas del abuso son:

- LA ETAPA DE ACUMULACIÓN DE TENSIÓN: Aquí es donde el perpetrador de la dinámica tóxica comienza a mostrar signos de frustración y generar tensión en la relación. Es probable que la persona que recibe el comportamiento tóxico intente apaciguar a la otra para evitar una explosión.
- LA ETAPA DEL INCIDENTE: Aquí es donde hay una erupción de tensión y el comportamiento controlador asume el protagonismo. Por lo general esto implica amenazas, humillación, *gaslighting* (manipular a alguien para que dude de sí o de su interpretación de los acontecimientos) y aislamiento.
- LA ETAPA DE RECONCILIACIÓN: Esta etapa también se llama fase de «luna de miel», y es en la que el perpetrador intenta restablecer una conexión, es posible que muestre remordimiento, bombardea a la persona con gestos de amor (esto se llama *love bombing*, o el acto de abrumar a una persona con gestos y promesas de amor exagerados y poco sinceros), y se compromete a no continuar con el comportamiento no deseado, casi siempre con el objetivo final de recuperar la confianza. Muchas veces esa rendición de cuentas no ocurre y, en cambio, engañan a su víctima para que sea ella quien se disculpe y crea que el abuso fue su culpa.

- LA ETAPA DE CALMA: Aquí es donde las cosas son bastante pacíficas, pero al final se preparan para generar tensión de nuevo. Aquí sientes una falsa sensación de calma. Te estás preparando para vivir otra fase de acumulación de tensión.

De manera contradictoria, estos altibajos traumáticos pueden hacer que las relaciones se sientan más fuertes, lo que también se conoce como *vínculo traumático*. Y así es como las personas en estas relaciones se mantienen mal entre sí. Para liberarse de este tipo de ciclos se requiere un trabajo difícil y gradual. Sin embargo, en el centro de esa liberación está la forma de crear una nueva identidad que tenga en el centro el equilibrio, en lugar del caos y el abuso tóxico.

Abuso tóxico

Para comprender el maltrato de los demás tenemos que profundizar en las características de personalidad que contribuyen a este. Reconocer los rasgos tóxicos es importante para romper ciclos, porque tener una relación familiar, amistosa o romántica cercana con una persona que tiene cualidades dañinas puede ser traumático y producir generaciones de dolor. Este tipo de experiencia puede estar en el centro de tus respuestas al trauma y puede inhibirte e impedirte ser tu yo generacional más verdadero y elevado. En el peor de los casos, podrías absorber estos comportamientos traumáticos y, sin saberlo, transmitirlos a las personas en tu vida y a la siguiente generación. Entonces, identificar estos rasgos tóxicos es en realidad una herramienta para romper el ciclo, porque te enseña a reconocer características de personalidad abusivas que tienen la capacidad de causar un trauma generacional profundo.

Algunas personas tóxicas tienen intenciones maliciosas. Es posible que otros simplemente carezcan de la capacidad y las herramientas para participar en dinámicas de relación más saludables, a pesar de que así lo deseen. Sin importar si la acción tóxica es deliberada, consciente o inconsciente, no es excusable y puede *aterrorizar a la persona objetivo*. Las personas con tendencias tóxicas saben cómo desarmarte. Son capaces de convertir en arma su comprensión de tus vulnerabilidades y utilizarlas para controlarte. Pueden agotarte en sus esfuerzos por satisfacer sus propias necesidades.

Una vez tuve un paciente, Solomon, cuyo novio sonreía con profundo placer al saber que le había causado dolor. En una ocasión encerró al gato de mi paciente afuera de la casa durante semanas después de que destruyera los muebles de ambos. Le preguntó: «¿Qué vas a hacer al respecto?», mientras estaba de pie sobre él para intimidarlo y mostrar la ventaja que su poder le daba sobre mi paciente. Luego gritaba: «No vas a hacer nada. Ahora ve y sirve de algo antes de que te corra con ese sucio gato tuyo». Como resultado, Solomon se encogía y se retorcía de miedo. Estaba siendo controlado, pues era víctima del abuso tóxico de su pareja. A medida que pasó el tiempo, su novio se volvió cada vez más violento y sus abusos aumentaron. A menudo cerraba la puerta del departamento con llave, y dejaba a mi paciente afuera durante toda la noche. En esas noches, él dormía serenamente mientras Solomon lloraba hasta quedarse dormido afuera de la puerta de entrada. Su compañero se dormía sin empatía, respeto ni remordimiento por los sentimientos o la seguridad de Solomon.

Esta es una característica de una toxicidad patológica deliberada que es grave y dañina para los demás, a tal grado que sanar estos efectos dañinos en una generación puede ser difícil, aunque no imposible. A mi paciente le ha tomado mucho tiempo recuperarse de los efectos de esta relación y le ha llevado aún más darse cuenta de las brutales similitudes entre estas dinámicas tóxicas y las que vio al crecer. Abrir los ojos a ambas generaciones de toxicidad era parte del control de daños que necesitábamos emprender. Todo comenzó con la comprensión consciente de mi paciente de los ciclos de abuso tóxico y las formas en que estaba atrapado en los ciclos que vio al crecer.

Una relación cercana con una persona tóxica puede destruir tu vida como un tornado. Si has pasado por esto, sabes a qué me refiero. Duele. Duele profundamente. Tan profundo que sientes que nunca te recuperarás. Pero estoy aquí para decirte que puedes hacerlo, con el trabajo y las herramientas que te ofrezco, aunque es comprensible si sientes que es una tarea titánica. En mi experiencia profesional, he descubierto que la mejor armadura contra las conductas dañinas es el conocimiento. Me es imposible hacer el suficiente énfasis en lo empoderados que se sienten mis pacientes cuando se descubren capaces de identificar algo que ha sido doloroso durante años y al fin pueden manifestarlo. Por ejemplo, tener el conocimiento para decirle «Eso es *gaslighting*» a alguien que está intentando distorsionar tu sentido de la realidad puede ser una gran fuente de empoderamiento, muy diferente de permanecer en la confusión de ser manipulado para dudar de tu verdad. Con ese poder, serás capaz de desarrollar una protección adicional contra los comportamientos tóxicos, porque ahora entiendes qué son en realidad. Me gustaría tomarme un tiempo para ayudarte a desarmar las conductas tóxicas (ya sea que hayas sido víctima o que las estés ejerciendo) al saber más sobre ellas.

Algunos ejemplos de rasgos tóxicos son:

- Manipular a otros para satisfacer las necesidades propias.
- Participar en un comportamiento controlador para impedir que otros se comuniquen con amigos o familiares.
- Limitar recursos, como el dinero.
- Tener comportamientos muy negativos y pesimistas que provocan que otros se sientan invalidados de forma crónica.
- Ser intrusivo con alguien de un modo que lo viole físicamente.

- Ser intrusivo con alguien de una manera que lo viole sexualmente.
- Mentir de forma crónica y perpetuar la deshonestidad.
- Mostrar un comportamiento cruel y rencoroso.
- Tratar a las personas como posesiones y tener un comportamiento celoso cuando no se puede controlar a esa persona.
- No hacerse responsable ni rendir cuentas, sino tener el hábito de culpar a los demás.
- Torcer la realidad para manipular la narrativa de lo que sucedió.
- Juzgar de forma constante a los demás y creerse un juez justo de las acciones de otros.
- Hacer un esfuerzo consciente para crear caos.

Familiarízate con esta lista, reflexiona sobre ella y equípate con una protección emocional saludable contra las personas que muestran estos rasgos. Esto es parte de cómo te proteges a ti y a tu linaje de los efectos nocivos de la toxicidad. Así es como inicias el proceso de romper estos ciclos, por medio del conocimiento de cómo se manifiestan y se perpetúan. Y si leíste algunos de estos y pensaste: «Ay, eso suena a mí», me alegro de que estés tomando conciencia y tengas la disposición de trabajar para poner fin a los rasgos tóxicos que adoptaste a lo largo de tu vida. Con esto no pretendo avergonzarte, sino aumentar tu conocimiento sobre cómo puedes replicar el dolor en los demás. Tampoco es para que perdones ninguno de tus comportamientos dañinos, porque es tu responsabilidad cambiarlos. Tienes que tomar una decisión consciente para liberarte de los patrones destructivos a los que te has aferrado. Es necesario que te comprometas con el cambio, no solo por ti sino también por las personas que necesitan que ya no les hagas daño.

Abuso de reciclaje

Mi paciente Nola vivía en perpetua miseria. Cargó con ella toda su vida. Nunca se sintió segura, integrada o alegre, porque provenía de una familia y de un lugar en el que predominaba la toxicidad. Vivió en una casa al sur de Estados Unidos con su madre y su padre durante la mayor parte de su infancia, pero a veces sentía que vivía huérfana. Ella era la mayor de cinco hermanos, una niña parentificada que cuidaba a los cuatro menores y era hija de padres que vivían con problemas de adicciones. Uno de sus progenitores era adicto al alcohol mientras que el otro lo era al juego. Ambos gastaban los fondos familiares en sus respectivas adicciones y se enfurecían cuando la familia no tenía suficiente dinero para cubrir sus necesidades básicas. Sus padres se lanzaban ataques furiosos y violentos entre sí y contra sus hijos para descargar su desesperación por más dinero.

Los padres de Nola provenían de una larga línea de personas que vivieron con adicción y violencia doméstica. La forma en que se comportaban en su relación reflejaba lo que habían presenciado en sus propias casas, en su infancia. En consecuencia, estos se convirtieron en los comportamientos predeterminados que modelaron para Nola y sus hermanos. Cuando era niña, Nola intentaba resolver sus peleas, pero se sentía derrotada al darse cuenta de que no podía ayudarlos, a pesar de todos sus esfuerzos. Con el tiempo dejó de intentarlo, aunque continuó sufriendo. Fue así como desarrolló un trauma generacional profundo y complejo, marcado por el abuso tóxico que vivió.

Cuando empezamos a trabajar juntas, Nola tenía muchos problemas para adaptarse a su nuevo empleo como trabajadora social y sentía que su supervisor tendía a cargarle más trabajo del necesario. En nuestras sesiones, se refería a su supervisor como un «absoluto idiota». Se quejó de cómo su jefe hacía que su trabajo fuera «mucho más difícil de lo necesario» y de cómo tendría que dedicar tiempo y energía para corregir los errores de su jefe. De seguro sería frustrante tener un problema como este, pero yo estaba más interesada en comprender por qué estas experiencias con su supervisor tenían el poder de llevarla al punto de la depresión. Y entonces por qué, en su depresión, se volvía irritable, impaciente y descaradamente cruel con la gente en el trabajo.

—Esto se siente más profundo de lo que estás describiendo, Nola —le decía—. Estás aquí, con la necesidad de solucionar los problemas de los demás, siendo que ellos deberían ser capaces de solucionarlos por sí mismos, de igual manera que sentías la necesidad solucionar los problemas de tus padres cuando eras niña.

Sus frustraciones infantiles por tener dos progenitores que no podían solucionar sus propios problemas resurgían con la incapacidad de su supervisor para hacer lo mismo. Mi objetivo era mostrarle los desencadenantes generacionales que surgían, ayudarla a comprender por qué su sistema nervioso generacional estaba entrando en modo de lucha en su vida cotidiana. Si se mantenía enojada, no necesitaría enfrentar el dolor más profundo que sentía cuando alguien, quien fuera, la decepcionara. No tendría que enfrentar el dolor que llevaba al tener padres que no podían romper el ciclo. Su ira era su defensa contra la profunda desesperación que albergaba.

En sus momentos de crueldad contra los demás sentía una profunda vergüenza. Odiaba lo mucho que se alteraba cada vez que la gente la decepcionaba. Le causaba dolor, pero no sabía por qué y no sabía cómo abordarlo. Parte de la solución fue ayudarla a procesar el estrés tóxico que había soportado y a aprender a afrontar mejor los desencadenantes del estrés para no perpetuar el sufrimiento en los demás.

En psicología tenemos un conjunto de prácticas que ayudan a una persona a aumentar su capacidad para gestionar el malestar emocional. Si tienes una historia de estrés y trauma, es probable que tengas una baja tolerancia al estrés, lo que significa que cualquier factor estresante leve podría abrumarte y llevarte de nuevo a los ciclos dañinos. Aprender a tolerar mejor el estrés puede ayudarte a disminuir la sobrecarga emocional en tu vida y a manejar tus emociones de una manera que sientas más saludable y productiva, en lugar de destructiva, dolorosa y tóxica.

Con base en esto, desarrollé una práctica llamada STILL (quietud) que está orientada a aumentar la tolerancia al estrés. Mis pacientes y yo la utilizamos para procesar la tensión del pasado y el estrés del presente. A continuación podrás aprender más sobre esta habilidad.

Rompe el ciclo: aumenta tu capacidad para tolerar el estrés con STILL

Una mayor atención plena (*mindfulness*) DE tus emociones te ofrece una mayor capacidad para percibir tus sentimientos sin brincar a la acción. Una vez que seas capaz de tolerar el estrés que hay dentro de tu cuerpo, dale la bienvenida y comprende lo que intenta decirte, y una vez que seas capaz de sentir tus sentimientos y resistir la tentación de hacer algo de inmediato, entonces habrás adquirido una nueva y muy eficaz habilidad para gestionar mejor tus emociones. Este es un comportamiento rompeciclos poderoso. Es importante destacar que me gustaría que practicaras esta habilidad cuando *no* estés sintiendo una emoción muy fuerte. Es fundamental que practiques primero con situaciones poco estresantes, así puedes desarrollar la habilidad mientras te encuentras en un estado más tranquilo, para que tengas una mayor probabilidad de convertirla en algo predeterminado para cuando la necesites en momentos de estrés fuerte.

Llamo STILL a esta práctica, que significa Alto, Temperatura, Inhala, Recuéstate, Adelante (por sus siglas en inglés: Stop, Temperature, Inhale, Lay, Launch). Esta habilidad te brinda la oportunidad de cambiar de forma rápida para enfriar tu cuerpo y redirigir tu mente para que no actúes en reacción a las emociones explosivas que están a punto de salir a la superficie. Cuanto más puedas ejercer un control saludable sobre ti mismo, más podrás influir en cómo expresas tus emociones a otras personas. Estos son los pasos:

- ALTO: Imagina una señal de alto en tu mente. Esto te recordará que debes quedarte inmóvil y no hacer algo precipitado que pueda poner en peligro tu bienestar o tus relaciones. Es útil alejarse de la situación tanto como sea posible.
- TEMPERATURA: Toma una bolsa de hielo y sostenla en tus manos, moja tu cara con agua fría, sal y siente el aire fresco en tu piel o sumerge tu cuerpo en agua fría. La temperatura fría ayuda a tu cuerpo a crear endorfinas, que son hormonas que ayudan a que tu sistema nervioso se sienta menos estresado. Es la versión física de enfriar tus emociones.
- INHALA: Continúa activando tu sistema nervioso para restablecer una sensación de calma en tu cuerpo. Inhala durante 5 s y exhala durante 7 s cada vez. Haz esto durante no menos de 5 min, ya que tu sistema nervioso necesita al menos ese tiempo para crear una respuesta de relajación parasimpática que te ayude a sentir tranquilidad.
- RECUÉSTATE: Haz una pausa y recuéstate durante unos minutos para tomar un descanso de la situación y ordenar tus pensamientos al respecto. Si es posible, sugeriría incluso que te sientes y te mezas para aumentar la respuesta de relajación del nervio vago ventral.
- ADELANTE: Tu siguiente plan de acción debe provenir de un estado más regulado, así que siéntete libre de avanzar con la situación, ya que no lo harás desde un estado emocional intenso, sino desde uno más tranquilo. Ahora puedes volver a la conversación con un sistema nervioso más regulado.

Repite esta secuencia tantas veces como sea necesario. Mientras más la repitas, mayor será tu regulación emocional. A mayor regulación, tendrás más posibilidades de actuar desde un lugar de orgullo en lugar de vergüenza. Cuanto más sigas este patrón, más alterarás los otros patrones que se habían concretado con anterioridad en tu mente y en tu cuerpo. Entre más alteres los patrones más antiguos, más podrás adoptar una personalidad centrada en la quietud, en lugar del caos.

Lo que has aprendido hasta ahora

En este capítulo aprendiste sobre las formas en que los ciclos generacionales de abuso perpetúan el trauma generacional. Dentro de esos ciclos tenemos ciertas características de personalidad que pueden ser tóxicas y crear heridas profundas en ti y en tu familia. Debido a que el conocimiento te ayuda a ejercer más poder, aprendiste a profundidad sobre estas características y ciclos. También aprendiste un mecanismo importante para ayudarte a superar el estrés tóxico: la técnica STILL. Es posible que este capítulo te trajera algunos recuerdos intensos, pero también espero que te haya proporcionado conocimientos útiles para desarrollar tu caja de herramientas de sanación generacional. Si esperas obtener más herramientas, sigue leyendo las preguntas de reflexión que aparecen a continuación y pasa al siguiente capítulo, en el que veremos cómo el trauma colectivo se abre camino a tu hogar y a tu familia.

PREGUNTAS DE REFLEXIÓN

¿Cómo fue aprender sobre las maneras en que tú podrías estar participando en ciclos generacionales de abuso?

¿Qué pasó por tu cabeza al leer la lista de rasgos tóxicos?

¿Qué te parece practicar STILL a diario para aumentar tu tolerancia al estrés?

CAPÍTULO 9

CUANDO EL TRAUMA COLECTIVO ENTRA A TU CASA

Tenemos que hablar tanto de liberar
la mente como de liberar a la sociedad.

ANGELA DAVIS

Para comprender la sanación del trauma generacional se requiere que no solo observemos de cerca la dinámica familiar, sino que también profundicemos en los factores externos que traen el trauma generacional a tu casa en primer lugar. Todos tenemos relaciones con personas, instituciones y el mundo en general. Cada uno de estos tiene alguna influencia sobre nuestra vida; por lo tanto, al analizar el trauma generacional, es fundamental alejarse y ver los otros factores que también contribuyen a mantener estos ciclos en marcha.

Ninguno de nosotros vive en un silo, sino dentro de un ecosistema completo con elementos que forman parte de una compleja maquinaria. Nuestra familia es parte de ese ecosistema y tiene influencia de culturas que conservan un conjunto específico de valores que mantienen estos ciclos funcionando. Dentro de ese mismo ecosistema también tenemos instituciones y estructuras sistémicas con el poder y, por supuesto, la propensión a generar normas y prácticas dañinas que después perpetúan el trauma. Y luego está el mundo más grande, que se extiende más allá de nuestro control cultural o institucional creado por personas, pero que también puede tener la aptitud de incapacitar a nuestras familias por medio del trauma. Todas estas (las influencias culturales, las influencias sistémicas y las influencias del mundo natural) se suman como culpables del trauma generacional. Si queremos alterar los ciclos desde la raíz, entonces tenemos que hacer un inventario de lo que alimenta esas raíces: el trauma colectivo.

Las heridas del trauma colectivo

El trauma colectivo es la experiencia de adversidad extrema de un grupo de personas. Este tipo de trauma crea una memoria colectiva, un recuerdo de algo que fue profundamente perjudicial para el espíritu de una comunidad. Es la consecuencia de valores culturales nocivos (por ejemplo, la creencia de que los niños deben ser vistos y no escuchados, la creencia de que las personas pueden superar su depresión), la opresión sistémica de un grupo de personas (supresión económica, opresión racial, sexismo, heterosexismo, etc.) y desastres naturales (terremotos, huracanes, pandemias, etc.). El daño emocional causado a escala colectiva crea reacciones psicológicas, muchas de las cuales reflejan los síntomas que ocurren a escala individual y familiar. Se ha descubierto que los traumas colectivos pueden provocar problemas de salud mental inmediatos y permanentes, como depresión, ansiedad y trastorno de estrés postraumático. Se ha descubierto que los descendientes de quienes han sufrido un trauma absorben una transmisión generacional de una conmoción, lo que significa que asumen la conmoción de quienes sufrieron el trauma original.

Por medio de varios puntos de investigación hemos visto el trauma secundario que se encuentra en el linaje de los descendientes de la esclavitud africana y los sistemas de castas raciales, los descendientes aborígenes de las masacres y el despojo de tierras, los descendientes nativos del terror colonial y el genocidio, los descendientes de la guerra en Medio Oriente y las complejidades culturales del desplazamiento, descendientes del sur de Asia de divisiones y exclusiones, descendientes de refugiados del este de Asia y la privación de derechos que se experimenta como resultado, descendientes de sobrevivientes del Holocausto y otros tantos colectivos. También se han encontrado impactos psicológicos en los descendientes de desastres naturales a lo largo del mundo. Algunas de estas circunstancias de mayor escala también pueden causar una alteración en el alma, porque son parte de la vasta red del trauma generacional. Existe una conexión estratificada entre los traumas colectivos e individuales, porque gran parte de lo que sucede en la casa tiene raíces externas. Estos problemas de mayor escala se filtran por las grietas de nuestras casas y causan heridas que pueden persistir durante generaciones.

Mientras lees, es posible que ya estés considerando algunas influencias externas que son parte de la manera en la que se ha mantenido el trauma generacional en tu familia. Eso es importante. Este es un momento en el que puedes sentir curiosidad por estos factores externos. Es probable que descubras que pensar en el enorme impacto de las influencias externas puede provocar que sientas que tienes poco control para cambiarlas. Pareciera que la imposición del trauma en tu alma no terminará en tu generación, ni en varias generaciones venideras, pero eso no podría estar más lejos de la realidad. Los rompeciclos como tú cambian las dinámicas familiares, comunitarias y sociales cada día a mayor escala. Puedes crear un cambio que, por pequeño que sea, repercuta en muchas generaciones futuras. Así que mantén firme tu corazón mientras lees otra parte de esta red generacional; debes saber que también *puedes* hacer algo con esta capa externa. Si te ayuda, haz una pausa aquí y haz unas cuantas respiraciones profundas. Con cada respiración recita el siguiente mantra en tu mente: «Puedo crear cambios. Y el cambio que genero importa», y haz una última respiración antes de volver a sumergirte en esto. Como ya sabes, no podemos cambiar lo que no podemos ver, por lo que será fundamental obtener una comprensión más amplia de cómo cada una de estas capas de trauma colectivo (la cultural, la sistémica y la natural) pueden crear o influir en un trauma generacional en ti y en los demás.

¿Qué ocurrió a tu alrededor?

¿Recuerdas el «Cuestionario de experiencias adversas generacionales» modificado que comenzamos Leon y yo? Cuando exploramos la pregunta «¿Qué ocurrió a tu alrededor? (Adversidad colectiva comunitaria o social)», Leon y yo descubrimos una serie de traumas colectivos diferentes que formaba parte de su historia. El abuso físico estaba normalizado en su comunidad (palomita); sus antepasados fueron víctimas de la esclavitud impuesta sobre los afroamericanos y de la posterior opresión institucionalizada (palomita); su familia tuvo que evacuar su casa debido al huracán Katrina (palomita). Yo sentía que las palomitas seguían acumulándose. Una persona, una mente, un cuerpo, un espíritu y una complicada historia colectiva viva. Para Leon, esto era una parte de su historia generacional que no podía quedar atrás. El trauma colectivo también fue parte de su vida en la escala cultural, con las influencias multigeneracionales en su familia que hicieron culturalmente aceptable que sus padres usaran la violencia física como práctica de crianza. El trauma colectivo también estuvo presente en su vida a través del trauma sistémico y el trauma histórico que sufrió por el legado de opresión de las personas de la diáspora africana. También estaba lidiando con el trauma colectivo del huracán Katrina, al que había sobrevivido físicamente, pero que lo había marcado en lo mental y lo espiritual.

Muchos de quienes llevamos a cuestas un trauma generacional marcamos varias casillas en el cuestionario ACE modificado. En contraparte, los rompeciclos, como tú, tienden a querer reflexionar sobre sus propias experiencias de traumas colectivos y comprender las formas en que estos también han estado implicados en su dolor generacional. Para comenzar, piensa en la parte del cuestionario con la pregunta «¿Qué ocurrió a tu alrededor?» que trabajamos en el capítulo 7. Pero esta vez considera las tres capas del trauma colectivo y cómo cada una ha tenido una influencia en tu vida. Luego continúa leyendo para obtener una comprensión más amplia de cada nivel de trauma colectivo.

Influencias culturales

Nuestras familias están inmersas en una compleja red de valores culturales. No cabe duda que nos convertimos en una personificación de los valores con los que crecimos en nuestras familias y comunidades. Estos valores y prácticas se han formado a lo largo de generaciones y, por lo tanto, están arraigados de manera profunda en nuestras identidades comunitarias. Tomemos, por ejemplo, el acto de castigar físicamente a un niño como práctica de crianza. En muchas culturas y durante muchas generaciones, el abuso físico hacia los niños ha sido considerado una práctica aceptable de crianza. En la comunidad afroamericana de Estados Unidos, algunos han recurrido a una varilla para modificar por la fuerza el comportamiento de un niño. En la cultura latinoamericana también hay un símbolo común de palizas físicas: la chancla, la herramienta utilizada para obligar a los niños a someterse. Incluso el simple hecho de levantar una chancla sin que se utilice para infligir dolor es suficiente para que los niños latinos comprendan que deben acatar las órdenes de sus padres. También se sabe que algunas culturas latinoamericanas recurren a elementos más dolorosos como herramientas disciplinarias, como ramas de árboles.

Varias culturas tienen una versión de la varilla, las ramas y la chancla. Algunos usan cinturones y otros usan cualquier objeto a su disposición que provoque dolor físico para controlar el comportamiento de los niños. Al trabajar con familias, pero también por ser una latina negra, lo he visto todo. El objeto puede ser diferente, pero el impacto es el mismo. Estas son herramientas de poder que infligen miedo. Los niños expuestos a este tipo de terror buscan evitar el dolor accediendo a la petición de su cuidador. Y cuando este note el cambio de comportamiento reforzará su creencia de que la estrategia de golpear al niño funcionó. Aunque esto pueda ser así de forma temporal, lo que ocurre de manera simultánea es que el sistema nervioso de su hijo está siendo programado en torno al miedo y a la evasión de este. Entonces, si bien su hijo evitó de modo efectivo un estado temporal de terror cambiando su comportamiento, también asumió un método de afrontamiento a largo plazo: complacer a los demás para evitar sentir miedo. Desafortunadamente, a muchos de los niños que sufren este destino se les reconfigura el sistema nervioso para congelarlo en un estado simpático predeterminado, lo que implica que tendrán un sistema de alerta de amenazas hiperactivo que los mantendrá en estados prolongados de pánico hasta entrada la edad adulta.

Si profundizamos en la historia, en particular en el trauma histórico de la colonización en el mundo entero, el castigo físico fue una herramienta importante utilizada para instigar la sumisión y el miedo. En muchas de las prácticas culturales que le siguieron, el abuso físico fue adoctrinado, transmitido como un valor cultural y replicado, generación tras generación, de casa en casa, hasta llegar a ti. Estas prácticas tienen sus raíces en la colonización, pero han permanecido grabadas en historias familiares que contribuyen a que sucedan hoy eventos cotidianos de traumas generacionales. Cuando elaboraste tu «Árbol del trauma generacional» se te pidió que agregaras a la tierra algunas de las normas y prácticas culturales que alimentaban las raíces (tus creencias arraigadas). Es probable que estas sean las creencias culturales que se reflejan de manera más prominente en tu viaje por el trauma generacional. Sin embargo, este momento ofrece otra pausa saludable para considerar ejemplos adicionales de otras creencias culturales que han orbitado tu comunidad y que han alimentado esas raíces. Otros ejemplos de cómo los valores culturales se traducen en un trauma emocional duradero son los siguientes (esta no es una lista exhaustiva, es solo una ayuda para despertar la curiosidad acerca de tus propios valores culturales):

- Creer que el hijo mayor (por lo general, la hija mayor) debe cuidar de sus hermanos menores, lo que se conoce como parentificación, y que puede despojarlo de su infancia y producir heridas del niño interior y supresión emocional que luego se replican durante generaciones.
- Decirles a las jóvenes que se cubran para evitar llamar la atención de los hombres, lo que puede enviar múltiples mensajes sobre la cosificación de su cuerpo, y que podrían ser transmitidos como valores culturales agregados de género a sus hijas.
- Creer que un niño siempre debe ser amable con sus mayores, incluso con aquellos que los lastiman, lo que puede llevarlos a reprimir sus propios sentimientos y desarrollar tendencias de complacer a las personas que luego les enseñan a sus propios hijos.
- Creer que los secretos deben guardarse en la familia, o que de lo contrario se destruye el honor, lo que puede llevar a una persona a aislarse o a no buscar ayuda cuando se siente estresada; en lugar de resolver cualquier trauma que hayan absorbido, corren el riesgo de transmitirlo.
- Proteger a los perpetradores de abuso sexual infantil a expensas de los niños a quienes lastimaron, lo que puede disuadir a una persona de hablar sobre haber sido violada y que los perpetradores, por no verse obligados a asumir su responsabilidad, sigan abusando de los niños.
- Prácticas de blanqueamiento de la piel que perpetúan la creencia sistematizada de que la piel más oscura es indeseable, lo que lleva a los niños a absorber estos mensajes que destruyen el alma y que pueden tener consecuencias

adversas para la salud, los cuales se transmiten de forma generacional, junto con la transmisión de una baja autoestima.

- Comentar sobre el peso y la apariencia de los niños para que se ajusten a estándares sociales mal informados, lo que puede contribuir a problemas de imagen corporal y trastornos alimentarios, que luego se modelan para las generaciones posteriores.
- Transmitir la idea de que los hombres no lloran, lo que puede contribuir a una supresión excesiva de las emociones en niños y hombres, lo que más adelante puede asegurar generaciones de masculinidad tóxica.

Debido a que estos importantes factores culturales pueden parecernos tan familiares, resulta difícil desentrañarlos y examinarlos en una perspectiva más amplia. Entonces será útil que te sientes a escribir una lista de cómo tus culturas han influido en tu forma de pensar. A partir de ahí puedes identificar influencias positivas (como las que te ayudan a mantener un sentido saludable de identidad, que te enseñan el valor de mantener la armonía en tu familia y tu comunidad) frente a influencias que pueden causar daño. Una vez que hayas terminado con ese paso, considera las formas en que ya estás alterando la influencia colectiva que has interiorizado. Por ejemplo, si eres parte de una cultura en la que se ha normalizado castigar a los niños mediante la violencia física, puedes optar por romper el ciclo al no golpear a tus propios hijos, pero también ayudando a otros padres de tu familia (tus primos o hermanos) a encontrar métodos de disciplina moderados, no físicos. Esto contribuye a estabilizar tus propios sistemas nerviosos generacionales, en lugar de traumatizar aún más a tus hijos.

Romper el ciclo de esta manera (ayudándote a ti y a otros que están a tu alcance) puede ser útil y empoderante cuando consideras la dimensión de estos problemas culturales. Algo que encuentro útil es imaginarme a mí misma abordando el problema y desmantelándolo. Con mucha frecuencia sentimos que el problema es tan grande que puede superarnos, pero cuando lo visualizamos como más accesible y menos abrumador, nos sentimos menos vacilantes a la hora de actuar. Respira profundamente unas cuantas veces mientras piensas un poco más en esto, antes de analizar las formas en que los factores sistémicos funcionan como impulsores de traumas colectivos.

Influencias sistémicas

Igual que las influencias culturales, los factores sistémicos pueden permanecer ocultos durante generaciones. Por lo general, lo que los oculta es un conjunto de prácticas institucionales incuestionables que se consideran el estándar o la norma.

¿Alguna vez has oído hablar del *shock* séptico? Es cuando una infección se generaliza y comienza a provocar insuficiencia orgánica en todo el cuerpo. Es una espantosa fusión de todo el sistema causada por bacterias no tratadas. La injusticia sistémica puede tener un efecto similar en el ámbito cultural. Si no se trata, lo infectará todo. Un sistema opresivo es aquel que tiene como objetivo lastimar y dañar la vida de ciertos grupos específicos mientras eleva y privilegia a otros. En Estados Unidos, pero también en todo el mundo, tenemos muchos sistemas enfermos intencionalmente para oprimir, perseguir, maltratar, tiranizar, esclavizar, encarcelar, explotar, ocupar e infligir dolor mental, físico y espiritual crónico a las comunidades marginadas. Los llamo *sistemas enfermos*, porque están contaminados con daño. Muchos fueron construidos con el objetivo explícito de dañar y llevan a cabo perfectamente esa misión. A diario causan y perpetúan el trauma colectivo e infectan a grupos y comunidades enteras por medio del mecanismo del poder y el control institucional.

Quienes son víctimas de estos sistemas enfermos desarrollan angustia a niveles altísimos. Un ejemplo común de esto lo podemos encontrar en la experiencia del *síndrome postraumático del esclavo*, consecuencia de la opresión multigeneracional de los africanos y sus descendientes como resultado de siglos de esclavitud y racismo institucionalizado. El término fue desarrollado por la doctora Joy DeGruy para ayudar a responder la pregunta «¿Qué sucede cuando las personas estresadas carecen de tratamiento durante generaciones?». Debido a que el racismo institucionalizado de la población afroamericana a lo largo del continente americano nunca ha cesado, persiste el legado del síndrome postraumático del esclavo, caracterizado por hipervigilancia colectiva, desconfianza, desesperanza y un concepto distorsionado de uno mismo. Es un trauma colectivo que se sigue reciclando a través de generaciones.

Otros ejemplos de cómo las normas y prácticas sistémicas se traducen en un trauma emocional son los siguientes (esta no es una lista exhaustiva, es solo una para ayudarte a despertar la curiosidad acerca de tus propias conexiones):

- Sistemas educativos que tienen prácticas disciplinarias excepcionalmente punitivas hacia los indígenas y la población afroamericana (BIPOC, por sus siglas en inglés) y son el punto inicial de la criminalización de los jóvenes BIPOC y la posterior canalización hacia el sistema de injusticia criminal, lo que lleva a la separación de las familias y a la privación económica multigeneracional.
- Sistemas sociales que privilegian a una población sobre otra y otorgan mayor valor a un colectivo que a otro, lo que lleva a la internalización generacional de la falta de valía, falta de pertenencia, inferioridad percibida, síndrome del impostor, baja autoestima, autoestima colectiva y *mucho* más.
- Guerras que desplazan a las familias, las cuales buscan refugio y asilo en otros lugares, solo para enfrentarse a un nuevo conjunto de traumas institucionales, y los niños,

como resultado, absorben de sus padres los traumas de ser inmigrantes y refugiados.

- Asimilación forzada a culturas dominantes a expensas de culturas, idiomas y tradiciones perdidas de los nativos de la tierra, lo que puede llevar a una alteración en la identidad y el concepto de sí misma de una comunidad, y en el alma colectiva de toda una población.
- Las instituciones financieras que mantienen a los ya marginados pobres por generaciones y destruyen su acceso a herramientas para construir una movilidad social, lo que contribuye al trauma de la pobreza multigeneracional.
- Los supuestos sociales sobre a quién deberían amar las personas o cómo deberían identificarse a sí mismas, lo que provoca traumas basados en la identidad y puede ser el escenario para la transmisión de biologías basadas en el estrés.
- Las leyes que imponen reglas patriarcales sobre el cuerpo de cualquier persona con útero y depositan un gran peligro en sus cuerpos, lo cual provoca complicaciones en el embarazo, el posparto o la salud uterina, o incluso la muerte.
- Los sistemas que tiranizan o desacreditan diversas creencias religiosas y espirituales al servicio de un sistema de creencias dominante y que permiten la victimización de personas que no suscriben dichas creencias, y como resultado sufren traumas religiosos.
- Los sistemas de atención médica que explotan los cuerpos de BIPOC, y a veces incluso matan a personas en nombre de la ciencia, como los asesinatos perpetrados durante el antiético Estudio Tuskegee sobre la sífilis no tratada, en el que a hombres afroamericanos se les inyectó sífilis y no se les ofreció educación ni tratamiento; muchos de

ellos murieron, y se generó una desconfianza cultural multigeneracional hacia el sistema de atención de salud. Esto perpetúa las disparidades de salud generacionales que afectan de forma desproporcionada a las personas afroamericanas en Estados Unidos.

La experiencia del síndrome postraumático del esclavo también ofrece un ejemplo de cuánto los individuos afroamericanos continúan luchando y persistiendo por medio de la resiliencia generacional al conservar el lenguaje cultural, las historias y los valores que mantienen viva y próspera la estima colectiva de la comunidad, a pesar de la opresión multigeneracional y el terror. Independientemente de las continuas alteraciones del alma negra, producidas por la sociedad enferma en la que viven los afroamericanos, una inmensa cantidad de resiliencia y orgullo cultural brotan todos los días del alma de cada uno. Es posible encontrar expresiones similares de resiliencia multigeneracional en otras comunidades que han sido víctimas de sistemas enfermos. Entonces, cuando pienses en tus propias experiencias, en especial las que son crónicas, como esta, puede ser útil considerar también cómo has sobrevivido y prosperado, a pesar de estar en un mundo que no desea eso para ti.

Quizá te tome tiempo comprender y deconstruir las normas y prácticas sistémicas. Sin embargo, algo que puedes hacer ahora mismo es considerar cómo las desigualdades sistémicas llegan a tu vida de maneras que resultan estresantes o traumatizantes. ¿Cómo te han impactado estos sistemas? Tómate un momento para hacer una pausa y reflexionar sobre las formas en que pueden haber perpetuado el trauma para ti y tu familia. Y al igual que con la reflexión sobre los valores culturales, será útil que consideres aquello que podrías hacer para combatir los sistemas que te oprimen a ti y a otros de estos modos traumáticos.

Una de las formas en que he visto a mis padres luchar contra las injusticias perpetuadas en poblaciones económicamente desfavorecidas de inmigrantes es ir a su comunidad y ayudar a impulsar el voto latinoamericano durante las elecciones. Como inmigrantes de clase trabajadora, entendieron que llevar nuestras voces a las urnas era una forma efectiva de ayudar a proteger a nuestras familias de las desigualdades de las leyes de inmigración, como las que causaron que mi familia sufriera una separación de diez años. Decidí utilizar mi práctica de sanación holística del trauma para brindar meditaciones con baño de sonido para mi comunidad durante la ola de fuertes crisis colectivas y dolor colectivo que atravesamos a nivel mundial en 2020. Estas prácticas no siempre son fáciles, pero actuar dentro de nuestro rango de poder es una parte necesaria en la red para crear igualdad y sanación en nuestras comunidades. Cada uno de nosotros puede hacer algo que ayude.

¿Cuáles son algunas formas accesibles en las que podrías luchar para disminuir el trauma sistémico en tu comunidad? Creo que es bueno empezar poco a poco y después ampliar el rango de acción. Tomará tiempo deshacer estos problemas, pero un pequeño acto puede ser de gran ayuda. Y aunque desmantelarlos no es responsabilidad exclusiva de aquellos que han sido lastimados de forma sistemática, si has sido víctima de estos sistemas, tus esfuerzos también importan y quizá te brinden una sensación de empoderamiento, en especial considerando cómo se te ha obligado a existir con un poder disminuido de manera incesante. Si estos sistemas te privilegian, tienes un deber aún mayor de alterarlos y alterar su impacto, dado el poder y el acceso que tienes para hacerlo. Y si tienes dificultades para ver cómo estos sistemas y sus ideologías te privilegian o te privan de tus derechos de forma explícita, tu falta de familiaridad debería motivarte a expandir tu conciencia y pasar a la acción. Ten la seguridad de que si, como resultado de tu falta de conciencia, eliges el camino de la neutralidad y la inacción, tu falta de esfuerzo para alterar la situación no te salvará de ser infectado por las ideas y prácticas dañinas de ese sistema. Entonces, ¿qué puedes hacer ahora? Una vez que reflexiones y escribas, asegúrate de respirar antes de sumergirte en las fuerzas más naturales que también pueden dañarnos a escala generacional.

Influencias naturales

Las personas pueden desarrollar vulnerabilidades debido a traumas provocados por fuerzas naturales. Para algunos, surgen traumas ocultos, mientras que, para otros, se superponen traumas adicionales a los que ya enfrentaban. La pandemia de COVID-19, por ejemplo, provocó un aumento del 25% en depresión, ansiedad, adicciones y tendencias suicidas en todo el mundo. El miedo, la pérdida y el trauma generalizados se sintieron a profundidad en cada generación, en cada hogar del mundo. La gente perdió empleos, padres, hijos, una sensación de seguridad y mucho más. Ese *shock* traumático prolongado es un ejemplo de un desastre natural moderno y su impacto en todas nuestras familias.

Para cualquiera de nosotros, recuperarse de una crisis natural puede ser un proceso largo, y por lo general toma más de una década que se produzca una resolución significativa. Esto es cierto en especial si sufrimos una pérdida durante ese tiempo, como a muchos les ocurrió durante la pandemia de COVID-19. Si tu sistema nervioso ya era vulnerable, tardarás aún más en sentirte a gusto. Esto es típico. Se espera que sea así. Necesitamos tiempo para recuperarnos de periodos agudos de estrés. La recuperación es posible, pero requiere paciencia y esfuerzo colectivo. Como alguien que vivió esta pandemia, puedes reflexionar sobre las formas en que varias generaciones de tu familia se han visto directamente afectadas por esta crisis colectiva y otras naturales.

Se dice que los jóvenes han sentido en especial el peso de las crisis naturales en curso de las que siguen siendo testigos. El cirujano general de Estados Unidos, el doctor Vivek Murthy, señaló en una charla con Oprah Winfrey en el campus de Salud de la UCLA en mayo de 2023 que la salud mental es la «crisis de salud pública que define nuestro tiempo». Además, señaló en una entrevista con *The New York Times* que para los jóvenes estadounidenses en particular, el estrés de los desastres naturales agravados es una de las razones notables del deterioro de su salud mental, ya que estos continuos desastres han impactado de modo negativo sus percepciones del futuro. Los efectos de estas crisis naturales en curso son preocupantes para muchos, a lo largo de generaciones, así que si compartes estas preocupaciones, debes saber que es comprensible sentirse así y que es esencial hacer una pausa y verificarlo contigo mismo y con los demás.

Si eliges hacer una pausa aquí y escribir algunas reflexiones, recuerda respirar profundamente, porque el impacto de esta pandemia es muy reciente y puede hacer que tu respiración se acorte mientras reflexionas. Si te ayuda, comienza escribiendo algunas respuestas a lo siguiente: ¿cuál fue la emoción sobresaliente que sentiste durante el punto álgido de la pandemia? ¿Cómo llevaba tu cuerpo el peso de la pandemia? ¿Qué interrupciones en tus relaciones ocurrieron durante este periodo? Una vez que hayas reflexionado, puede ser saludable volver a respirar hondo unas cuantas veces más antes de regresar a tu lectura. Cuando hayas terminado, continúa leyendo para aprender cómo estos traumas naturales llegan a nuestro hogar.

Los siguientes ejemplos representan cómo los desastres naturales pueden traducirse en un trauma emocional (esta no es una lista exhaustiva, sino una ayuda para que reflexiones sobre el impacto de este factor externo):

- La poderosa destrucción del huracán Katrina en Nueva Orleans, a la que siguió la falta de ayuda eficiente y rápida por parte de los organismos gubernamentales, que luego dejó a familias enteras en el agua durante días, nadando en condiciones deplorables, y con olores y huellas traumáticas de muerte y defecación suficientes para durar generaciones, entre otras consecuencias nocivas.
- Los persistentes incendios forestales en las regiones occidentales del territorio continental de Estados Unidos y en Maui, que destruyeron hogares y negocios y que, como resultado, desplazaron con rapidez a familias de

sus casas, dejando un impacto multigeneracional de pérdida y dolor.

- La destrucción agravada de aldeas en Haití debido a los terremotos y la falta de reconstrucción oportuna de infraestructuras en todo el territorio, que han llevado a muchas familias a quedarse sin casa y a un trauma de pobreza aún más profundo que afectará a la población del país durante generaciones.
- El terremoto y el tsunami de Tohoku que mataron a más de 15 000 personas, desplazaron a otras 450 000 y paralizaron la infraestructura de todo Japón, lo cual dejó recuerdos traumáticos en múltiples generaciones de japoneses y sus descendientes.
- Las inundaciones en Nigeria, que han afectado a un total de 1 500 000 personas, han provocado desplazamientos comunitarios, pérdida de negocios, de casas y de vidas, lo que requerirá muchas generaciones de reconstrucción tanto psicológica como logística.

Cuando el huracán María acabó con millones de vidas en Puerto Rico, Dominica y Santa Cruz, las islas necesitaban esfuerzos de socorro de la comunidad mundial y, para muchos, la ayuda no llegó a tiempo o no llegó en absoluto. Recuerdo las lágrimas de destrucción de mi paciente puertorriqueña, quien se sintió desempoderada por esta crisis en Puerto Rico, donde aún residían algunos de sus familiares. Se dedicó al activismo en torno al cambio climático para ayudar a las corporaciones a aumentar la responsabilidad climática como una forma de sentirse empoderada para ayudar a su comunidad pensando en las generaciones venideras. La familia de otra paciente fue evacuada debido a un tifón en Filipinas a finales de 2021, que se vio agravado por la pandemia de COVID-19, que aún afecta a la región. Decidió iniciar una campaña de financiamiento para ayudar en los esfuerzos de socorro en casos de desastre en su comunidad local. Ambas sintieron que se trataba de un trauma colectivo que querían combatir, tanto para ellas como para los futuros descendientes de sus comunidades. Tu devoción por los esfuerzos de ayuda natural podría verse diferente a cualquiera de estos. Sin embargo, si ha habido crisis naturales en tu historia y te sientes motivado a ayudar, este puede ser un lugar para encontrar un sentido de empoderamiento, comunidad y sanación.

Si parece una tarea demasiado grande

Recuerda que un pequeño cambio realizado por cualquiera de nosotros se suma a los esfuerzos de los demás. Con el tiempo, los esfuerzos colectivos conducen a cambios tangibles que vemos en nuestra generación. Y si alguna vez te sientes estancado, ten en cuenta los principales mensajes internos que pueden mantenerte inactivo:

- ✦ Creer que el trauma colectivo es demasiado grande para afrontarlo.
- ✦ Creer que tus antepasados no están aquí para ayudarte.
- ✦ Creer que tienes que solucionarlo todo de una sola vez.
- ✦ Creer que cuando un trauma colectivo ya pasó, no volverá a impactarte de forma emocional, espiritual, física, cultural o estructural.
- ✦ Creer que no eres cómplice de la continuación de los traumas colectivos (en especial si defiendes los valores de un sistema tóxico, incluso si tú mismo eres oprimido por el sistema).
- ✦ Creer en la superioridad de un grupo de personas sobre otro.
- ✦ Creer que un sentido de poder y privilegio te mantiene seguro.

- Creer que el trauma generacional y el trauma colectivo no están interconectados.
- Creer que este capítulo no tiene relación contigo. Sí la tiene. Es tu historia colectiva y puedes decidir romper ciclos colectivamente.

Reconectarnos con nuestras raíces

Una de mis pacientes, Luna, es una mujer indígena de una región montañosa de México. Su lengua materna es una lengua indígena, y en ese momento de mi carrera me sentía más cómoda dando terapia en inglés, pero nos encontramos en un punto intermedio, hablando nuestro idioma común, el español. Me contrataron para trabajar con ella y su hija en rehabilitación familiar, para ayudar a evitar que esta ingresara al sistema público de cuidado y adopción de menores. Aunque se sospechaba que había maltratado a su hija, no pudimos confirmarlo por completo, necesitábamos tomar medidas para proteger a su hija y ayudar a Luna a abandonar este comportamiento.

Mi objetivo era ser el enlace que la ayudaría a comprender por qué su cuerpo estaba atrapado en un sistema nervioso histórico, colectivo y generacional que la catapultaba a una ira explosiva que después su pequeña absorbería. Yo tenía la tarea adicional de ayudarle a comprender las capas acumulativas relacionadas con el trauma colectivo: cómo nuestras culturas normalizan el uso del castigo físico de los niños, cómo continuar el ciclo del trauma colectivo no era el deseo que sus antepasados tenían para ella y cómo su hija se sentía más desconectada de su cultura porque la persona que más la representaba, su madre, no creaba una atmósfera segura y amorosa. Mantener a su familia cerca de sus raíces era muy importante para Luna. Además, yo entendía que era fundamental que su hija tuviera un sentido de identidad racial y cultural cimentado, ya que esto actúa como amortiguador del trauma colectivo, por lo que necesitaba ayudar a Luna a ver que sus acciones tenían el efecto contrario. Estaban desconectando a su hija de un sentido de identidad arraigado y de una conexión sana con la relación más importante de su vida, la que tenía con su madre. Así que teníamos trabajo que hacer.

Debíamos llegar al origen de muchas cosas durante nuestro tiempo juntas, pero primero nos concentramos en resolver el sistema nervioso generacional de Luna. Para cambiar el comportamiento de su hija sin utilizar el castigo físico, la propia Luna tenía que sentirse suficientemente tranquila para comunicar sus instrucciones. Todos necesitamos concentrarnos primero en calmar nuestro propio cuerpo, antes de hacer la transición y adoptar diferentes comportamientos que tengan un mayor impacto.

La segunda parte de nuestro tiempo juntas fue principalmente educativa. Luna y yo aprendimos cómo el trauma colectivo de los pueblos indígenas y afroindígenas, sumado a los adicionales que ella sufrió como inmigrante en Estados Unidos, estaban implicados en sus acciones impulsadas por la ira. Esto era mucho que asimilar para ella. Dado que necesitaba algunas habilidades de afrontamiento en las que pudiera apoyarse, reforzamos su resiliencia generacional de la misma manera como tú estás aprendiendo a hacerlo en las prácticas de «Rompe el ciclo» de este libro. Ella y yo hicimos un trabajo intenso para restaurar el sistema nervioso. Compartimos comidas en las sesiones; en una ocasión ella llevó chocolate caliente de origen mexicano para que comulgáramos, y yo le ofrecí un diario con un mapa de su tierra natal a fin de que recordara su misión de mantenerse arraigada. Estábamos creando un ambiente holístico para que su ira pudiera existir, y la sintiera y liberara de manera segura. Lo hacíamos honrando las partes positivas de la cultura y liberando las que perpetuaban el daño emocional.

Después, Luna y yo integramos a su hija al tratamiento. Luna escuchó en voz de su hija cómo la hacía sentir cuando le gritaba o la amenazaba con una chancla para instigarle miedo y exigirle respeto. Su hija dijo en una sesión familiar con lágrimas en los ojos:

«Te tengo miedo». Le pedí a Luna que mirara los ojos llorosos de su hija y me dijera si ese dolor le resultaba familiar. Ella dijo: «Sí, ella soy yo». A lo que se refirió en ese momento fue a que vio en su hija las heridas de su propia niña interior. Vio a su niña interior generacional. Este fue el primer momento en el que pudo ver un largo linaje de dolor colectivo al mismo tiempo. Su ira y sus normas culturales que encubrían el dolor no le habían permitido ver antes ese dolor familiar. Y eso fue suficiente para que ella decidiera romper el ciclo y ayudar a otros miembros de su familia a hacer lo mismo.

Rompe el ciclo: altera el trauma colectivo

Del mismo modo en que recomendé a Luna que empezara a corregir su sistema nervioso generacional, te sugiero que también lo intentes como un paso importante para alterar el trauma colectivo. Al hacerlo, estarás liberando los remanentes del dolor colectivo que vive en ti. Vuelve al ejercicio «Rompe el ciclo» del capítulo 6 y, si puedes, integra esa práctica en tu rutina diaria para ayudar a calmar tu sistema nervioso de forma continua.

Cuando estés listo para dar un paso más hacia la sanación comunitaria, adopta medidas que se centren en la rehabilitación colectiva a escala local y luego considera cómo puedes ampliar tu trabajo a escala global.

Cuando se trata de algo tan personal como un trauma generacional, resulta fácil olvidar que todos somos parte de un todo más grande. Ver el trauma a mayor escala, como lo hemos hecho en este capítulo, nos ayuda a humanizar las experiencias de los demás y nos motiva a contribuir a minimizar los factores externos del trauma para la sociedad en general, para nuestra paz colectiva. Para romper los ciclos del trauma colectivo se requerirán todos nuestros esfuerzos. Se necesitará acción comunitaria para ayudar a quienes están más privados de sus derechos debido a estos sistemas de trauma. Y será necesario el apoyo activo para acabar con los valores y las prácticas que mantienen estas formas de trauma en nuestra cultura. Para quienes sienten que esto es una tarea difícil y no estén seguros de por dónde empezar, pueden comenzar a escala local o virtual. Pienso que una hoja de ruta sobre cómo alterar los ciclos resulta muy útil. Considera adoptar las siguientes prácticas para comenzar a romper el ciclo a escala comunitaria, social o global y expandir tu sanación hacia el mundo.

Este trabajo también se puede realizar en comunidad, así que intenta nombrar a un compañero de cosanación en una de las áreas de rehabilitación comunitaria enumeradas a continuación. Este es un momento en el que hacer este trabajo en comunidad podría en verdad importar.

Algunos ejemplos de rehabilitación comunitaria son:

- Ayudar a las personas de tu círculo inmediato y de tu comunidad a tener una mayor conciencia sobre cómo ellas mismas perpetúan el trauma; tal vez tu forma de hacerlo sea organizar clubes de lectura en tu comunidad local que presenten el trabajo de rompeciclos o hacer voluntariado en centros comunitarios para discutir alternativas a las prácticas culturales dañinas (influencias culturales), la alfabetización racial-cultural (influencias sistémicas) o libros sobre cómo minimizar nuestra huella de carbono (influencias naturales).
- Ayudar a desarrollar una mayor conciencia de identidad (conciencia racial, conciencia corporal, etc.) en los niños de tu vida dándoles a leer libros de reafirmación cultural que promuevan una prominencia cultural saludable, al mismo tiempo que los apoyas en la adopción de medidas por la equidad que sean apropiadas para su edad.
- Compartir la información de una organización local que trabaja para asegurar recursos para las comunidades que deseas ayudar, o incluso ayudarles a crear sus

materiales de mercadotecnia o apoyar sus esfuerzos de divulgación.

- Impulsar proyectos de ley que ayuden a proteger a los niños que viven en casas en las que tienen un alto riesgo de sufrir ACE generacionales; posiblemente los proyectos de ley en los que te enfoques sean aquellos que ayuden a establecer un hogar más saludable para toda la unidad familiar, de modo que los niños y los padres puedan incorporar la liberación generacional de su propio dolor y convertirse ellos mismos en rompeciclos.
- Iniciar círculos comunitarios con otras personas que comparten una historia similar y pueden sentirse validadas por las historias de sus antepasados en común.
- Apoyar o donar a instituciones sociales que ya estén realizando un buen trabajo comunitario que tú puedas respaldar.
- Proporcionar a los miembros de la comunidad las herramientas que se sabe que son efectivas, para que puedan facilitar su propia liberación y no tener que depender de otros para liberarlos; puedes iniciar compartiendo este libro, textos de educación financiera, textos que arrojan luz sobre los sistemas de castas raciales modernos, libros que desmantelan la heteronormatividad, que enfatizan la positividad corporal, que arrojan luz sobre ideologías y prácticas capacitistas, y cualquier otro libro o recurso que pueda expandir la mente y liberarla.

Recuerda que puedes crear tu propia justicia, lo que sea que eso signifique para ti; eso es suficientemente válido, y tendrá un impacto generacional.

Lo que has aprendido hasta ahora

En este capítulo exploraste cómo el trauma generacional tiene raíces colectivas. Aprendiste más sobre la experiencia de las crisis colectivas, cómo el estrés social severo afecta al colectivo y cómo alterar los mensajes y prácticas sociales que mantienen la filtración continua de los patrones de trauma en nuestros hogares. Después fuiste guiado a través de pasos prácticos para romper ciclos en diferentes escalas de trauma colectivo. Puede resultar difícil digerir información que tiene numerosas capas como la que aprendiste en este capítulo. Así que te animo a hacer una pausa, reflexionar, respirar y honrar tu propio trauma colectivo antes de pasar al siguiente capítulo, donde te centrarás en el duelo.

PREGUNTAS DE REFLEXIÓN

¿Cómo ha sido para ti agregar esta dimensión del trauma al lente por el que ves el dolor generacional?

¿Cuál fue la parte más difícil de leer este capítulo? ¿En qué parte de tu cuerpo lo sentiste?

¿Qué te hizo sentir más consciente después de leer este capítulo? ¿En qué área sientes mayor inclinación a realizar un trabajo de rehabilitación colectiva?

PARTE III

Alquimiza tu legado

CAPÍTULO 10

EL DUELO POR TU LINAJE TRAUMÁTICO

Date permiso para dejar atrás el pasado
y salir de tu historia.

OPRAH WINFREY

Ahora que has comprendido todo el espectro de factores internos y externos que contribuyen a mantener los ciclos de trauma generacional, es hora de que comiences el proceso de soltar. Dejar atrás el dolor te ayudará a abrir el paso para que la sanación eche raíces. Esto no necesariamente implica que debas deshacerte de tus relaciones con los miembros de tu familia, aunque, si fuera necesario, también es bienvenido. Este proceso de soltar es más integral que eso: es un proceso para deshacerte de expectativas anticuadas sobre quién pudo haber sido tu familia, viejas ideas de quién pensabas que eras y percepciones caducas del mundo que te rodea. Es un momento para dar un paso hacia una nueva realidad, una en la que puedes vivir de modo auténtico y ver las cosas como en realidad son: dolorosas y superables.

Para romper ciclos se requiere profundizar en las sombras familiares y reconocer los problemas de salud mental que han sufrido diferentes miembros de la familia. Significa cavar para encontrar las formas en que cada persona aprendió a absorber el dolor y las maneras en que perpetúan la vergüenza y mantienen estos ciclos de dicha emoción guardados dentro del armario de los secretos familiares. Es necesario decirlo como es y cambiar la forma en que han sido las cosas. Se requiere una reconciliación con el hecho de que los recuerdos de los miembros de tu familia y los tuyos sean diferentes. Quizá recuerdes que estaban profundamente deprimidos y desatendían tus necesidades emocionales. Es posible que ellos recuerden haber estado por completo presentes y haber atendido tus necesidades emocionales durante toda tu infancia. Quizá tengas el recuerdo de que un abuelo te golpeaba una y otra vez cuando obtenías malas calificaciones, mientras que el suyo es el de haber tenido conversaciones tranquilas contigo sobre cómo podías mejorar tus habilidades de estudio.

Habrá una colisión entre las historias. Como rompeciclos, descubrirás que algunos miembros de la familia intentarán reescribir la historia para escapar de su responsabilidad. Es posible que te intimiden y te hagan cuestionar la forma en que ocurrieron los eventos. Esto puede hacerte dudar de ti mismo. Es posible que tu familia te rechace por sacar a relucir los trapos sucios y te haga sentir culpable por salir de generaciones de trauma. Como resultado, quizá sientas que te desencadenas y te vuelves a traumatizar al deshacerte de la vergüenza familiar.

Aceptar que es probable que este sea un proceso doloroso te ayudará a preparar a tu corazón para la decepción que podría surgir. Así es: ¡más dolor! Tendrás que dejar de lado la fantasía de que un día los que te han hecho daño te escucharán con toda su atención, que ciertos miembros de la familia cambiarán su comportamiento y que las cosas serán notablemente diferentes tan pronto como comience tu trabajo de romper el ciclo. Retrasar el rechazo de esta fantasía puede complicar tu dolor y tu vergüenza. Aceptar que esto es una fantasía puede ser liberador. Es hora de llorar y dejar ir. Es momento de dar un paso hacia una nueva forma de ser. Si estás listo, continuemos.

Lealtad generacional

Los humanos gravitamos hacia lo que conocemos porque lo desconocido es aterrador. No nos llevamos bien con la incertidumbre, aunque lo que haya al otro lado tenga el potencial de ser mejor para nosotros. Esto explica por qué el duelo es tan difícil. Te empuja hacia lo desconocido. Cuando pierdes personas en tu vida, tienes que soportar la incertidumbre de cómo será la vida sin ellas. No obstante, la sanación generacional te llama a dar un paso con todo tu corazón hacia lo desconocido y dejar atrás lo que te resulta familiar. Nos llama a sacudir nuestro «Árbol del trauma generacional» y permitir que caigan las hojas enfermas. Se requiere la aceptación de esas hojas caídas y de las respuestas al trauma que contenían en su interior. Sin embargo, los humanos no se sienten bien de dejar caer las hojas enfermas del árbol familiar, ni con la evolución ni con lo desconocido. Emocionalmente, anhelamos lo que conocemos. Añoramos lo familiar: personas, patrones, comportamientos. Incluso cuando lo conocido es algo que nos duele, gravitamos hacia ello. Lo repetimos. Es por eso que muchos de nosotros permanecemos en la disfunción. Seguimos atados a vínculos familiares que, aunque sean dolorosos, resultan reconfortantes porque son predecibles y evitan que enfrentemos la incertidumbre.

Para añadir una capa más a este dilema, muchos de nosotros sentimos que dejar atrás a una familia, aun una disfuncional, significa no solo abandonar a los familiares sino abandonarnos a nosotros mismos. El sentimiento que nos mantiene en esas dinámicas familiares sin importar las consecuencias es lo que yo llamo *lealtad generacional*. Es el sacrificio que hacemos de nosotros mismos para permanecer cerca de nuestra familia. Es una forma de sincronizarnos con ella, de mantener las cosas como están. Es un enredo energético. Este sentido de lealtad hace que sea doblemente difícil dejar atrás entornos familiares definidos por la toxicidad y el caos. Fuiste socializado para permanecer en el ciclo, no para interrumpirlo, por lo que la lealtad generacional es todo lo que has conocido.

A muchos rompeciclos se les enseña a conservar esta lealtad manteniendo las apariencias y presentando una fachada de familia unida. Esto significa que estás preprogramado para guardar secretos familiares, mantener la disfunción y conservar el ciclo intacto. Guardar secretos de familia es un comportamiento aprendido. A veces ese comportamiento tiene sus raíces en creencias culturales sobre no ventilar los trapos sucios de tu casa, y proviene de valorar la privacidad y evitar la vergüenza. El temor es que tus trapos sucios puedan humillar a tu familia al mostrarlos bajo una luz negativa y que esto propicie juicios. Una frase común que se encuentra en las comunidades del sur de Asia en referencia a la expresión en urdu e hindú «*Log kya kahenge*», que se traduce como: «¿Qué pensará la gente?». La regla que no se dijo aquí es que no lleves vergüenza a tu familia. Quienes deseen ir en contra de este valor y hablar abiertamente sobre los asuntos familiares corren el riesgo de ser excluidos.

Y aunque algunas proclamaciones públicas de lo que te pasó ofrecen un alivio temporal, deshacerte de la lealtad generacional no se trata de difundir toda la vergüenza de tu familia al mundo. Consiste más bien de sostener con valentía conversaciones continuas sobre estos secretos, contigo y tal vez incluso con los miembros de tu familia. Se trata de sentir curiosidad y hacer preguntas como: «¿Podemos tener una conversación sobre la batalla de toda la vida de la abuela contra la depresión y cómo su ira depresiva fue nociva?». Se trata de hablar sobre el elefante en la habitación y despejar las tensiones no abordadas que siempre han nublado tu hogar.

Sacar a la luz estas capas ocultas requiere tiempo, trabajo y paciencia. Es necesario darles voz a estos secretos, en lugar de mantenerlos en silencio, el cual rara vez es una estrategia eficaz para sanar el trauma del linaje, porque aunque seas capaz de sofocar el sufrimiento guardando silencio, este se asomará en las generaciones posteriores. Y el impacto se vuelve más poderoso con cada generación de silencio. Si mantienes alejada a la parte enferma de la familia, solo seguirá deteriorándose y pudriéndose, hasta que al final infecte a cada uno de sus miembros. Por lo tanto, cuanto más descubras esos secretos que mantienen enfermo a tu linaje, menos control tendrá ese trauma sobre tu familia.

Sin embargo, es importante moderar siempre las expectativas al sacar a la luz generaciones de secretos y vergüenzas. Este trabajo es complejo. La sanación no ocurre en una conversación ordenada, sino en conversaciones repetidas y desordenadas, en confrontaciones persistentes de esos secretos y al mantenerte firme en tus prácticas para romper ciclos. En algunos casos no será posible tener conversaciones significativas ni lograr la reconciliación con familiares que también han mantenido el ciclo. Cuando eso suceda, primero debes darles un giro a tus esfuerzos y protegerte. Aunque sientas que estás dejando atrás a otros para seguir sufriendo mientras tú te deshaces de esas capas, debes enfrentar la pérdida que implica abandonar tu lealtad.

Al reflexionar sobre los secretos familiares puedes darte cuenta de que tú también has contribuido a guardarlos. Muchos rompeciclos se percatan de lo mismo, por lo que es seguro decir que no estás por tu cuenta en este enigma. Es muy común que los rompeciclos hayan sido primero guardianes del ciclo. Darte cuenta de que puedes haber contribuido a mantener el ciclo de trauma de tu familia puede ser el paso que al fin te permita cambiar la velocidad y asumir por completo la pérdida de tu identidad como guardián del ciclo.

La dura verdad es que no puedes sanar tus propias heridas generacionales mientras te revuelcas en la vergüenza de tus contribuciones al dolor generacional. Si no sabías que era un síntoma de trauma generacional, no sabías cómo detenerlo. En lugar de ello debes cambiar tu propia mentalidad hacia el presente y el futuro para liberarte de cualquier poder que el pasado haya tenido sobre ti. Entonces, si estás allí, revolcándote y sintiendo vergüenza, sostén tu corazón con fuerza, respira según sea necesario y recuerda que no estás solo en esto. Muchos rompeciclos en todo el mundo enfrentan el mismo problema al romper el ciclo. Lo que puedes hacer es reconocer esta nueva comprensión de tu propia lealtad generacional y desestabilizar tu adhesión a la vergüenza.

¿Recuerdas aquel acuerdo generacional que rompiste en el capítulo 1? Este es un momento saludable para revisar el nuevo acuerdo que creaste y volver a comprometerte a romper el ciclo. Esta capa de tu despojamiento requerirá toda tu dedicación, porque el trabajo de quitarte la vergüenza y los secretos puede resultar especialmente desafiante. No obstante, te aseguro que romper con el pasado será un paso que valdrá la pena.

Rompe con la vergüenza

La vergüenza es la idea de que hay algo malo, roto o inadecuado en ti. Es una evaluación negativa de ti mismo que provoca un sentimiento profundo y doloroso de humillación y angustia. La vergüenza también es muy frecuente entre quienes sufren un trauma, y es una de las emociones centrales que debemos abordar al deshacerlo.

Para poder entrar en tu yo superior generacional tendrás que atravesar el bosque de vergüenza que te dejó el trauma generacional. Cuando rompes con ella, estás cortando las ataduras con la emoción principal que te ha mantenido en ciclos. Al hacerlo, dejas atrás tu zona de confort. Romper con esos sentimientos significa introducir malestar y la posibilidad de una crisis existencial completa. Cuando invitas a este tipo de trabajo que altera la visión del mundo aprovechas la oportunidad de encontrarte a ti de nuevo, o tal vez incluso por primera vez. Desarrollar esa nueva identidad, con una relación más saludable con tu linaje, puede resultar solitario y desgarrador.

La vergüenza surge cuando una persona empieza a creer que algo está mal en ella, en todos los sentidos. Que tiene defectos, no es digna de ser amada y carece de valor. Es la creencia de que es demasiado pequeño o insignificante. La vergüenza es una evaluación negativa global de uno mismo que provoca sentimientos de impotencia e inutilidad. Es lo que sucede cuando un niño o un adulto anhela ser visto y cuidado pero, en cambio, se encuentra con el rechazo, el desdén, el juicio y la humillación. Cuando no se aborda, se convierte en una carga para toda la vida. Conduce a un comportamiento evasivo, autodestructivo e imprudente, y altera la capacidad de una persona para regular de forma adecuada sus emociones y respuestas emocionales.

También es una emoción que se puede transmitir con facilidad a los demás. Los niños suelen ser los más afectados por la vergüenza de sus padres porque son un blanco accesible a quienes desplazarles la vergüenza. Si las personas en nuestra vida, en particular los cuidadores, no asumen la responsabilidad de sus acciones, sobre todo en nuestra infancia, la respuesta natural en el desarrollo es sentir responsabilidad personal e interiorizar la vergüenza. Antes de la adolescencia no tenemos habilidades de pensamiento abstracto, por lo que tendemos a ver las cosas como binarias: blanco o negro, esto o aquello, bueno o malo. Como resultado, los niños que crecen en hogares tóxicos no tienen la capacidad de ver el dolor en su casa como un síntoma de conductas adultas dañinas o de duelo generacional. Es un concepto demasiado complejo como para que un niño lo comprenda. En cambio, internalizan esos problemas como propios y desarrollan una narrativa personal que implica que son ellos quienes están causando los problemas, que son los culpables.

Es normal que un niño crea que es imposible que su progenitor sea malo. Esto se debe más que nada a lo difícil que es para un niño integrar en su mente todavía no desarrollada que un progenitor tenga cualidades dañinas y aun así amarlo. Una vez más, es un concepto demasiado abstracto para que un niño lo comprenda de modo intuitivo. Y entonces, asumirá que si el progenitor es *buena persona*, pero hay *cosas malas* que están sucediendo, entonces la única posibilidad es que la *mala persona* sea él. El niño piensa: «Mi padre/madre es una buena persona, así que yo debo ser el niño malo que lo hace enojar». Esto provoca que justifique el dolor que siente como culpa suya y crea que lo merece. El resultado para ese niño es un sentimiento de vergüenza profundamente arraigado. Ese desplazamiento se vuelve generacional, se transmite de padres a hijos.

Si tu familia no reconoció ni se disculpó por sus acciones dañinas, tú te convertiste en el portador generacional de la vergüenza y el dolor. Sin embargo, cuando profundices en tu sanación llegarás a ver que ésta vergüenza no es tuya. Esa vergüenza ha sido una expresión de dolor reprimido y emociones que te entregaron. Ese dolor, cuando se procesa, puede llevar a la resolución de generaciones de vergüenza que viven en ti.

La vergüenza es siempre un tema difícil, así que observa lo que surge en tu cuerpo al conocer todo esto. ¿Qué emociones surgen? ¿Sientes una especie de dolor? ¿Sientes tristeza? ¿Existe una ira profunda que parece demasiado volátil para abordarla? ¿Sientes confusión, pérdida o falta de claridad? Todas estas son respuestas naturales a sentir y observar la vergüenza. Haz una pausa si necesitas procesar tu experiencia personal de vergüenza por un minuto. Es importante permitir que tu mente y tu cuerpo se pongan al día con lo que estás leyendo y procesen las cosas de forma lenta e intencional. Si te ayuda, repite el siguiente mensaje para ti: «Libero la vergüenza generacional que he internalizado y la remplazo con compasión y gracia». Cuando hayas terminado vuelve a sumergirte para seguir aprendiendo.

Sana su dolor

Ya estás curando una parte importante de tu linaje al sanarte a ti. Tu decisión de romper ciclos tendrá un efecto de propagación en tu familia y tu comunidad, porque cuando tu sanación sale a relucir, otros tienen que ajustar su forma de estar a tu alrededor, lo que significa que ellos también sienten los efectos de la sanación.

Alteras patrones al solo existir como un yo más sanado. Sin embargo, algunos rompeciclos tienen un deseo esencial de ayudar a sus familias y comunidades a sanar también.

Tener el deseo de sanar a las personas de la propia familia es diferente a sentir un *deber* por su sanación. Si tienes un sentido del deber, podrían ser remanentes de fantasías salvadoras de la infancia. Los hijos de padres inmaduros, así como los hijos de padres que abusan de sustancias, sienten el deber de rescatar a sus padres. Esto se debe a que, en el pasado, esos niños tuvieron que rescatarlos. No es tu responsabilidad curar a nadie excepto a ti, en particular si sientes que hacerlo sería peligroso o, incluso, demasiado pesado emocionalmente. Date permiso para seguir adelante por tu cuenta si sabes en tu corazón que estas conversaciones solo te conducirán a más dolor. Sin embargo, si crees que te gustaría presentarles estos temas a los miembros de tu familia, sigue leyendo para conocer algunas herramientas que te ayudarán a navegar estas conversaciones difíciles.

Ten conversaciones sobre el trauma generacional

Cada vez que Brooklyn alcanzaba un logro en su tratamiento, quería ayudar a su familia a aplicar lo aprendido a sus propias respuestas al trauma. En parte, esta respuesta estaba basada en el sentido del deber que Brooklyn tenía por ayudarlos. Pero también la motivaba su deseo de construir un hogar que reflejara la misma paz *externa* que estaba trabajando para obtener de manera *interna* en terapia. «Me siento tan derrotada cuando vuelvo a casa», decía en las sesiones cuando fracasaban sus intentos por mantener la paz en casa. Se sentía derrotada cuando intentaba guiar a los miembros de su familia hacia el cambio ayudándolos a adoptar los mismos métodos que a ella le estaban permitiendo cambiar. Sus esfuerzos no tuvieron éxito. Al reflexionar sobre sus frustraciones en la sesión, notamos un patrón en la forma en que abordaba a sus familiares sobre este tema.

Al iniciar conversaciones sobre el trauma generacional, Brooklyn a menudo comenzaba contándole a su familia todas las formas en que la habían lastimado. Es instintivo que las personas se pongan a la defensiva cuando se les culpa. Ese es un ejemplo de una respuesta de supervivencia. El acercamiento de Brooklyn impedía desde el principio una conversación productiva y cualquier posibilidad de sanación. Cuando señalaba con el dedo a uno de los miembros de su familia, ambos se sentían profundamente avergonzados. Ella necesitaba que su familia tuviera apertura y se mostrara vulnerable, pero en lugar de eso sus defensas aumentaban. Una vez que identificamos el problema, Brooklyn y yo establecimos un objetivo principal: necesitábamos trabajar en la transmisión para que ella pudiera tener mayor éxito con que su mensaje fuera escuchado, en especial por su madre.

Para empezar, necesitábamos identificar el nivel de disposición de su madre para participar en una conversación sanadora con su hija. Lo que Brooklyn *más* deseaba era tener estas conversaciones con su mamá, pero como la había traumatizado tanto, no sabía por dónde empezar. Decidimos que Brooklyn debía esperar al momento en que su ventana de tolerancia generacional estuviera abierta y se sintiera acogedora, porque ambas estarían más tranquilas y más estables. Primero debían realizar una actividad que pudiera ayudar a fortalecer su vínculo. Uno de sus rituales compartidos era comer helado y ver un programa de juegos en la televisión. Les encantaba hacer eso juntas, así que ese era un punto de partida saludable. Cuando ambas estuvieran más tranquilas, la segunda tarea de Brooklyn era ofrecer un pie de entrada a la conversación. Para ello, repasamos algunos recordatorios a fin de que pudiera acercarse a su madre (y a ella misma) con gentileza. Los recordatorios eran:

- Estas conversaciones están rompiendo décadas —a veces siglos— de patrones y dinámicas de comunicación nada útiles.

- El sistema nervioso generacional se activará en los cuerpos de ambas mientras dialogan.
- Las personas solo podrán tener estas conversaciones según su grado de sanación.
- Estas conversaciones solo pueden ocurrir siempre y cuando continúen siendo emocionalmente digeribles para ambas partes.
- Tan pronto como la conversación rebase la ventana de tolerancia generacional de alguien, es posible que veas que se manifiestan más respuestas traumáticas en la conversación, y quizá comiences a ver que se acumulan esas defensas psicológicas, y esto te hará sentir no escuchada e invalidada, que es el resultado opuesto de lo que deseas.
- Debes estar dispuesta a abandonar la conversación o incluso el deseo de tenerla, si la otra parte no muestra voluntad para sanar y conectarse.

A continuación utilizamos una habilidad a la que llamo DRIVE, que colocaría a Brooklyn en el asiento del conductor de las conversaciones para que pudiera maniobrar con mayor suavidad y lograr el resultado de ser escuchada. DRIVE es un acrónimo (en inglés) que significa Detente antes de culpar, Responde con un mensaje breve y digerible, Inicia con emoción, Visualiza tu sistema nervioso generacional y Ejecuta una acción.

- DETENTE ANTES DE CULPAR: Culpar será contraproducente más o menos el 100% de las veces. Cuando una persona siente que la culpan, se activan sus defensas psicológicas y se defiende. Esto de seguro te hará sentir frustración y que tu punto de vista no fue validado. Sé consciente de tu necesidad de culpar y resístete a hacerlo.

Mejor concéntrate en lo que yo llamo *issues and tissues* (problemas y pañuelos: el problema real que te gustaría solucionar y las emociones que te provoca).

- RESPONDE CON UN MENSAJE BREVE Y DIGERIBLE: Cuando tenemos una conversación difícil con alguien tendemos a hablar mucho porque estamos ansiosos por contarle todo a la otra persona de un solo golpe. Una vez que nos sentimos lo suficientemente valientes como para iniciar una conversación difícil, queremos aprovechar esa valentía mientras podemos. Pero la carrera se gana con lentitud y constancia. Coloca un tema sobre la mesa en la menor cantidad de palabras posible. Haz una pausa y deja que la persona digiera lo que estás diciendo antes de expresar las emociones que este tema te evoca. Esto funciona mejor porque cuando tenemos conversaciones difíciles, la respuesta de nuestro sistema nervioso puede suprimir las funciones de nuestro cerebro cognitivo. Entonces, cuanto más corto sea el mensaje, mayores serán las posibilidades de que lo escuchen y lo digieran.
- INICIA CON EMOCIÓN: Cuando expresas las emociones que sientes, la conversación se basará más en los sentimientos y te resultará más fácil mantenerte lejos de culpar. Centrarse en las emociones les permite a ambos humanizarse y verse entre sí con mayor profundidad.
- VISUALIZA TU SISTEMA NERVIOSO GENERACIONAL: Recuerda que con esta conversación dos sistemas nerviosos interiorizan y reaccionan. Ambos están vinculados de forma generacional y vienen con historias largas, en capas. Considera esto cuando veas que las emociones comienzan a intensificarse. Mira a tus adentros con gentileza y observa cualquier señal que indique que puedes estar en una respuesta de lucha, huida, congelación o de cervatillo y, de ser así, considera tu siguiente movimiento: regular, hacer una pausa o continuar. Regular o

hacer una pausa te ayudará a tranquilizarte mejor y a prepararte para continuar de forma más eficaz.

- EJECUTA UNA ACCIÓN: Esta conversación trata sobre seguir adelante, así que propón una solución que los dos puedan emplear desde *hoy* para ayudarles a empezar a avanzar y dejar atrás el problema. Recuerda mantenerla breve y accesible para que ambos puedan llevarla a cabo.

Algunas personas se sienten más cómodas cuando tienen un punto de partida, por lo que a veces hago un juego de roles sobre cómo establecer la conversación con los pacientes. La preparación que iniciamos tiende a sonar más o menos así:

- «Quisiera tener una conversación sobre algo que es realmente importante para mí. ¿Estás dispuesto a sentarte conmigo unos momentos?».
- En caso afirmativo: «Antes de comenzar, entiendo que mi respuesta automática ante conversaciones difíciles es atacar; he notado que lo tuyo es cerrarte. ¿Crees que ambos podemos comprometernos a estar presentes y ser compasivos el uno con el otro aquí?». (Esto impone la responsabilidad a ambos y evita señalar un culpable o hacer una acusación).
- En caso afirmativo: «Siento que no he recibido el nivel de amor que necesito». (Así es como se puede transmitir un mensaje de manera breve y directa, usando declaraciones en primera persona [yo] y sin hacer una acusación).
- Luego haz una pausa y di: «Me pone un poco de nervios contarte esto, pero ¿cómo te sientes con lo que acabo de decir?». (Esta puede ser la forma de integrar un lenguaje centrado en las emociones en relación con tu experiencia y la de la otra persona).

- ✦ Si las cosas empiezan a ponerse raras, puedes decir: «Noto que ambos estamos un poco incómodos. ¿Podemos hacer una pausa y continuar la conversación después de tomar un respiro?». (Así sería el modo de atender al sistema nervioso generacional, porque estás notando las señales de lucha, huida, congelación o respuesta de cervatillo, y eliges calmar tu sistema nervioso generacional con una respiración, en lugar de continuar forzándolo a toda marcha).
- ✦ Si ves que ambos están listos para continuar, pueden pasar a la acción con una declaración como: «Me gustaría proponer que empecemos a decirnos las palabras *te amo* uno al otro». (Esta es una solución breve y tangible que pueden comenzar hoy).
- ✦ «¿Podemos intentarlo ahora? Yo empiezo: te amo». (Esta puede ser la forma de iniciar la solución para romper el hielo).
- ✦ Guía con sensibilidad y gratitud por su disposición a participar en la conversación contigo. «Gracias por sentarte conmigo para discutir esto. Sé que esto no fue fácil. Esta conversación fue muy importante para mí».
- ✦ Nota cualquier necesidad de atar la conversación cuidadosamente con un moño y permítete sentir la incomodidad de que la conversación sea diferente de tu fantasía de lo que habría sucedido o de cómo anticipaste que sería el resultado final.
- ✦ Recuerda hacer respiraciones profundas al salir de la conversación e invita a la otra persona a hacer lo mismo, para que sus sistemas nerviosos generacionales puedan restablecer una sensación de seguridad y paz.
- ✦ Repite estas conversaciones tantas veces como sea necesario, con descansos saludables entre ellas para que procesen lo que hablaron.

- Sobre todo, modera tus expectativas. Es posible que no recibas un «Te amo» como respuesta o cualquier otra solución que hayas propuesto. Es posible que no llegues siquiera a transmitir tu mensaje. La conversación podría interrumpirse, y todo el plan, disiparse. Y está bien. Aun así, concéntrate en cómo te sientes en cuanto a la falta de resolución, porque tus sentimientos aquí son válidos. Y haz un espacio para que tú también te sientas orgulloso de ti mismo por abordar un diálogo difícil con una intención tan grande.
- Y si eliges no tener una conversación similar a esta, debes saber que también está bien. No es necesario que te obligues a entablar conversaciones que tal vez no resuelvan los patrones que deseas romper. En lugar de hacerlo, puedes optar por alejarte de las dinámicas poco saludables y trabajar en ti y en tu salud.

Las conversaciones sanadoras son sin duda de las más difíciles que tendremos en esta vida. Cada una tiene el poder de crear microsoluciones que apuntan hacia el objetivo más amplio de construir legados de bienestar en lugar de dolor. Al tener estas conversaciones, podrías ser incapaz de disolver por completo el dolor que tus seres queridos han llevado a cuestas o el que te han provocado. Este es un recordatorio en particular importante para quienes han sufrido un trauma profundo y complejo y para quienes la reconciliación no es ni ideal ni posible. Ya sea que elijas tener la conversación o que hayas determinado que no vale la pena intentarlo, escribir tus emociones sobre tu decisión siempre es una buena práctica. En este punto, toma tu cuaderno o tu diario e intenta escribir sobre las personas con las que te gustaría tener estas conversaciones. Tal vez podrías llegar a imaginar cómo empezaría esta conversación con uno de ellos. Hacer un plan puede ser un paso poderoso para iniciar una charla que has estado reprimiendo durante años.

Deja atrás la culpa generacional

Permíteme ayudar a ilustrar cómo puede desarrollarse una conversación DRIVE con un ejemplo de mi propia familia. Mi madre trabajó de manera incansable para mantenernos y al mismo tiempo enviar dinero a República Dominicana cada mes para su madre y sus siete hermanos. Su dinero debía rendir para todos. Y a pesar de sus más de treinta años de intentarlo, nunca pudo llevarnos por encima del umbral de pobreza. Ella hizo mucho con lo poco que ganaba como peluquera, pero siempre la oíamos hablar de cuánto más le hubiera gustado hacer por nosotros.

A lo largo de los años mi hermana, mi padre y yo hemos tenido conversaciones con mi madre que siguen el modelo DRIVE, para ayudarla a interiorizar una narrativa diferente, en la que vea cuánto ha hecho por nuestra familia entera. Nuestro objetivo aquí era ayudarla a hacer la transición desde su lugar de estancamiento, su culpa, a un lugar de orgullo y paz. También queríamos que nuestra familia soltara la culpa, ya que a menudo la cargábamos con ella. Después de años de estas conversaciones, solo en tiempos recientes la escuché reflexionar sobre lo orgullosa que se ha sentido de ayudar a su familia, en especial durante los últimos días de su madre en la tierra. Y aunque algunos tal vez no vean un comentario tan pequeño como un paso revolucionario hacia adelante, para nosotros escucharla pronunciar esas palabras fue monumental. Tuvimos el poder de generar este pequeño impacto. Yo no podía cambiar el pasado de mi madre, y tampoco toda la culpa, el sufrimiento, la pobreza, la migración, las rupturas familiares, el sexismo, el clasismo y el racismo. No podíamos cambiar el agobio y el dolor del pasado de nuestra familia, pero *sí* enseñarnos unos a otros a pensar diferente sobre aquellas circunstancias que escapaban a nuestro control. Podíamos celebrar las pequeñas victorias y sepultar el resto, liberar las partes agobiantes de nuestro «Árbol del trauma generacional» y conservar lo que sentíamos como saludable.

Así es como sacudimos nuestro propio árbol genealógico y permitimos que cayeran las hojas que reflejaban la culpa generacional. Veo paz en mi madre y eso me trae paz. Más allá de esto, no ha sido una vida perfectamente pacífica y he tenido que resolver mi propio dolor por haber tenido que guardar tanto espacio emocional para mis padres que no pudieron encontrar sus propias resoluciones a tiempo para que nos llegaran al resto de nosotros. Pero para mí ha sido suficiente la paz que mi madre en particular ha obtenido a una edad avanzada. Esa paz se ha vuelto generacional, lo que significa que ambas hemos sentido cierto nivel de comodidad. Esta serenidad ya remplazó parte de las capas de culpa que cargamos durante décadas. Esto es lo que espero que tú también puedas hacer: usar DRIVE cuando sea necesario y procesar el dolor de lo que no pudiste cambiar.

No tienes que perdonar el dolor

El perdón no es un requisito para romper los ciclos de trauma. Nunca lo ha sido y nunca lo será. Muchas veces los pacientes o durante las charlas me preguntan si es necesario exculpar a las personas que nos han hecho daño para sanar. La respuesta breve es no. No es necesario en ningún caso. Algunas personas no merecerán tu perdón y eso está bien. Otras veces no tendrás el deseo, la motivación o siquiera la capacidad de ofrecer perdón y eso también está bien. Algunas cosas simplemente son imperdonables. Ciertas personas hicieron daño o eligieron permanecer en ciclos dañinos de forma tan deliberada que inclinarse al perdón les dará espacio para continuar llevando dolor a tu vida. En estos casos el perdón no traerá ningún tipo de resolución que pueda ayudar en tu camino de sanación. En cambio, puede sumar más peso emocional a una experiencia que ya es pesada en sí, y que necesitas resolver. Entonces, si perdonar a esa persona es algo que no crees que suceda, respeta ese sentimiento por ti, en lugar de esforzarte para exonerar a alguien de sus comportamientos solo porque crees que es tu deber. No tienes que hacer concesiones por nadie. E incluso puedes amar a estas personas y aun así no tolerar lo que hicieron o continúan haciendo. Por ejemplo, puedes tener un progenitor cuyo comportamiento emocionalmente inmaduro se manifieste como hacerte sentir culpable. Te manipula para que hagas cosas por él o ella a expensas de ti mismo y ceder a sus tácticas te hace sentir vergüenza. Resientes que siga provocándote y regresándote a los mismos ciclos que tanto intentas romper. Puedes decidir crear una distancia saludable entre tú y tu progenitor y no perdonar sus conductas manipuladoras. Puedes romper el ciclo y además no perdonar. Ambas cosas pueden suceder de forma simultánea. Es decir que continúas siendo un rompeciclos si eliges no dejar que alguien se salga con la suya. Algunos rompeciclos toman este camino porque les ofrece mayor tranquilidad. Y tú también puedes. Es un enfoque valioso para la sanación y muchas veces es el único camino a seguir. En lugar de gastar energía tratando de obligarte a disculpar a los demás, puedes dejar de lado la idea de perdonar y, en cambio, permitirte lamentar la reconciliación que habrías deseado lograr.

Asiste a sus funerales

Para mis pacientes y en mi vida personal, siempre impulso los cambios y disrupciones que puedan producir sanación. Lo hago de forma especial, porque cortar los lazos con las personas a veces puede ser esencial, pero cuando se exagera, quizá perpetúe una profunda soledad que sea aún más perjudicial para la salud. Sostener diálogos difíciles, como el que tuvo Brooklyn con su madre o el que tuvimos nosotros con la mía, es parte de la manera en que producimos una sanación que forje conexiones más saludables con nuestros seres queridos, en lugar de empujarnos demasiado hacia una soledad tóxica. Estas conversaciones pueden crear microgiros que tienen un impacto profundo y, por lo general, valen la pena.

Entonces, si la oportunidad está ahí, sí, avanza en la dirección del cambio y la resolución; pero si esta no es posible porque tendría demasiadas consecuencias y es muy peligrosa, o si simplemente no se puede llegar a una resolución, entonces debes adoptar un enfoque diferente. Este enfoque es más interno. Y requiere dolor. La verdad es que en muchas de las relaciones que tienes no podrás cambiar el *statu quo*. Y para muchas personas con trauma esta es una verdad difícil de aceptar. Los rompeciclos comparten un deseo de regresar en el tiempo y cambiar las cosas y a veces terminan por darse cuenta de que el cambio no está ocurriendo, lo cual es profundamente desalentador. En los momentos en que el cambio en los demás no es una opción, transformarse uno mismo debe ser el objetivo. Si descubres que esto te resulta demasiado difícil, es probable que te hayas atorado en la etapa de la negación que es parte del duelo. Estás retrasando la pérdida inevitable que te espera cuando tienes que dejar ir a alguien o renunciar a las ideas sobre esa persona.

Los rompeciclos con frecuencia tienen que alejarse de sus familiares sin una disculpa, sin su amor y sin su reconocimiento de cómo transmitieron el dolor. Tendrás que tolerar la ira, la tristeza, la negación, el caos y la depresión que esto provoca para aceptarlos en su totalidad. Una persona que infligió dolor puede fallecer sin haberse disculpado por su comportamiento tóxico. Y como rompeciclos, debes preguntarte con franqueza: «¿Cómo voy a afrontar esa realidad?». Será importante decidir si estarás dispuesto a abandonar esas viejas expectativas de escuchar algún día sobre su remordimiento o pasar años esperando algo que tal vez nunca suceda. Aceptar el duelo significa lidiar con las circunstancias profundamente tristes que te tocaron. La sanación ancestral requiere que liberes aquello que retuviste por el trauma, las sombras y deseos no manifestados que a su paso dejaron dolor. Y significa que te comprometes a dejar de pelear de manera involuntaria en las batallas internas de los demás.

Para ello tendrás que enterrar a la familia que creías tener, es decir, tendrás que dejar atrás todas las expectativas de la familia que deseabas tener pero que nunca tuviste; yo llamo a esto tu *familia falsa*. Es la que creías conocer antes de tener la imagen completa y ver de verdad a tu familia con todas sus fallas y limitaciones. Es la idea de familia a la que te aferraste antes de despertar a estas verdades generacionales. Ahora que tienes más luz en torno a estas, estás en condiciones de darle la bienvenida a tu nueva realidad y a lo que yo llamo tu *verdadera familia*: la que de hecho tienes, la que es defectuosa, a veces hiriente, tal vez tóxica, llena de su propio dolor y lastimada generacionalmente. Es la familia que ves frente a ti ahora que se levantó el velo.

En cuanto eres capaz de ver todas las capas de trauma que cada persona trae consigo, la percibes de manera veraz, honesta y sin filtro. Ves su verdadero yo. Esa es tu verdadera familia, la que te fue dada. La que puede ser hiriente y que provocó que vivieras en confusión emocional. Y reconciliarse con quien es tu verdadera familia requiere dejar de lado las viejas formas como veías a sus miembros. Es un viaje de pérdida. Es como asistir a un funeral interno de las personas que perdiste y que solo existieron en tu mente, porque nunca fueron reales. Eran representaciones falsas de la verdadera familia que tenías frente a ti. Si esperas aprender cómo superar la pérdida de tu familia falsa, entremos en la práctica de dejar ir.

Rompe el ciclo: deja ir a la familia que desearías tener

Para salir de una situación dañina y entrar hacia un legado generacional, será necesaria una transición en la que atravieses un duelo. A veces lo más difícil de soltar es el deseo de lo que pudo haber sido. El deseo de haber nacido sin traumas. Que tu familia te hubiera amado de otro modo. Que hubieras pertenecido a una familia que lidió con su dolor antes de esta generación. Que hubieras nacido en una sociedad que no reforzara el dolor emocional.

Pudo haber sido el caso, pero no lo fue. Y eso es profundamente difícil de digerir. Como una forma de salir de este lugar de estancamiento y dolor, me gustaría ofrecer una práctica a la que llamo «Decir adiós». Vamos a redactar una carta de despedida para tu falsa familia.

Para ayudar a adentrarte en tu práctica, dirígete a tu lugar seguro para escribir. Ten a la mano tus materiales de escritura, pero también cualquier elemento que pueda brindarte consuelo y conexión con el momento presente. Observa tu respiración y, si te parece bien, inhala profundamente tres veces con los ojos cerrados. Una vez que hayas respirado por tercera vez, debes saber que es hora de empezar a soltar.

Estás listo para esto, así que comencemos.

- Primero considera si esta carta estará dedicada a una persona o a varias.
- Comienza escribiendo su(s) nombre(s).
- E inicia con esto: «Estoy en la búsqueda de respetarme a mí mismo. Estoy cambiando aquello a lo que quiero dedicar esta vida. Y eso es a construir un legado generacional. Pero no puedo hacerlo hasta que deje de lado las pesadas cargas a las que me he aferrado. Así que escribo esta carta para soltar las cargas generacionales que nos han atormentado a mí y a ti».

Ahora haz una transición para identificar lo que estás dejando ir de esta manera:

- Nombra lo que te gustaría que hicieran (por ejemplo: desearía que me hubieras dicho que me amabas).
- Especifica lo que *de hecho* hizo o hicieron (por ejemplo: pero en lugar de eso retuviste las expresiones verbales de amor que yo necesitaba).

- Explica el hilo generacional de su comportamiento (por ejemplo: tal vez porque nunca tuviste un modelo sólido que te enseñara a verbalizar el amor).
- Expresa lo que estás dispuesto a llevar contigo (por ejemplo: me llevaré los momentos en los que te vi tratando de mostrarme amor a través de acciones, aunque no pudieras decir las palabras).
- Reconoce lo que vas a dejar ir (por ejemplo: dejaré ir este deseo profundamente arraigado de oírte decir las palabras: «Te amo, mi pequeño»).
- Ratifica con qué remplazarás este vacío (por ejemplo: en lugar de eso, me diré las palabras a mí mismo todos los días).
- Menciona cómo esto será la construcción de un legado (por ejemplo: mi amor tendrá un efecto dominó en mi vida y en la siguiente generación).
- Ahora toma la carta y colócala en algún lugar donde puedas volver a leerla cuando necesites un recordatorio del amor que mereces y del trabajo que has realizado.
- Tómate el tiempo que necesites para sentir tus emociones y dejar que esta práctica se asiente.
- Cuando estés listo para pasar a otra cosa, haz la transición respirando profundamente y dándote un fuerte abrazo.
- Abrázate durante el resto del día y tómatelo con calma: ¡esto fue difícil!
- Y felicidades por completar esta tarea crítica.

Lo que has aprendido hasta ahora

En este capítulo exploraste el concepto de *lealtad generacional*. Pudiste comprender cómo las conversaciones valientes, en lugar de guardar secretos y vergüenza, son verdaderos actos de devoción para la familia y para ti. Parte de este viaje requiere un paso de duelo, por eso se te enseñó la importancia de hacer la transición de la familia que alguna vez creíste tener (tu familia falsa) a la familia que ahora sabes que tienes (tu familia verdadera). Aprendiste cómo se procesa este tipo de pérdida en la mente, el cuerpo y el espíritu, y cómo es necesario honrarla de la misma manera en la que honramos a quienes ya no están con nosotros. Así como con cualquier pérdida y dolor que hayas tenido que procesar en tu vida, este trabajo de duelo puede hacer que te sientas con un gran peso encima, así que asegúrate de ofrecerte un gentil descanso; tal vez puedes preparar un poco de té de zacate limón o hacer *tapping* generacional de EFT para volver a equilibrarte. La liberación es importante para este trabajo, por lo tanto, tómate un momento para dejarlo ir antes de sumergirte en la siguiente sección sobre resiliencia generacional.

PREGUNTAS DE REFLEXIÓN

¿Cómo fue para ti reflexionar sobre tu familia falsa frente a tu familia verdadera?

¿Cómo fue para ti liberar la necesidad de sanar su dolor?

¿Qué pasó por tu cabeza cuando completaste la práctica de decir adiós en la sección «Rompe el ciclo»?

¿Cuál es tu visión de cómo podría ser la vida una vez que hayas soltado estas cargas?

CAPÍTULO 11

INTEGRA LA RESILIENCIA GENERACIONAL

Yo... tengo realeza dentro de mi ADN.

KENDRICK LAMAR

Para aumentar tu resiliencia generacional será necesario que hagas el esfuerzo de empujarte en la dirección del crecimiento. La resiliencia generacional se refiere a la fuerza persistente, la sanación y la adaptación de las personas de quienes descendemos y las formas en que, a lo largo de nuestra vida, hemos heredado y sumado a su fuerza para prevalecer dentro de nuestras propias circunstancias. Como vimos en el capítulo 2, en tu yo superior generacional, este tipo de resiliencia te ofrece la capacidad de utilizar fortalezas individuales y colectivas para vivir una vida más plena y presente. Refleja tu capacidad de recuperarte porque personificas la fortaleza generacional. Cuando aprendes acerca de la fuerza de tus antepasados, eso te otorga valentía. Eres capaz de capturar la fuerza que ha sido transmitida de las generaciones anteriores y encontrar la resiliencia que ya existe dentro de ti.

La resiliencia generacional se basa no solo en tu propia sabiduría y fuerza, sino también en la de tus antepasados. Es la sabiduría que te dejaron, basada en la manera como aprendieron a afrontar las dificultades. Es un tipo de resiliencia que atraviesa el tiempo y las dimensiones e incluye todos sus esfuerzos combinados hacia la supervivencia, de generación en generación. Esta herencia genética se refleja no solo en tus respuestas traumáticas arraigadas o tus vulnerabilidades emocionales, sobre las que hemos aprendido a lo largo de estos capítulos; esta es una resiliencia que se refleja en la forma como has podido, a pesar de las numerosas respuestas de trauma recicladas y reflejadas en tu «Árbol del trauma generacional», usar la fuerza innata para ayudarte a manejar y atravesar circunstancias estresantes para que tu vida no se sienta como una carrera de obstáculos eterna. Se refleja incluso en el hecho de que tomaste este libro y trabajaste para ampliar tu ventana de tolerancia generacional, disminuir tu vergüenza, equilibrar tu cuerpo y todos los diferentes ejercicios de desarrollo de resiliencia que has estado adoptando hasta ahora. Y también se refleja en todo lo que ya haces de manera adicional en tu vida diaria que te ha convertido en un sobreviviente de un trauma generacional y en un rompeciclos.

La resiliencia generacional también puede entenderse desde una perspectiva biológica. No solo son trágicos los cambios epigenéticos relacionados con el trauma. De hecho, se dice que también nos preparan biológicamente para sobrevivir a los tipos de trauma que tuvieron que atravesar nuestros padres y antepasados. Se trata de información transmisible que nos ayuda a prepararnos para la vida al equiparnos de manera tanto biológica como social para aquellos factores estresantes similares. Tú utilizas esa disposición innata a diario, pero tal vez no te detengas lo suficiente para notarlo. Aprovechemos este momento para hacer justo eso, notar cómo esta herencia de resiliencia se manifiesta en tu vida diaria.

Piensa en una dificultad menor reciente que hayas tenido que superar. Visualízala en tu mente. Ahora recuerda lo que hiciste para superar esa circunstancia. Aquí haz una pausa. ¿Qué te vino a la mente? Tal vez imaginaste cómo utilizaste tus sólidas habilidades para resolver problemas, o cómo cambiaste tu perspectiva sobre el problema para verlo desde un ángulo diferente, o quizá comenzaste a abordar el obstáculo como una oportunidad de aprendizaje. Cualquiera que sea tu versión de resiliencia para esa situación, surgió de ti y de tus capacidades innatas. Tenías las herramientas para sobrevivir.

Lo hermoso de la resiliencia generacional es que puedes usarla como una base sólida para seguir creciendo. Puedes ayudar a promover aún más resiliencia en tu mente y tu cuerpo para aumentar la fortaleza que ya existe. Mira tu «Árbol del trauma generacional» y en él la fortaleza que han tenido las personas en tu linaje y tu comunidad, a pesar de las respuestas al trauma contenidas en ese árbol. Este puede ser otro momento para hacer una pausa y pensar en cómo, pese a las capas de dolor, el árbol de tu linaje continuó creciendo. Y en especial, para reflexionar sobre los regalos generacionales ofrecidos en tu linaje, aun cuando el dolor estaba presente.

Tal como lo hicieron tus antepasados y tus familiares, quizá de manera más inconsciente de como lo estás haciendo ahora, tienes la capacidad de rehabilitar tu cuerpo y tu cerebro. Si bien es muy probable que hayan tenido que confiar solo en la intuición para reparar el estrés en su vida, tú puedes fortalecerte por medio de estrategias holísticas para revertir el daño del estrés temprano. Las prácticas sanadoras continuas, como las que estás aprendiendo aquí, cambian tu cerebro y crean nuevas conexiones neuronales que se activen a tu favor, en lugar de en tu contra. Se ha demostrado que la meditación, por ejemplo, activa áreas del cerebro involucradas en la autorregulación, la resolución de problemas, los comportamientos saludables y la interocepción (la capacidad de estar más en sintonía con tus estados internos). Entre más participes en estas prácticas, tendrás mayor capacidad para hacer que la resiliencia forme parte de ti. Mientras continúas leyendo, mantén presente que no solo tienes una abundante reserva de resiliencia generacional, sino también la capacidad de seguir elevando esa fortaleza.

Crecimiento generacional y abundancia

El crecimiento postraumático es un proceso de cambio psicológico y resistencia que una persona adopta después de haber tenido una experiencia traumática. El concepto de *crecimiento postraumático* nos ayuda a comprender el desarrollo de esperanza y confianza que pueden, con el trabajo necesario, seguir a una vida de factores estresantes traumáticos. Es un proceso en el que eres capaz de reconocer tanto lo que sucedió como las múltiples formas de transmisión de trauma de tu «Evaluación de sanación del trauma generacional», y también podrás desarrollar un nuevo significado en la vida centrado en el futuro. El crecimiento postraumático generacional funciona a través de un lente similar, aunque contiene más capas. Es la manera en la que invitamos a nuestra vida a la abundancia por medio de nuestra propia fuerza y la sabiduría de los ancestros. El crecimiento postraumático generacional nos ayuda a ir más allá de nuestro yo individual y a ver *1)* cómo otros han contribuido a nuestra sabiduría y *2)* cómo podemos continuar derramando esa sabiduría hacia las generaciones futuras.

Hay siete áreas que caracterizan este tipo de crecimiento. Cada una presenta una parte del viaje desde el trauma generacional hasta la abundancia generacional. En conjunto, representan el avance de la resiliencia generacional. Y sí, esta se puede fortalecer continuamente, incluso cuando los factores estresantes crónicos son la norma en tu vida, como cuando tienes identidades marginadas. Cuanto más puedas integrar la resiliencia, menos te sacudirán los problemas de la vida. Veamos cada una de estas áreas de crecimiento postraumático generacional para que tengas una mejor idea de cuáles son. Mientras lees, considera cómo es posible que ya estés adoptando algunas de estas prácticas en tu vida o cómo te gustaría concentrarte en crecer en un área en particular.

GENERA NUEVA FORTALEZA

Esta área de crecimiento postraumático generacional se refiere a tu capacidad para lidiar con los factores estresantes de la vida por medio de prácticas que ayudan a que tu sistema nervioso generacional se sienta más tranquilo. Ya hemos aprendido que nuestro sistema nervioso está creado para recuperarse de los traumas. Es resiliente por naturaleza. Pero dado que el trauma generacional hace que tu sistema nervioso trabaje constantemente a su máxima capacidad, sufre un desgaste, la sobrecarga alostática de la que aprendimos en el capítulo 3. Sin embargo, tú puedes aumentar tu capacidad para tener una mayor resiliencia generacional ayudando a tu sistema nervioso generacional a tener más descanso y recuperación. Esto significa que, cuando creas una oportunidad para concentrarte en relajarte, te estás entrenando para ser aún más resiliente. Estás ayudando a ampliar tu ventana de tolerancia generacional. Esto te será útil en lo individual, ya que te ayudará a sentir más paz en tu vida, pero también contribuirá a modificar la biología de tu cuerpo para la siguiente generación. Una ventaja adicional es que, cuanto más calmes tu sistema nervioso, más podrás sentir una conexión con los demás, incluidos los niños en tu vida, lo que les ayudará a presenciar adultos como tú de una manera segura y amorosa. También puedes ayudar a ampliar tu ventana de tolerancia generacional con las siguientes prácticas:

- LA HORA DEL TÉ: ¿Recuerdas las pausas para el té y las sesiones de té que mencioné en el capítulo 3? Los tés, las hierbas y los productos botánicos, como la manzanilla, la lavanda, la melisa y la valeriana, se han utilizado durante siglos como bálsamos tradicionales contra el estrés, debido a sus propiedades calmantes. Tómate un tiempo para un descanso consciente y concéntrate en cada paso del proceso de preparación del té y en saborearlo con lentitud. Esta es una manera de introducir un suave momento de calma en tu vida diaria y hacer un inventario de los cambios que produce, mientras disfrutas de los efectos calmantes de las mezclas de té que elijas.

- ✦ DIFERENTES MEDITACIONES: Los efectos de la meditación tanto sedente (sentada) como la meditación activa han sido notables para ayudar a que el sistema nervioso se recupere. Incluso una meditación de 5 min puede ser suficiente para aumentar tu fortaleza mental diaria. Ve si puedes variar la forma en que meditas cada día y encontrar los tipos de meditación que te funcionan mejor para ayudar a sanar tu alma.
- ✦ PASA TIEMPO EN ELEMENTOS NATURALES: Pasar tiempo en la naturaleza ayuda a conectarte con tu tranquilidad. Nuestro sistema nervioso está en sintonía de manera natural con nuestro entorno, por lo que volver a los elementos es una forma de ayudar a reequilibrarlo y tranquilizar la mente. Verás con rapidez cuántos milagros terrenales existen en cada momento, que pueden fomentar una sensación de paz y ayudarte a concentrarte en el presente, una tarea a menudo difícil para aquellos cuerpos que viven en trauma.
- ✦ SACÚDETE: Los lugares donde tu sistema nervioso guarda la tensión pueden eliminarse con el simple acto de sacudir partes de tu cuerpo. Haz esto de cualquier forma que te parezca adecuada, como bailando, saltando, corriendo o solo sacudiéndote, pero el objetivo general es ayudarte a liberar cualquier energía reprimida que tu cuerpo haya capturado.

Hay muchas formas de inducir la relajación y la restauración de tu sistema nervioso. Siéntete libre de profundizar en las prácticas destacadas aquí, integrándolas en tu vida diaria de alguna manera, o agrega algunas propias que sientas más personalizadas. En el apéndice C encontrarás prácticas adicionales que te ayudarán.

Me he dado cuenta de que esto funciona para que las personas comiencen el día generando fuerza y resiliencia. Cinco minutos al día es suficiente dedicación a esta tarea diaria, pero puedes aumentarla tanto como desees y necesites.

CONSTRUYE VÍNCULOS SOCIALES MÁS SEGUROS

La segunda área es construir vínculos sociales más seguros que se definan por la vulnerabilidad y la confianza. Como hemos aprendido, una de las formas más profundas en que el trauma generacional establece nuevas conexiones en el cerebro es por medio de nuestra capacidad para vincularnos con los demás. Por lo tanto, aprender a fomentar conexiones sociales saludables es un puente hacia la sanación. La diferencia entre vínculos emocionales sanos y no sanos se ve en la presencia de la vulnerabilidad y la confianza. Pero esto puede ser un desafío para quienes rompen ciclos. Sin embargo, buscar personas que nos hagan sentir psicológicamente estables mejora la seguridad que sentimos en nuestro cuerpo, lo que a su vez contribuye a nuestra capacidad de confianza. En el capítulo 7 aprendiste cómo un apego seguro es un amortiguador contra el trauma y ayuda a sanar a tu niño interior generacional. Ese apego seguro requiere confianza en los demás. Volver a aprender a confiar comienza con pequeños momentos de vulnerabilidades microscópicas que te ayudan a ampliar tu ventana de tolerancia generacional. Esto significa emplear las mismas estrategias con las que guie a Yara. Al hacerlo, tendrás que empujarte para salir de tu zona de confort, pero no tanto como para abrumar por completo a tu sistema nervioso. El objetivo es esforzarte lo suficiente como para ayudarte a crear pequeños cambios que conduzcan a uno mayor con el tiempo. Algunos ejemplos de cómo puedes hacer esto son:

- Decirle a alguien algo personal que nunca has mencionado antes (no tu experiencia más grande y traumática, sino algo ligero o moderadamente estresante).
- Permitir que alguien haga por ti algo que por lo general harías por tu cuenta, para ayudarte a entrenar a tu sistema nervioso para apoyarse en los demás en tareas pequeñas.
- Decirle a alguien una pequeña necesidad que tienes y darle espacio para que la satisfaga (como la necesidad de un abrazo, por ejemplo).
- Mostrarle a alguien un aspecto de tu personalidad que tiendes a mantener oculto (en especial si te das cuenta de que muestras solo partes de ti que crees que la gente encuentra digeribles).

CONSTRUYE UN TIPO DISTINTO DE APRECIACIÓN POR LA VIDA

La tercera área se refiere a cómo puedes construir un tipo distinto de apreciación por la vida, tomando en cuenta que la vida es mucho más que un linaje traumático. Aquellos que hemos sentido que el trauma ha estado presente en todos los rincones de la vida podemos sentir que *somos* nuestro trauma, y nada más. Una sobreidentificación con una narrativa traumática en realidad se vuelve absorbente, y genera depresión y desesperanza. Cultivar una visión más matizada de tu vida, una que te permita ver todo lo que esta es, resulta una forma más saludable de navegar tu narrativa postraumática. Esto te permite crear una visión completa, matizada e integrada de tu vida que permite que tanto las experiencias traumáticas como las pacíficas coexistan en una sola persona: tú. Con ese fin, quizá te resulte útil analizar la narrativa a la que te has aferrado últimamente y preguntarte si te has centrado demasiado en el trauma. Si ese es el caso, será beneficioso reconstruir tu propia narrativa.

En la terapia narrativa, un tipo de tratamiento que ayuda a las personas a identificar historias alternativas sobre su vida para ampliar su visión después del trauma, las historias personales se reescriben para ayudar a empoderar al narrador. Me gustaría ofrecerte la oportunidad de escribir una breve historia personal aquí. ¿Puedes escribir una página que refleje una narrativa equilibrada de tu sanación? Empieza escribiendo sobre dos cosas: cómo el trauma generacional ha sido parte de tu vida y los pasos que has dado para convertirte en un rompeciclos. Esto te brinda la oportunidad de reflexionar sobre todo el trabajo pesado que ya realizaste y hacer un balance del progreso que has logrado. Si deseas continuar escribiendo más allá de una página, considera agregar algunas reflexiones más profundas relacionadas con las siguientes preguntas: ¿qué es capaz de hacer tu yo sanado que tu yo herido no pudo? ¿Qué nuevas perspectivas obtienes a través de tu sanación? ¿Qué nuevos intereses descubres? ¿Qué nuevas formas de vida te son posibles ahora? La tarea consiste en ver las cosas desde una perspectiva equilibrada y apreciar los pros y los contras de tu historia.

DESARROLLA NUEVAS POSIBILIDADES

La cuarta área te alienta a comprometerte con nuevas metas que honren a tu yo sanado. Una gran parte de este objetivo de sanación generacional es acercarte a tu yo superior generacional. Recuerda, este yo es la versión de ti que está más asentada, es más iluminada y sabia, y participa en un conjunto diferente de prácticas y rutinas diarias que honran el crecimiento y la abundancia generacional. Pero no solo llegas en un instante a ese yo más sabio; construyes esa versión de ti con el tiempo. Se necesita un compromiso diario para cambiar, encontrar y desarrollar nuevos intereses, pasatiempos y prácticas de cuidados personales, todo nuevo. Aprovechar estas nuevas oportunidades amplía tus horizontes de muchas formas positivas. Aprendes cosas nuevas y, por lo tanto, creas nuevas conexiones neuronales en torno a tu aprendizaje. Amplías tu capacidad para ver lo valiosa que es la vida y encontrar esperanza incluso en las cosas más pequeñas.

Podría seguir, porque la lista de posibilidades es infinita. El factor importante a tomar en cuenta aquí es que no puedes mirar hacia el futuro sin considerar qué nuevas aventuras podría depararte. Hay muchas opciones, así que aprovecha este momento como una oportunidad para estimar cuáles podrían ser para ti. Te daré algunos ejemplos de la sala de terapia y de mi propia sanación para que puedas comenzar:

- Aprender a cocinar deliciosas comidas que alimenten tu microbioma intestinal y los millones de neurotransmisores que viven ahí.
- Aprender alfarería y cerámica, en especial en la creación de teteras y tazas para tus pausas conscientes para tomar té.
- Hacer caminatas y ver la inmensidad de la naturaleza.
- Aprender a coser y confeccionar nuevas prendas que se adapten a tu personalidad.
- Fabricar velas y crear nuevos aromas innovadores que inviten a la regulación del sistema nervioso.
- Aprender un nuevo idioma, que mejora la flexibilidad cognitiva, un factor clave en la resolución de problemas que a menudo se ve comprometida con el estrés crónico.
- Establecer un nuevo objetivo de lectura de 12 libros en 12 meses para ampliar tu conocimiento del mundo.
- Aprender diferentes formas de meditar (meditaciones estando sentado, yoga, meditaciones con enfoque en la respiración, meditaciones escritas, etc.).

Mientras te centres en más hábitos nuevos, menos energía tendrás para los viejos y poco saludables que ocupaban demasiado espacio en tu vida.

Piensa en redactar tu propia lista de posibilidades y ve adónde llegas.

TENER UNA BASE ESPIRITUAL

La quinta área es llegar a tener una base espiritual, lo que significa que trabajas para establecer conexiones saludables entre los elementos universales de la vida, incluidos los poderes superiores y tú. Existe abundante evidencia de la necesidad innata de conexión que tiene la humanidad. Si buscas una conexión con Dios, con un ser divino, el mundo natural, el cosmos, los ancestros o el universo, buscas una relación con un poder externo a ti. Buscar significado fuera de uno mismo es una parte fundamental de la experiencia humana y, por lo tanto, una clave para una sanación verdadera y holística.

Nuestra conexión con los poderes universales y la naturaleza por medio de la oración, la meditación, los rituales y la fe no se trata solo de una creencia, sino del bienestar. Dar cabida en nuestro interior a un arraigo espiritual nos ayuda a adquirir una conciencia más profunda, desarrollar a plenitud creencias significativas y encontrar paz al saber que fuerzas externas a nosotros están trabajando en nuestro beneficio. ¿Por qué crees que se siente tan bien creer que Dios te respalda, que los ciclos lunares funcionan a tu favor o que el universo siempre busca el equilibrio? Somos parte de un todo más grande. Mientras más puedas enlazarte con esa verdad, podrás sentir mayor arraigo a lo largo de este viaje.

Si esta es una parte de tu sanación en la que tienes la esperanza de concentrarte, considera qué aspecto de la espiritualidad te parece verdadero y profundiza tu relación con esa fuente. Podría significar escribir cartas a tus antepasados o asistir a los servicios de tu congregación con más frecuencia, o podría significar conocer tu carta astral para estar más en sintonía con el impacto que los elementos naturales tienen en ti. Este es un proceso muy personal, así que hazlo tuyo. Pasa tiempo donde desees hacer crecer tu conexión espiritual. Y recuerda que, si no deseas enfocarte en esta área, también está bien.

AYUDA A SANAR A OTROS EN TU LINAJE Y TU COMUNIDAD

La sexta área se refiere a cómo extiendes la ayuda hacia tu linaje y tu comunidad. Con el fin de ayudar, intenta mostrarte como tu ser más sanado (recuerda que tu sanación por sí sola crea cambios en tu linaje) o invita a otros a cosanar (lo cual, como mencioné en la introducción, es opcional). No obstante, ayudar a otros miembros de tu familia y de tu comunidad extendida puede ser parte de la forma en que se les da sentido a los remanentes del trauma. Esta visión comunitaria es un aspecto del trabajo de sanación que añade una dimensión importante a tu sanación individual. Para algunos rompeciclos, esta es la única manera de sanar: extendiendo la sanación a su círculo más amplio. Para otros, esto parece una parte menos central del trabajo. Ambos enfoques son respetables. Sin embargo, el trauma generacional no es una experiencia de una sola persona, por lo que quizá desees considerar quién más puede beneficiarse del tipo de sanación que estás atravesando. Puede ser un amigo, un miembro de la comunidad o incluso un extraño. Algunos ejemplos de cómo puedes hacer esto incluyen:

- Tan solo mostrarte como una versión más sanada de ti mismo.
- Mostrarle a alguien las prácticas de «Rompe el ciclo» que estás aprendiendo.
- Invitar a alguien a hacer un ejercicio de respiración profunda contigo.

- Invitar a alguien a tomar el té contigo.
- Compartirle la forma de iniciar conversaciones difíciles con el método DRIVE (consulta el capítulo anterior) a alguien que tiene dificultades.

Recuerda que esto debe adaptarse a ti y a tus propias necesidades de sanación. Como siempre, hazlo tuyo.

AYUDA A SANAR A FUTURAS GENERACIONES

La séptima y última área del crecimiento postraumático generacional es ayudar a sanar a las generaciones futuras. Eres un antepasado en ciernes, por lo que el impacto que tienes en el mundo es importante. Lo que hagas ahora puede tener un efecto multigeneracional. Para muchos rompeciclos, la idea de impactar de forma positiva a las generaciones futuras por medio del legado de sabiduría y resiliencia generacionales es la fuerza impulsora real detrás de su recorrido para romper el ciclo. Consideran que sus descendientes, como sus propios hijos, los miembros más jóvenes de su familia, los niños de sus comunidades, los niños de todo el mundo o cualquier persona de una generación futura, son importantes a considerar en su propia sanación. También para ti puede ser una fuerza impulsora. Si ese es el caso, entonces será beneficioso, como lo hemos hecho en varios ejercicios anteriores, enumerar cómo te gustaría hacer esto. Comienza escribiendo tu respuesta a esta pregunta: «¿Cómo deseo impactar a mis generaciones futuras?», y ve qué se te ocurre. Si te quedaste sin ideas, aquí tienes algunas para empezar. Puedes impactar a las generaciones futuras al:

- Enseñarles sobre la regulación del sistema nervioso como una forma natural de cuidarse, para que no tengan que experimentar tanto sufrimiento como tú.

- Crear una relación con ellos basada en la seguridad y la conexión, para que te vean como un refugio seguro.
- Participar en la concientización o en actividades que puedan ayudar a crear entornos más seguros para ellos, como escuelas más seguras con menos acoso o violencia, por ejemplo.
- Modelar comportamientos que tú sabes que les ayudarán a desarrollar una autoestima y un concepto de sí mismos saludables, como disculparte con ellos o crear una oportunidad para que hablen sobre sus emociones.
- Invertir tiempo en alterar los sistemas que apagan su luz y dejan espacio para que el trauma eche raíces.
- Y mucho más.

Veremos tu impacto generacional en el siguiente capítulo, pero por ahora continúa pensando en formas de diseñar a tu medida tu impacto en tus descendientes.

En conjunto, estas áreas te ayudan a desarrollar resiliencia generacional, sabiduría y abundancia. Te permiten comprender que tu historia no comienza ni termina con un trauma generacional, sino que tiene un significado mucho mayor que eso. El crecimiento postraumático generacional consiste en crear la vida que mereces y no permitir que el trauma generacional sea la única parte notable de tu historia.

Acoge las imperfecciones

Las comunidades de todo el mundo crean lenguajes comunes en torno a la resiliencia que todos en cada comunidad comprenden en un nivel profundo. El simbolismo comunitario ha reflejado la fuerza de las comunidades a lo largo de la historia y en todo el mundo. Por ejemplo, en la Ruanda posgenocida, los sobrevivientes del genocidio y sus descendientes han adoptado conceptos culturalmente específicos relacionados con la resiliencia para ayudar a reconstruir su comunidad: *kwihangana* (extraer fuerzas de dentro), *kwongera kubaho* (manifestar sistemas que son afirmantes) y *gukomeza ubuzima* (avanzar en la dirección de la aceptación y el crecimiento). Las comunidades de Ruanda tienen una comprensión conjunta tanto del trauma sufrido como de la resiliencia demostrada en su supervivencia compartida, lo que se refleja en este nuevo lenguaje cultural que han creado.

Los miembros de la Nación Cheroqui también tienen dichos comunes que culturalmente reflejan resiliencia. Wilma Mankiller, la primera jefa de la Nación Cheroqui, abordó la sabiduría de la naturaleza enseñando a su pueblo sobre la resiliencia: señaló que una vaca huye de una tormenta, pero un búfalo arremete hacia ella y atraviesa la tormenta con mucha mayor velocidad. Mankiller afirmaba que si las personas mantienen la valentía de su fortaleza mientras se acercan a las tormentas de la vida, superarán el problema mucho más rápido. Incluso podrían recordar su propia fuerza al enfrentar el desafío.

Otra perspectiva centrada en la resiliencia se refleja en la práctica japonesa llamada *kintsugi*, en la que la gente repara con oro las fracturas de objetos de cerámica. La práctica enseña que es posible recoger los fragmentos rotos, volver a juntarlos, acoger las imperfecciones e irradiar luz dorada a través de ellos. Se cree que las grietas doradas añaden valor a la pieza y que, de igual forma, las grietas metafóricas de nuestra vida también nos hacen más preciosos. Cuando supe del *kintsugi* por primera vez, sentí una profunda pena al recordar los preciosos fragmentos de la taza rota de mi abuela. Los había tirado, así que no creí poder dedicarme a la práctica para reconstruirla. Pero luego recordé que podía reconstruirme a partir de otras cosas que me vinculan con ella y con su sabiduría.

Unos meses después de que la taza de mi abuela se rompiera y me dejara con el corazón roto, mis padres me trajeron piedras de un río de República Dominicana. Las rocas que mis padres recolectaron allí, larimar, se encuentran en un solo lugar del mundo: Barahona, la ciudad natal de mi abuela. Decidí tomar mis piedras de larimar, pulirlas y crear una hermosa obra de arte de cerámica en honor a la resiliencia y el amor de mi abuela. Yo haría mi propio *kintsugi* e incluiría estas piedras. La práctica de crear una pieza de cerámica a partir de piedras de larimar me permitió soltar el dolor de ya no tener la taza de mi abuela y lo que yo percibía como mi conexión perdida con ella, para despertar en mí el poder de la resiliencia y la sabiduría generacional.

Quizá tengas tu propia historia de alquimia: una historia de transformación, de convertir el dolor en oro. O una de cómo accediste a tu propio poder generacional. Quizá te mudaste a una nueva ciudad o país y decidiste reconstruir tu vida. O tal vez tu historia es una en la que cambiaste de carrera y tomaste tu propia valentía para hacer ese cambio. O tal vez sea aquella en la que pudiste salir del estigma de la salud mental y superar tu trauma. Cualquiera que sea tu historia, es digna de tu reflexión a medida que continúas el curso de tu sanación.

Rompe el ciclo: aumenta tu resiliencia generacional

Con el ánimo de aumentar tu resiliencia generacional y avanzar hacia el crecimiento, trabajemos para construir mejores conexiones sociales, una de las áreas necesarias para el crecimiento postraumático generacional. Utiliza esta herramienta para ampliar de forma segura tus propios límites sociales; eso significa hacer algo en las relaciones que podría provocar que sientas un poquito de incomodidad; por ello, combínalo con un ejercicio de relajación, para que aprendas a tolerarla. El ejercicio de relajación también te ayuda a ampliar tu ventana de tolerancia generacional para fomentar esas conexiones más profundas. Te ofreceré un ejercicio suave para que lo pruebes; yo lo llamo «Sobrevivir a la confianza», el cual nos ayuda a dejarnos llevar y confiar en los demás con pequeñas tareas. Esta práctica puede servirte, de la misma manera en que ayudó a mi paciente Yara a confiarle a su amiga que consiguiera las entradas para el concierto, a aumentar su confianza de forma gradual visualizando primero la confianza y combinándola con una práctica de relajación llamada «Relajación muscular progresiva». Esto requerirá que te sientes en un lugar cómodo, ya que tensarás de modo intencional ciertos grupos de músculos para liberar la tensión provocada por estrés que estos guardan. Empecemos.

- Encuentra un lugar cómodo, de preferencia en tu espacio seguro designado.
- Siente tu respiración y profundízala alargando la inhalación y la exhalación.
- Haz tres respiraciones lentas y profundas adicionales.
- Y cuando te hayas preparado, cierra los ojos.
- Imagina una vulnerabilidad que tienes, una muy pequeña, no algo profundamente vulnerable como temor al abandono, sino más pequeño, como el miedo a las alturas.
- Mírate sosteniendo esa vulnerabilidad en tu mano, como si fuera un objeto.
- Imagina a alguien que ya sientes que es una persona segura para ti, pero que no conoce esta vulnerabilidad.
- Ahora imagina las palmas de esa persona abriéndose para recibir el regalo de tu vulnerabilidad.
- Cuando estés listo, imagínate entregándoselo a esa persona.
- Observa cómo se siente darle este regalo de confianza.

- ¿Qué emociones surgen en ti?
- ¿Cuán conectado te sientes con esa persona en este momento?
- Ahora cambia tu atención a tu cuerpo.
- Comienza con tu cabeza y tu cara. ¿Hay alguna sensación que notes aquí?
- Respira hondo y arruga la cara como si acabaras de comer algo amargo.
- Suelta la respiración, libera la tensión facial y nota las sensaciones que esto te deja.
- Ahora imagina a esta persona sujetando tu confianza en sus manos por unos momentos.
- Mientras lo hace, cambia la atención de tu cuerpo hacia tu corazón.
- Respira profundo y date un abrazo muy fuerte.
- Suelta el abrazo, suelta el aire y nota las sensaciones que esto te deja.
- Ahora imagina a esta persona sosteniendo tu confianza en sus manos, cuidándola y nutriéndola.
- Respira hondo; aprieta los músculos de tu abdomen y tu espalda.
- Ahora relaja los músculos, suelta la respiración y observa las sensaciones que esto te deja.
- Piensa en esa persona que te dice: «Puedes confiar en mí para esto».
- Respira profundo; tensa los músculos de las piernas apretándolas una contra la otra.
- Relaja los músculos, suelta la respiración y nota lo que sientes.

- Ahora imagínate recuperando tu confianza, colocada de forma segura en tus manos.
- Respira hondo y aprieta los dedos de tus manos y pies.
- Relájalos, suelta el aire y nota las sensaciones.
- Siéntate por un momento.
- Observa cómo se siente tu cuerpo y el abundante soltar y recibir que acabas de experimentar.
- Respira tantas veces como necesites.
- Y cuando hayas terminado, abre los ojos.

Siempre ayuda escribir sobre nuestras experiencias. Entonces, si gustas, saca tu cuaderno o tu diario y escribe sobre cómo fue entregarle la confianza a alguien en esta práctica de visualización. ¿Notaste que surgía alguna resistencia? ¿Qué crees que era lo que esa resistencia te impedía experimentar? ¿Y cómo podría esa resistencia ser la clave para descubrir nuevos conocimientos generacionales sobre ti?

Recuerda que para reprogramar nuestro sistema nervioso se requieren cientos de repeticiones, así que asegúrate de volver a hacer esta práctica tantas veces como sea necesario. Con esto entrenamos a tu sistema nervioso generacional para expandir sus propias limitaciones con respecto a las relaciones y ayudar a tu cuerpo a asimilar que es seguro hacerlo.

Lo que aprendiste hasta ahora

Este capítulo destacó las formas en que fuiste receptor de la resiliencia generacional y aquellas en que puedes continuar aumentando tus fortalezas a través de un proceso de crecimiento postraumático generacional. Se te guio a través de un ejercicio sobre cómo generar confianza, que te ayudó a sintonizar tu propia respuesta de relajación y ampliar tu ventana de tolerancia generacional para fomentar conexiones más profundas. Aquí también se te ofrecieron múltiples momentos de reflexión, así que, si te resulta útil, haz una breve pausa antes de sumergirte en nuestro capítulo final sobre cómo dejar un legado generacional.

PREGUNTAS DE REFLEXIÓN

¿Cómo fue para ti aprender sobre todos estos niveles de resiliencia y crecimiento generacional?

¿Cómo puedes recordar tu fortaleza generacional cada día?

¿De qué otras maneras esperas honrar la resiliencia ancestral que vive en ti?

CAPÍTULO 12

DEJA UN LEGADO GENERACIONAL

No soy solo los sueños más locos de mis antepasados.

Soy la mayor esperanza de mi descendencia.

DESCONOCIDO

Eres el alquimista del legado generacional de tu familia. En este libro has ido creando los cimientos de esa herencia de sanación, una herencia que te impactará a ti, a tu familia y a tu comunidad. Cada capítulo que has leído, cada habilidad que has aprendido y cada respiración que has hecho te han acercado más a tu legado. Al tomar estos pasos para sanarte a ti, ofreciste sanación a tu linaje y creaste una base abundante para las generaciones venideras.

Un legado es una oportunidad de vivir de acuerdo con un propósito mayor; ese propósito aquí es romper el ciclo del trauma. Se trata de vivir una vida menos pasiva que solo afirma que eres producto de un trauma generacional y, en cambio, vivir una vida más activa en la que das pasos hacia la creación de una nueva narrativa para ti y tu linaje. Generaciones después de ti sabrán lo que hiciste aquí. Contarán historias sobre cómo alteraste los patrones familiares, cómo defendiste sus comunidades y cómo cambiaste la historia. Serás un antepasado del que se hablará por la valentía que tuviste para salir del *statu quo*. Tu conocimiento recién adquirido, tus acciones y tu sabiduría serán reciclados, una y otra vez, generación tras generación. Esa es la consecuencia de la construcción de un legado. Es la configuración para tener un impacto generacional que trascienda tu vida.

A través de tu trabajo como rompeciclos obtuviste privilegios generacionales para ti y cualquier persona relacionada contigo. El privilegio generacional es el del conocimiento, es decir, saber que existe un trauma generacional, y el de hacerlo mejor, es decir, elegir crear un nuevo legado. La sanación generacional en sí misma es un privilegio. Te ofrece la *opción* de romper el ciclo. Porque cuando no sabes que estás en un linaje de trauma, o no tienes las herramientas para salir de él, es más probable que permanezcas en ciclos. Cuando se te ofrece una opción y las herramientas para alterar, obtienes un privilegio generacional. Entonces, al hacer este trabajo, al aprender a sanar, al elegir obstruir el trauma, estás utilizando ese privilegio generacional para convertirte en un antepasado que construye su legado. Te estás convirtiendo en el antepasado que necesitabas y en el antepasado del que otros se enorgullecerán.

Conviértete en el antepasado que necesitabas

Para convertirte en un antepasado que construye un legado se requerirá que realices tu propia sanación y te dediques a dejar a tu paso algo de sabiduría para que otros la lleven. Encarnar ese yo ancestral generacional que aprendiste en el capítulo 2 es una posición desinteresada. Significa que te sanas para ti mismo, pero también para el colectivo. Se trata de comprender que tu sanación es necesaria para que tu vida pueda estar llena de mayor paz, pero también para no transmitir un destino lleno de dolor a las generaciones futuras. Recuerdo el primer momento en que pensé en mí misma como un antepasado vivo. Mi querida amiga Layla Saad me hizo la pregunta: «¿Cómo se puede llegar a ser un buen antepasado?». Recuerdo que respondí: «Mirando hacia atrás, a las personas que mantuvieron la esperanza. No vamos a resolver todo en nuestra vida. Cualquier cosa, por diminuta que sea, que puedas depositar en este mundo para convertirlo en un lugar donde podamos existir en nuestra humanidad colectiva, debes hacerlo. Hazte responsable de esa parte... y deja que el mundo haga el resto». Todavía mantengo la misma perspectiva. Cada uno de nosotros hace su parte. Cada uno de nosotros rompe ciclos y esas acciones, tomadas en conjunto, crean un cambio generacional que afectará a nuestros descendientes colectivos. No es necesario que cada uno de nosotros cambie el mundo entero por sí solo; simplemente hacemos nuestra parte. Entonces, ¿cuál será la tuya? ¿Cuál es tu legado? ¿De qué cambio te harás responsable? Estas preguntas pueden parecer importantes y existenciales, pero te aseguro que ya estás haciendo gran parte de lo que pregunto aquí. Solo te pido que reflexiones al respecto y actúes en consecuencia con intención. Puedes optar por aprovechar este momento para escribir en tu cuaderno sobre tu legado. Si lo haces, te dejo algunas indicaciones adicionales para considerar mientras escribes:

- ¿Cuál fue el legado que recibiste?
- ¿Qué te gustaría conservar de ese legado?
- ¿Qué esperas excluir de él?
- ¿Cuáles son algunos de los valores culturales que esperas rescatar y transmitir?
- ¿Qué valores culturales deseas descartar?
- ¿Qué comportamientos reflejan tu yo superior generacional?
- ¿Qué comportamientos no lo hacen?
- ¿Qué historias contará la gente sobre ti en generaciones futuras?

Fuiste elegido para esta tarea. La tarea de cambiar. De alterar la narrativa que dice: «No hay nada mejor que esto» y pasar a una que afirme: «A partir de ahora solo mejorará». Estás generando una herencia impulsada por una práctica diaria de mostrarte como tu yo superior generacional. Está en el compromiso diario de sanar hacia atrás, sanar lateralmente y hacia adelante. Para resurgir de las cenizas de quien fuiste alguna vez. Para asumir tu poder. El poder de los rompeciclos es construir legados generacionales. Así que aprovecha este momento para pensar cómo será en realidad ese legado. Tus ancestros han estado esperando con anticipación que te encuentres aquí, rompiendo ciclos, lo que te honra tanto a ti como a ellos. ¿Qué dirían sobre cómo estás creando un legado? ¿Cómo puedes enorgullecerlos a ellos y a ti? ¿Y cómo ayudarás a tus descendientes a sentir lo mismo?

Crianza que rompe ciclos

Algunos de nosotros en esta generación hemos tomado la decisión de no tener hijos como una forma de interrumpir la transmisión de expresiones genéticas, comportamientos y ACE generacionales basados en traumas que han corrido desenfrenados en nuestro linaje durante generaciones. Esta también puede ser tu versión de brindarle el regalo de la tranquilidad a tu linaje y enorgullecerte a ti y a tus antepasados. Sin embargo, si decidiste que una parte de tu legado es ser padre, madre, de una manera que también rompa el ciclo, será fundamental que tengas un plan de acción sobre cómo conducir una crianza que rompa el ciclo. ¿Recuerdas el concepto de *romper los ciclos de crianza* que analizamos en el capítulo 7? Bueno, tomemos un momento para explorar más a fondo este concepto.

Para algunos rompeciclos, la idea de crear un legado de prosperidad significa que enseñan a las generaciones futuras cómo vivir de manera diferente a como les enseñaron sus propios cuidadores. Alguien que elige tener hijos para romper el ciclo enfrenta un gran desafío. En su mayor parte, está implementando nuevas prácticas de crianza por pura intuición e intentando construir una base diferente para sus hijos y las generaciones posteriores. Algunos pacientes con los que he trabajado se preocupan profundamente por las generaciones futuras, pero aún no son padres. Una de mis pacientes no tenía hijos, pero sabía que los quería algún día. Una vez se llamó a sí misma una *rompeciclos anticipada*, porque estaba haciendo el trabajo de autorregulación, con lo que se daba a sí misma la oportunidad de estar lo más conectada con el presente y lo más sanada posible, antes de que sus hijos fueran incluso concebidos. Si estás en esa situación, o si ya eres padre o madre, pensar en el impacto que puedes tener como progenitor es una práctica saludable para construir un legado.

Muchos rompeciclos que crecieron con ACE generacionales tienden a preocuparse por qué tipo de padres serán y por transmitir ciclos generacionales a sus hijos. Los padres se preocupan por la posibilidad de que haya apegos fracturados, rechazo, vergüenza y opresión, entre otras cosas. Quieren ser padres de manera diferente, porque desearían haber sido criados de otra forma. Quieren vivir en un mundo en el que se sientan más seguros, porque crecieron en uno donde no existía una seguridad constante. No quieren que sus hijos sean herederos de mentes, cuerpos y genes traumatizados. A menudo es esta dedicación que tienen los rompeciclos hacia sus hijos la que funciona como el mayor motivador para romper ciclos. Escucho a muchos padres decir: «Todo lo que sé es que no quiero hacer las cosas como mi madre. Quiero hacer las cosas diferentes para mis hijos». Para muchos padres, el proceso de romper el ciclo surge de sentimientos que están arraigados en los deseos de su propio niño interior. Es a partir de esa revelación de querer una experiencia diferente del niño interior para sus propios hijos que los rompeciclos encuentran formas intuitivas de cambiar la narrativa generacional. Observan los patrones reflejados en su «Árbol del trauma generacional», y quieren crear nuevas hojas con patrones más adaptativos y saludables, en lugar de los destructivos que han visto representados en su línea familiar. Una paciente, cuando se encontraba con una bifurcación en su camino como madre, a menudo se preguntaba: «¿Qué habría querido que mis padres hicieran en esta situación?». Y en esos momentos se ofrecía la oportunidad de reflexionar cuál sería su siguiente paso. Esta reflexión también puede ser una pausa saludable sobre tu propia crianza. Creo que esto conecta a los padres con el momento presente y concuerda con su deseo de que la vida de sus hijos se sienta diferente a la suya. Algunos deseos comunes que he escuchado a otros padres transmitirme a lo largo de los años son:

- «Es importante no criar a mi hijo con miedo, como me criaron a mí».
- «Quiero tener una comunicación abierta con mi hija sobre su comportamiento esperado sin recurrir al daño físico para transmitir mi punto de vista».
- «Quiero que mi hijo sienta que me importa y que es importante, en general».
- «No sentía que tenía voz en mi casa al crecer. Quiero que mi hija se sienta escuchada y vista».
- «Mi hijo tiene mucha energía, como yo tenía a su edad. Me castigaron mucho por ello. Quiero que sienta que su energía no es equivocada ni mala, sino algo que celebrar».
- «Quiero que mi hija se sienta orgullosa de quien es».
- «Quiero que mi hijo sienta que puede jugar y que no tenga que preocuparse de que le arrebaten su infancia».
- «Quiero que mi hija aprenda qué conservar y qué descartar en cuanto a valores culturales se refiere».

- «Quiero que mi hijo sienta que puede expresar sus emociones con apertura sin que yo las reprima o invalide. Esa era la norma en mi casa en aquel entonces».
- «Quiero que mi hija me escuche decir "lo siento" cuando cometo un error y sepa que merece una disculpa».
- «Quiero que mi hijo tenga una infancia en la que se sienta feliz, apoyado y seguro».
- «Quiero que mi hija se sienta empoderada para realizar cambios en el mundo para sus hijos y los hijos de sus hijos».

La buena noticia es que, como has aprendido a lo largo de este libro, un legado de trauma puede reorientarse. Padres que sufrieron un trauma en su infancia son capaces de salvaguardar a sus hijos de las experiencias dañinas que ellos tuvieron que sufrir. Incluso si sus hijos ya nacen con vulnerabilidades emocionales, exponerlos a diferentes prácticas parentales puede fortalecer su resiliencia y ayudarlos a llevar una vida llena de tranquilidad.

Rompe viejos patrones de crianza

La crianza de los hijos desde una perspectiva rompeciclos integra dos prácticas complementarias: cuidar de uno mismo y cuidar de tus hijos. Cuando los padres ya mejoraron sus habilidades para la regulación de las emociones, pueden ser más conscientes de sus prácticas de crianza y crear una comunicación más saludable con sus hijos. Una atención parental mejorada facilita, para los padres, una mejor comprensión de sus propias necesidades y las de sus hijos de forma simultánea, lo que aumenta su capacidad de crear sintonía. Esto significa que, como padre o madre que rompe el ciclo, tendrás que brindar de manera continua sintonía y regulación a tus hijos (cuidarlos), mientras te brindas sintonía contigo mismo (cuidar de ti mismo). También necesitarás crear un entorno psicológicamente seguro para tus hijos (cuidarlos), y al mismo tiempo aprender qué es la seguridad psicológica (cuidarte a ti mismo). Si eres progenitor, tendrás que trabajar el doble para romper ciclos. Aunque no es una tarea fácil, para muchos padres vale la pena.

Cuando los padres me preguntan «¿Cómo me aseguro de no transmitirle un trauma generacional a mi hijo?», les recomiendo empezar por arreglar su *propia* mente, cuerpo y espíritu para garantizar que sus hijos tengan un hogar más seguro al que regresar. ¿Recuerdas a Luna y cómo ella y yo trabajamos primero para calmar su sistema nervioso para que pudiera de verdad ver las necesidades de su hija? Ese es el tipo de trabajo que también será necesario que tú hagas. Al concentrarte en calmar tu sistema nervioso, tienes mejores posibilidades de asegurarte de que tu hijo o hija no regrese a una casa llena de caos emocional, sino que se sienta visto. Te aseguras de que su legado no refleje una infancia caótica, sino una marcada por la estabilidad emocional.

Por lo general, cuando un niño acude a terapia, una gran parte del trabajo se realiza con los padres. Capacitamos a los adultos para que sepan cómo ajustar sus técnicas de crianza para que el comportamiento del niño comience a cambiar en dirección de la salud. Si, como padre, participas de forma inconsciente en respuestas traumáticas, corres el riesgo de crear un desequilibrio en el sistema nervioso de tu hijo y perpetuar el ciclo traumático heredado. Como alternativa, tu capacidad para salir de ese ciclo de comportamiento reactivo y comprender las necesidades de tu hijo es un inhibidor útil de la transmisión del trauma generacional. Por eso el trabajo con los padres es tan importante a la hora de considerar el impacto en los niños.

La forma como trabajo con los padres que rompen el ciclo es a través de un proceso que llamo «Paternidad Regresiva-Paternidad Progresiva». Es un proceso que honra el mundo emocional de los padres, así como el de sus hijos. Es una forma de ayudarte a adoptar un enfoque más consciente de la crianza de los hijos que considera los diferentes niveles de sanación generacional.

La primera parte de este proceso es la Paternidad Regresiva, o reparación de la crianza generacional. Te concentras en darte lo que tu niño interior generacional necesita. Esto significa tranquilizar tu sistema nervioso generacional de la manera como aprendiste en el capítulo 6, hacer el trabajo del niño interior generacional que vimos en el capítulo 7 y trabajar para crear cada día, para ti, una mente, un cuerpo y un espíritu más conectados con el momento presente. Esto te dará la oportunidad de sentir estabilidad y que tus necesidades sean cubiertas. La ventaja adicional es que desarrolles una mayor sintonía emocional con tus propias necesidades, de modo que puedas presentarte como un progenitor más maduro y estable emocionalmente.

Como ves, esto es lo que has estado aprendiendo, por lo que ya estás preparando el trabajo para la segunda parte de este proceso, la Paternidad Progresiva. Ese es el compromiso que puedes asumir cada día para enfocarte de modo consciente en la crianza centrada en el legado, es decir, la crianza que te ayuda a ser consciente de tu impacto generacional en tus hijos. De esta manera puedes hacer una pausa y reflexionar sobre cómo podrías estar manteniendo ciclos o creando legados y hacer una *elección* sobre qué dirección te propones tomar. Algunas consideraciones de la Paternidad Progresiva incluyen:

- REGULAR SU SISTEMA NERVIOSO: Enséñales temprano a tus hijos cómo regular su sistema nervioso para que puedan tener una mejor base biológica que la tuya. Esto puede comenzar incluso antes de la concepción, cuando están en el útero o cuando nacen. Sin embargo, nunca es demasiado tarde para aprender una habilidad que pueda ayudar a manejar el estrés, así que, sin importar la edad de tus hijos, piensa en mostrarles la respiración profunda, la meditación o incluso fiestas de baile que puedan ayudarles a absorber mejor el estrés. La corregulación con los niños les enseña el arte de encontrar la paz. Tararear, mecerse y otros ejercicios del sistema nervioso pueden ser un conjunto de prácticas predeterminadas a las que siempre pueden recurrir cuando la vida se pone difícil.

- AYÚDALOS A FORMAR UN VÍNCULO SEGURO: Como has aprendido a lo largo de estas páginas, y tal vez incluso lo sepas por tus propias experiencias, la sintonía emocional de los padres es fundamental para desarrollar un apego seguro. Por lo tanto, será importante estar más disponible emocionalmente para tus hijos de lo que lo estuvieron tus padres en tu infancia. No se trata de alcanzar la perfección y estar 100% al pendiente, sino de ampliar tu rango. Se trata de mirar a los ojos a tu hijo o hija, como lo hizo Luna, y notar sus necesidades emocionales y físicas. Si te parece una tarea difícil de realizar solo por intuición y si tu hijo tiene capacidades verbales, puedes intentar preguntarle: «¿Qué puedo ofrecerte ahora mismo?», y haz todo lo posible para proporcionárselo. Es esencial ayudar a los niños a cultivar la seguridad del apego ayudándoles a ver que un padre o madre está presente de forma constante, brinda cuidados y es amoroso.
- MODELA LA SEGURIDAD PARA ELLOS: Ayuda a tus hijos a verte como su persona segura. El primer lugar donde aprendemos sobre la seguridad psicológica es en nuestra casa. Si tus hijos pueden establecer una base segura con quienes les brindan cuidados, saldrán al mundo con menos miedos y dudas.
- AFIRMA A TUS HIJOS: Afirmar a un niño puede ayudarle a construir el lenguaje que luego internalizará sobre sí mismo. Puedes ayudarlos a desarrollar este lenguaje interno afirmándolos primero con las palabras que traspasen su alma. Diles lo que deseas que escuchen. Si te ayuda, puedes solo comenzar con «Te veo», «Te escucho», «Te valoro». Estas afirmaciones les ayudarán a

sentirse vistos, escuchados y valorados, lo que luego se traducirá en que se vean, escuchen y se valoren a sí mismos.

- NO GOLPEES A TUS HIJOS: El castigo físico lanza a los niños a una espiral psicológica y les enseña mensajes negativos acerca de que su cuerpo es un receptor de represalias. Cuando un niño siente que está en peligro, el área cortical de su cerebro, que necesita para una comprensión de nivel superior, se ralentiza de modo temporal y no puede realizar un procesamiento adecuado de lo que necesitas que haga. Golpear a un niño puede situarlo en modo de supervivencia, y desde ese lugar no podrá comprender por completo tus instrucciones. En lugar de ello, considera otras alternativas para transmitir los mensajes que deseas que escuche. Aquí es donde también entra en juego un sistema nervioso generacional asentado, porque te permite comunicarte de forma más eficaz y darle instrucciones que pueda escuchar con mayor claridad.

- DALE PRIORIDAD A SU VOZ Y SU OPINIÓN: Aumentar la independencia y la capacidad de autogestión de tus hijos marca la diferencia en su evolución. Los niños de casas con trauma generacional sienten que les falta voz en su hogar. Romper ese ciclo significa hacer que los niños sean escuchados y que su voz sea prominente. Esto también les ayudará a salir al mundo con confianza y no inhibirse.

- DEJA QUE TE DIGAN CÓMO SE SIENTEN: Ayudar a tus hijos a expresar de forma adecuada cómo se sienten es muy poderoso. Si les enseñas a sentir sus emociones de forma segura desde el principio, no tendrán que ser adultos en busca de una expresión saludable de sus emociones más adelante en la vida, lo que significa que no tendrán que pasar años de su vida reconectándose con las auténticas expresiones de sus emociones porque nunca aprendieron cómo transitar por sus propios sentimientos. Crear una infancia centrada en la expresión plena de sus sentimientos ayuda a proteger a tus hijos de tener que pasar años sanando a su niño interior cuando sean mayores.

- OFRECE DISCULPAS A TUS HIJOS: Las disculpas son un signo de valentía y compasión. Puedes ofrecerles una disculpa a tus hijos y, a su vez, expresarles que sus emociones importan. También puedes ayudarlos a aprender a disculparse por un mal comportamiento al servir de modelo. Es una manera en la que ambos pueden ser humanos imperfectos que se ven de forma plena, como haría una *verdadera* familia, y dejar espacio para errores y reparaciones.
- DÉJALOS SER CREATIVOS: Ayudarlos a fomentar la expresión creativa es clave. Los ciclos generacionales obstaculizan la creatividad, por lo que es esencial ayudarlos a obtener la libertad de expandirse. Permitirles que lo hagan es una forma de ampliar tu propia creatividad, en especial si esta se vio obstaculizada por una educación traumática.
- DÉJALOS JUGAR: Es muy importante que permitamos que los niños jueguen. Muchas personas a lo largo del mundo tratan de regresar a su niño interior por medio del juego, porque no tuvieron suficientes oportunidades de disfrutar de su tiempo libre cuando eran niños. Pero tal vez si permitimos que los niños salten en charcos, se rían a carcajadas, se columpien, bajen colinas y hagan cosas de niños, no buscarán con desesperación estas experiencias cuando sean adultos.
- EXAMINA A LAS PERSONAS CON LAS QUE DEJAS A TUS HIJOS: Esto puede ayudar a protegerlos más. Está bien

preguntar a los cuidadores de tus hijos cómo los protegerán y confirmar que no los violarán. Es un tema tabú, pero como muchos temas que mantenemos en la sombra, no podremos resolverlo sino hasta que le arrojemos luz y tengamos conversaciones valientes sobre este difícil tema. Puede ser la conversación que logre ayudar a mantener seguros a tus hijos.

- ✦ CRÉELES A TUS HIJOS: Además de investigar quién está a su alrededor, también debes acostumbrarte a hablar con tus hijos sobre sus propios límites corporales. Es fundamental dejar siempre espacio para hablar sobre cualquier persona con la que tengan contacto y creerles si te dicen que alguien los lastimó. En estos momentos es importante que calmes tu sistema nervioso para responderles de la manera más centrada en ellos, en la que se sientan escuchados y protegidos, no avergonzados ni traumatizados de nuevo.
- ✦ EQUILIBRA SU VISIÓN DEL MUNDO: Es fundamental enseñarles a explorar el mundo en busca de atributos positivos. Recuerda que el trauma preprograma a una persona para buscar amenazas y puede mantenerla atrapada en la hipervigilancia. Centrarse en los atributos positivos puede ayudar a equilibrar el lente a través del cual ven el mundo, para que comprendan que hay peligros en el mundo, pero también cosas maravillosas en él.
- ✦ ENSÉÑALES A COMPRENDER SU IMPACTO: Puedes enseñarles a estar centrados en la comunidad y a cuidar la vida y la humanidad de los demás. Enséñales esto, porque nuestra humanidad depende de todas las personas y porque la capacidad de tus hijos de mantenerse bien siempre estará vinculada con el bienestar de su comunidad. Imagínate si nosotros, como generación de rompeciclos, nos comprometiéramos a enseñarle este concepto

a la próxima generación. La generación siguiente puede ser aún más interdependiente y consciente de su impacto colectivo. Sí, esto es posible y cada uno de nosotros puede hacer su parte.

- ABOGA POR UN MUNDO QUE NO LES ROBE SU INFANCIA: Sal al mundo y desarrolla cambios que mantengan a tus hijos más seguros y felices. Aboga por leyes, prácticas y valores de seguridad que puedan proteger a tus hijos de experiencias adversas generacionales, en particular aquellas que suceden a escala colectiva y después llegan a su casa.
- PERMÍTELES QUE ADQUIERAN SABIDURÍA: Considera ampliar las interacciones de tus hijos con otras personas de la comunidad. Pídeles que hablen con personas mayores y veteranos de la comunidad para obtener sabiduría y riqueza generacional fuera de sus entornos de casa y escuela.

¿Cómo sé que mi hijo está bien?

Como padre que rompe un ciclo, tal vez albergues una preocupación válida sobre si tu hija o hijo ya es heredero de un trauma generacional. Es común que los padres se preocupen y tengan pensamientos recurrentes como: «¿Lo transmití?», «¿Lo estoy haciendo bien», «¿Cómo sé que no los dañé?» y «Si lo hice, ¿cómo puedo solucionarlo?». Francamente, vivir en este estado continuo de preocupación no te ayudará a enfocarte en las necesidades de tu hijo. Más bien todo lo contrario, porque una mente preocupada no es una mente en sintonía.

Es natural tener cierta sensación de impotencia en tu viaje de crianza para romper el ciclo. Estás haciendo un trabajo duro. Sin embargo, reorientar esa energía ansiosa para ayudar a tu hijo a sentirse más regulado puede ofrecerte una mejor oportunidad de ayudarlo que permanecer con la ansiedad. Estos son excelentes momentos para que practiques la Paternidad Regresiva y te des lo que necesitas para que puedas ejercer la Paternidad Progresiva de manera más efectiva. Puedes amortiguar la posibilidad de infligir un trauma si primero modelas cómo te estás cuidando mejor y luego hablas con tus hijos sobre sus necesidades.

En Japón hay un dicho que afirma que los niños aprenden observando lo que hacen sus padres, y no escuchando lo que dicen. Un niño observa cómo sus padres practican el cuidado de ellos mismos y, a menudo, lo refleja en su propia personalidad floreciente. Cuando modelamos el cuidado y sistemas nerviosos más tranquilos para los niños, hacemos que se sientan envalentonados, lo imitan y se calman ellos mismos. Comienzan a integrar en ellos el legado que estás creando.

Una vez trabajé con la familia de un adolescente que era mi «paciente identificado», lo que significa que era la persona que la familia quería que yo «arreglara». Algunas semanas después de nuestro trabajo, mientras teníamos una sesión con los padres y el niño, me di cuenta de que toda la familia estaba atravesando un caos emocional colectivo. Los sistemas nerviosos generacionales de todos estaban inflamados y se disparaban unos contra otros. Tuvimos que realizar prácticas de regulación de Paternidad Regresiva-Paternidad Progresiva para restablecer los procesos de apego entre padres e hijos.

Algunas de nuestras prácticas fueron la tonificación vagal ventral familiar, que fue útil en especial para su adolescente, quien luchaba por regular sus emociones a diario y se beneficiaba en particular de la regulación de las emociones en la sesión. Toda la familia tarareaba la misma canción española que les cantaban a sus hijos cuando eran pequeños. Fue conmovedor ver esos momentos, porque eran sanadores de forma colectiva, pero también porque el adolescente tenía una respuesta a la práctica en verdad positiva. Pero mis momentos favoritos con la familia eran cuando todos hacíamos terapia de movimiento de danza juntos.

No solo ayudaba a que sus sistemas nerviosos generacionales se regularan a través de la práctica en sí, sino que muchas veces el adolescente se reía de algunos de los movimientos, lo que hacía que los padres empezaran a reír. Y entendí en ese momento que ocurrían muchas cosas a escala generacional; sus neuronas espejo se sincronizaban con la risa, sus sistemas nerviosos registraban una respuesta de relajación colectiva y compartían juntos un hermoso momento de corregulación generacional. En gran medida, esta regulación era necesaria dentro de su crianza rompeciclos porque su dolor estaba interrelacionado, por lo que necesitábamos interrelacionar su sanación. Tú también puedes interconectar tu sanación con la de tus hijos y crear legados juntos por medio de las prácticas aquí reflejadas.

Mi paciente Yara quería ser madre de otra manera. Quizá recuerdes la historia de cuando su papá olvidó recogerla de la escuela. Eso fue traumático para ella, y por ello la forma como realizó su propia práctica de Maternidad Regresiva fue darse a sí misma las afirmaciones que necesitaba para interiorizar que no merecía ser abandonada. La Maternidad Progresiva para Yara consistió en ir a recoger de la escuela a sus hijos. Incluso fue más allá, y les dijo cuánto amaba estar presente para ellos y lo valiosos que eran para ella. Esto les permitió comprender que incluso si no podía ir un día a recogerlos, estaba presente y dedicada a su bienestar y su seguridad. Estas acciones inculcaron el orgullo materno en Yara. Ella fue madre de diferente manera porque quería transmitir un mensaje distinto a sus hijos: «Estoy aquí, soy consistente y es un honor para mí estar presente para ustedes». Es un mensaje muy diferente del que internalizó en su propia infancia: que ella no era valiosa y que era una carga para sus padres. Aprendió la Maternidad Regresiva y Progresiva para romper el ciclo para sus hijos mientras continuaba rompiendo el ciclo dentro de ella misma.

Avanzar hacia nuestros legados

Hoy en día mi mamá todavía tiene un garaje lleno de *cosas*, objetos que planeaba enviar algún día a casa en República Dominicana. Mi respuesta preprogramada al ver estos elementos siempre había sido cerrarme mentalmente y adormecer mis emociones. Me hundía y sentía cómo una ola de cansancio se apoderaba de mi cuerpo. Sentía la culpa y el dolor contenidos en esas cajas no enviadas. Era algo que lo consumía todo.

Mi respuesta ahora es respirar. Recuerdo cuando reaccioné así por primera vez. Me reí y dije: «Dios mío, respiré hondo de manera inconsciente». Mi cuerpo hizo la sanación automáticamente. Fue hermoso. Me sentí más ligera. No me cerré. No peleé. Me quedé allí sintiéndome segura y noté que estaba en un cuerpo de tranquilidad. Estaba en flujo generacional y no en constricción generacional. Sabía lo importante que era esa respiración profunda y automática. Adopté un nuevo comportamiento predeterminado. Fueron necesarias cientos de repeticiones. Pero aquí estaba yo, viviendo en un sistema nervioso más regulado, sintiéndome más cerca de mi yo superior generacional y viendo el legado de todo el trabajo que había realizado.

Me sentí tranquila y profundamente orgullosa, pero mi trabajo no se detuvo ahí. Mi familia aún tiene conversaciones frecuentes sobre nuestra sanación. Seguimos participando en prácticas diarias de autocuidado, tanto juntos como solos. Nos contamos historias generacionales de dolor y triunfo, dejando espacio para ser vulnerables unos con otros. Excavamos los esqueletos de nuestro armario y lo hacemos con compasión. Le estamos modelando esto a mi sobrino y creando una nueva base para él. Ese es un legado del que estamos orgullosos en colectivo.

Mis pacientes Nola, Yara, Brooklyn, Leon, Zuri, Solomon, Luna y muchos otros rompieron sus ciclos y construyeron nuevos legados con la ruptura de ciclos en el centro. El trabajo que hicimos juntos, minuto a minuto, sesión a sesión, también me ha enorgullecido.

También estoy profundamente orgullosa de ti y del trabajo que realizaste a lo largo de este viaje. Este es un viaje de cambiar y desaprender. Es un viaje para restablecer la persona que eres más allá de las capas del trauma. Se trata de estar presente la mayoría de las veces con un sistema nervioso regulado. Y cuando lo haces, verlo como parte de la forma como vives el legado generacional que creaste. Eso es algo que espero que también pueda enorgullecerte por toda la eternidad.

Rompe el ciclo: alquimiza tu legado

En República Dominicana, el Gobierno corta la electricidad y el gas de modo esporádico durante la semana. Entonces escuchas a la gente gritar desde su casa a sus vecinos: «¡Se fue la luz!». Esto significa que todo lo que hay en el refrigerador se echará a perder. Pero el ingenioso pueblo de República Dominicana encontró maneras de unirse durante estas interrupciones al suministro casi diarias. Los vecinos toman los alimentos perecederos y preparan comida para alimentarse unos a otros cuando se corta la luz. Por tradición elaboran sancocho, un guiso de tubérculos y todas las carnes que hay en el refrigerador. Cuando mi familia lo preparaba, lo hacía en la oscuridad, en nuestro patio trasero, sobre el fuego (una práctica antigua y ancestral). El guiso se elabora en una olla enorme de 60 cm de diámetro y alimenta a cualquiera que esté cerca: familiares, amigos, vecinos...

Mi abuela paterna, Mamá María, les enseñó a sus hijos, incluido mi papá, a preparar sancocho. Me contaron que siempre guardaba un plato para quien necesitara una comida extra en el barrio: el pasajero, lo llamaba ella, es decir, quien *pasara por* su casa. Aprendí una lección de alquimia cuando vi a mi papá preparar el sancocho que hacía su mamá y alimentar con él a cualquiera que tuviera hambre. Nuestra familia entera ayudó a mi papá a preparar el banquete. Una persona lavaba la carne, otra pelaba las verduras y otra recogía la leña para el fuego. Todos unían esfuerzos para crear esta comida altamente nutritiva en la oscuridad. Y me recuerda lo que estamos haciendo aquí con este trabajo: cocinando en la oscuridad de nuestro dolor, arrojando todo lo que queremos salvar a la olla de sanación y dejando un poco para cualquiera que también lo necesite. Como ejercicio final, quiero hacer contigo un sancocho metafórico.

- ✦ Toma una hoja de papel y dibuja un círculo para representar la olla.
- ✦ Ahora dibuja los ingredientes (papa, plátano macho, yuca, pollo, carne ahumada de res, salchicha de cerdo, maíz y bollitos).
- ✦ Sobre cada uno de los ingredientes escribe lo que estás agregando a tu sancocho (todo lo que deseas rescatar de este viaje, como las prácticas diarias que crean fortaleza generacional, la práctica de pedir disculpas a tus hijos, la práctica de escribir cartas a tus antepasados, etc.).
- ✦ Ahora dibuja el fuego bajo la olla. El fuego representa lo que mantendrá el sancocho cocinándose, pero también lo que te mantendrá entusiasmado mientras construyes este legado.
- ✦ Escribe algunas palabras en el fuego que signifiquen lo que te mantendrá motivado.
- ✦ Ahora toma este dibujo de sancocho y cualquiera de tus otros elementos y prácticas que hayas recopilado a lo largo de este viaje.
- ✦ Colócalos en un recipiente con tu cuaderno o tu diario.
- ✦ Cada vez que necesites recordatorios, habilidades o práctica, puedes volver a tu contenedor y tomar lo que necesitas.

Lo que has aprendido hasta ahora

En este capítulo te enfocaste de manera más concreta en cómo construir y sostener un legado generacional. Aprendiste formas de ser madre o padre a partir de un modelo de crianza generacional, practicar la Paternidad Regresiva-Paternidad Progresiva, y a utilizar herramientas específicas para profundizar el crecimiento y la abundancia en tu viaje de sanación. También se te pidió que crearas un sancocho como legado para identificar lo que conservarás como parte del viaje de tu legado generacional. Sumérgete en tus preguntas de reflexión y después dirígete a leer algunas palabras finales que tengo para que las lleves contigo.

PREGUNTAS DE REFLEXIÓN

¿De qué manera tu aprendizaje sobre la construcción del legado generacional ha cambiado la forma en que ves tu viaje de sanación generacional?

¿Qué piensas sobre la reparación de la crianza generacional, el cuidado personal y al mismo tiempo el cuidado de la siguiente generación?

¿Cómo esperas que tu viaje pueda impactar a las generaciones futuras?

¿Cómo esperas transmitir este trabajo?

EPÍLOGO

Este libro surgió de un profundo deseo de ver un cambio generacional en la forma como abordamos la sanación del trauma. Yo sabía que quería que las personas tuvieran la experiencia de una sanación profunda en las páginas de este libro, pero cuando llegó el momento de escribir las palabras me quedé estancada en cómo escribirlo. Le pregunté a mi hermana, Lady: «¿Cómo voy a escribir un libro completo que refleje una década de trabajo terapéutico y generaciones de historias? Ni siquiera sé por dónde empezar». Respondió: «Solo escribe el libro que tú necesitabas». Este es ese libro. Es el libro que necesitaba en mi propia sanación generacional. El que refleja cómo muchos otros también han sanado. El que surgió de las lecciones alquimizadas de sabiduría generacional de mi sala de terapia. Este libro refleja la valentía y la confianza de mis pacientes y la sabiduría de mis antepasados. Demuestra la fortaleza de mi familia. Y revela mi amor por sanar el alma de las personas. Por sanar la tuya.

Este libro fue hecho para ti, para nosotros. Para los valientes. Para aquellos que quieren dar un paso hacia la valentía y sanar. A lo largo de este libro quise reflejar prácticas terapéuticas verdaderas y probadas, pero también, y quizá lo más importante, las voces de quienes rompen el ciclo. Mi intención fue elevar y presentar las voces de la generación que eligió romper el ciclo. Como cómplice rompeciclos, quise que tus experiencias se reflejaran aquí también y que en las páginas de este libro sintieras que alguien te veía y te acompañaba en los momentos de soledad durante este valiente viaje. Espero que, al haber leído cada palabra, hayas sentido que alguien te veía por quien eres.

Creé este libro con una profunda intención. Deseaba equiparte con una gran cantidad de conocimientos que te ayuden a empoderarte, y es por eso que me aseguré de abarcar los conocimientos científicos que hay detrás de este protocolo de sanación. También quería que no solo aprendieras sobre la sanación generacional, sino que tuvieras una guía para ponerla en práctica. Este libro sirve como un plan de acción hacia la sanación del trauma de linaje.

En la primera parte de este libro, «Lo que heredaste», entraste en el ciclo del dolor generacional, y más importante aún, te mostré que viniste con todo el equipo necesario para hacer este trabajo. Fuiste capaz de adoptar tu propia identidad única de rompeciclos mientras rompías con la identidad que tenía el trauma en el centro. Este fue un paso fundamental en tu evolución y sanación, por lo que constituyó una base importante en tu viaje. Después hiciste la transición para reconocer y avanzar hacia una mayor resiliencia generacional que existe en ti. Con frecuencia pasamos por alto nuestra resiliencia generacional, por lo que era mucho más importante ayudarte no solo a recordar que ahí está, sino a absorber esa sabiduría de una manera más profunda. Luego nos centramos en el cuerpo, lo cual es necesario hacer cuando queremos salir del modo de supervivencia.

Pudiste captar cómo el cuerpo se ve afectado tanto a corto como a largo plazo por el estrés crónico relacionado con el trauma. También aprendiste cómo lograr una relajación profunda y ancestral de tu sistema nervioso a través de tu práctica de «Rompe el ciclo». Aprendiste lo esencial que es integrar esta restauración profunda del sistema nervioso en tu vida diaria para compensar el impacto de generaciones de trauma. Después aprendiste sobre las capas del trauma y los remanentes biológicos y psicológicos de este tipo de lesión emocional. Aquí es donde comenzaste el mapeo generacional de tus heridas por medio del desarrollo de tu «Evaluación de sanación del trauma generacional» y tu «Árbol del trauma generacional», que te ayudaron a comprender lo que te sucedió a lo largo de las generaciones. Hiciste un trabajo difícil aquí y agregaste lenguaje y herramientas a tu caja de herramientas generacional, lo que fue un primer paso esencial hacia tu liberación emocional.

En la segunda parte, «Esto se compone de capas», comencé de forma intencional a agregar capas a tu aprendizaje. Cada una de ellas era una pieza importante del rompecabezas que quería que adquirieras y fue vital para ayudarte a comprender el panorama completo del trauma generacional.

Pudiste captar los hilos generacionales de los desencadenantes, de los recuerdos y de tu sistema nervioso, mientras aprendías a liberar esos recuerdos traumáticos de tu alma. También te sumergiste en uno de los conceptos que para los rompeciclos son más difíciles de internalizar sobre el dolor generacional, que es el hecho de que nuestros padres pueden tener heridas de su niño interior no resueltas que se transmiten de una generación a otra. Esta comprensión viene acompañada de muchas emociones encontradas sobre el dolor que ellos te provocaron a ti al no resolver sus propias heridas, pero también te dio la oportunidad de sanar lo que ellos no pudieron. Para realizar ese trabajo era fundamental que trazaras una experiencia generacional adversa de la infancia más extensa que respondiera a las preguntas «¿Qué te pasó?», «¿Qué ocurrió antes de ti?» y «¿Qué ocurrió a tu alrededor?». Y como no existimos de forma aislada, sino en culturas que generan traumas, fue fundamental para ti captar cómo los ciclos de abuso, toxicidad, valores culturales dañinos y enfermedades sistémicas también son parte de esta red masiva de trauma generacional. Con todo ello, recibiste el llamado a hacer algo con respecto a estas capas de trauma. Se te guio para saber cómo abandonar la inacción y actuar a escala individual y colectiva, para que tu propia liberación del trauma generacional pueda ser más sostenible.

Y finalmente, en la parte 3, «Alquimiza tu legado», nos despojamos de lo viejo e invitamos a entrar a la abundancia. Tu crecimiento postraumático generacional fue central en esta sección y se necesitó que te deshicieras de las capas de dolor, las expectativas y valores que ya no te sirven. Este fue un momento de dolor y pérdida, pero también de elevación y evolución. Aquí aumentamos tu capacidad de resiliencia, la cual trasciende generaciones, al mismo tiempo que velamos por las generaciones futuras a través de enfoques de crianza que centran su objetivo generacional de abundancia. Y al final terminamos construyendo tu legado y concretando lo que reflejará tu nueva herencia, para ti y para las generaciones venideras. Este fue el escenario para el resto de tu vida, una vida de liberación generacional.

Ahora estás aquí, después de haber pasado por el protocolo de sanación completo. Este es el momento en el que te sacudes ese árbol genealógico y permites que caiga el último conjunto de hojas enfermas. Este es el momento en que podas las raíces que han hecho crecer tu dolor y cambias ese suelo infértil. En esta era de tu vida, al tronco de tu árbol le crecerán nuevos anillos que reflejarán cómo rompiste el ciclo. En la naturaleza, cuando ocurre un evento que cambia el entorno del árbol, como una gran tormenta o un terremoto, este deja una marca en los anillos de crecimiento del árbol que indica que ocurrió un cambio importante. Cuando rompes el ciclo del trauma, dejas una huella similar en el tronco de tu árbol genealógico. Dejas una marca que significa que ocurrió un cambio importante. Lo que también es hermoso de este proceso es que los anillos viejos de un árbol se conocen como la parte muerta del árbol, y los nuevos marcan lo que lo mantiene vivo. Entonces, el crecimiento que generes a partir de tu era de ruptura del ciclo será lo que te mantenga a ti y a tu linaje vivos y abundantes. Lo hiciste gracias a tu valentía. Construir un legado generacional es posible y comienza con el alma que encuentra el valor para hacerlo. Tú eres esa persona. Eres el antepasado de los sueños más grandes de tus descendientes. Eres el héroe o la heroína de tu linaje.

El trabajo de sanación generacional requiere tu compromiso diario de dar un paso adelante con valentía como lo has hecho a lo largo de este libro. El resto del viaje que tienes por delante estará compuesto de pequeños momentos que se irán sumando sobre el legado que tú has formulado aquí. Para ello será necesario que te comprometas a dejar atrás viejos patrones, que te deshagas de la identidad y la personalidad que te convirtieron en alguien que mantiene el ciclo y que continúes liberándote tanto de las personas como de las normas que generan traumas. Será un viaje donde colocas el descanso ancestral en el centro, porque honrar tu propia sanación ayuda a tus ancestros a descansar tranquilos, puesto que entienden que estás haciendo el arduo trabajo de ayudar a liberar tu linaje de cargas. Aquí es donde te comprometes a no volver al ciclo e incluso a conectarte con personas que estén igualmente comprometidas con este. Cuando te deshaces de lo viejo, le das la bienvenida a un espacio para remplazarlo con algo que encarnará la abundancia. Entonces, como pregunta de reflexión final para ti: «¿Qué remplazará a esos viejos patrones?». Puedes elegir. Tienes la opción. Esa es una fuente de empoderamiento que ningún trauma podrá arrebatarte. Y lo mejor de esto es que eres capaz de tomar esta decisión todos los días. Cada día se te presentarán nuevas oportunidades para seguir rompiendo ciclos. Espero que elijas el camino de la valentía y retomes cualquiera de las prácticas que sientas necesaria para seguir construyendo tu salud generacional.

Hace poco, mi madre nos dijo unas hermosas palabras a mi padre, a mi hermana y a mí, que me ayudaron a comprender mejor lo que este viaje de ruptura de ciclos nos anima a hacer. Al reflexionar sobre todo lo que ha sufrido y todo el dolor que otros le han provocado, dijo que ya no se aferraba de forma voluntaria al dolor. A la edad de 65 años se comprometió a soltar el peso que había cargado durante más de seis décadas. Dejó el peso muerto en el suelo. Ya no quería cargar en su espalda la culpa generacional que había llevado en el equipaje que trajo desde República Dominicana. Estaba lista para dar un paso hacia la abundancia generacional. Al hacerlo, dijo las palabras más centradas en la salud que jamás haya oído decir a mi madre. Dijo: «Estoy en mi era de paz». Mi madre está viviendo su legado de paz y tengo la oportunidad ser testigo de una risa como nunca antes había tenido su niña interior la oportunidad de tener, y nos podemos abrazar sin que las emociones abrumadoras la sobrecarguen. Tengo la fortuna de ver que sus ojos reflejan una alegría sin obstáculos. Mi padre también expresó un pensamiento que conmovió mi corazón y me ayudó a ver la abundancia en la que hemos estado viviendo. Él y yo conversábamos con toda sinceridad sobre las generaciones de nuestra familia y el único aspecto central que ha mantenido a nuestra familia arraigada, a pesar de las múltiples formas en que nuestras vidas han sido azotadas por el dolor. Señaló que, independientemente de cuánto hayamos soportado cada uno, seguimos transmitiendo una «herencia de amor». Ese es el legado que mis padres han podido ofrecerme. Un legado de amor. Amor en acción. Tomé eso y procesé el duelo de lo que no pudieron brindar. Tomé lo que me ofrecieron y creé amor en forma de sanación, aquí, para que todos nos refugiemos en eso siempre, de la misma manera en que yo me refugio en los brazos de mis padres buscando amor. Mi mamá y mi papá han evolucionado tanto en su sanación como mi hermana y yo. A mi sobrino, Aiden, el portador del legado, le toca una familia que está arraigada profundamente en la libertad generacional, y no en el trauma. Y no se me ocurre mejor regalo que ofrecerle a nuestro querido descendiente, en su generación.

Tanto mis pacientes como mi familia han sido los guías que han ayudado a hacer de este libro una poderosa herramienta de sanación para toda una generación de rompeciclos y constructores de legados. Espero que hayas podido ver cómo este libro es tu compañero en la construcción de ese legado para ti, como lo ha sido para todos nosotros. Espero que este se convierta en el libro que necesitabas, el que esperabas, el que te ayudó a sanar y en el que sientes que puedes anidar una y otra vez. Regresa a él tantas veces como requieras. Compártelo con personas que necesiten sanar. Y sigamos interrumpiendo las huellas dañinas para las generaciones venideras.

AGRADECIMIENTOS

Antes que nada, gracias a mi familia, por dar espacio a nuestra sanación continua y por su disposición a permitir que nuestra historia se refleje en las páginas de este libro, para que otros también sanen con ella.

También me gustaría extender un cálido agradecimiento a:

Mis editores, Cassidy Sachs y Sam Jackson, por su increíble guía y delicado cuidado con cada palabra reflejada en esta guía sanadora. Cassidy, eres simplemente la mejor compañera de pensamiento que podría haber pedido. Tu delicado enfoque hacia mi trabajo me ayudó a superar las partes arduas de la escritura y me llevó más allá de cualquier capacidad que pensé poseer como autora. Gracias por poner tanto en este título y verterlo en mí. Te aprecio más de lo que crees. Sam, eres una voz y un equilibrio necesarios en este libro. Me ayudaste a comprender cómo acercarme y alejarme de mi trabajo de maneras que eran tan necesarias, una habilidad que siempre llevaré conmigo. Muchas gracias a ambos por lo que depositaron en este libro. Estoy muy orgullosa de lo que creamos aquí.

A mis brillantes agentes, Katherine Latshaw y Sonali Chanchani, por creer en este libro y en su misión de construir una generación de rompeciclos. Katherine, desde el día en que nos conocimos he sentido tu sincero compromiso no solo con este libro, sino con ayudarme a establecer mi propia voz como autora. Y lo haces todo con mucho humor y alegre ligereza. Esta cualidad tuya es una de mis favoritas, entre todo lo que hay para amar. Sonali, tu capacidad para mantener esta visión mía con un cuidado tan meticuloso es incomparable. Tu devoción es algo que experimento cada vez que nos conectamos y me siento muy honrada de que me estés ayudando a traer este título al mundo. Me llevaste a mí y a este proyecto con tanta gracia y estoy muy agradecida por eso y por ti.

A cada miembro del equipo de Dutton que con tanta amabilidad ofreció su experiencia y contribuyó a la creación de *Esta herida no me pertenece*, incluidas Stephanie Cooper, Diamond Bridges, Lauren Morrow, Hannah Poole, Amanda Walker, Marie Finamore, Heather Rodino y todos los que han ayudado a darle vida a este libro: gracias, de verdad.

Mis mentoras, la doctora Diana Puñales-Morejón, la doctora Santos Vales, la doctora Traci Stein, la doctora Elizabeth Fraga y la doctora Dinelia Rosa, quienes me ayudaron a encontrar mi voz clínica y a entrar en este campo con confianza e intención. Gracias por creer que mi voz tenía un lugar en espacios donde nuestras voces no son prominentes. Gracias por ayudarme a creer lo mismo. Santos y Diana, ustedes llenaron un vacío en mi mundo que nunca más podrá ser vaciado. Gracias por su amor y cuidado hacia mí; son parte de mi familia. Las amo de verdad.

Mis hermanas que me brindaron espacio y me cuidaron en el viaje de este libro. Doctora Courtney Rose, tu hermandad ha sido una parte invaluable de mi crecimiento personal y profesional y estoy profundamente agradecida por conocerte y ser testigo de tu genialidad a lo largo de estos años. Doctora Roshnee Vázquez, estoy muy agradecida por tu apoyo y por que hayas creído tanto en este libro, mil gracias, mi hermana. Jodieann Nelson, mi hermana de otra madre y gran defensora de mi trabajo, tu presencia en mi vida es oro y simplemente me encanta envejecer sabiendo que eres una amiga con la que puedo contar. Mi querida Layla Saad, eres una de las personas más auténticas e íntegras que conozco. Te valoro mucho. Gracias por ayudarme a verme a mí misma como una antepasada viva. Y mi dulce prima Leezet Matos, iluminas mi vida de muchas maneras. Gracias por solo ser la luz que eres. Gracias por tu hermandad y por guardar mis pensamientos y emociones mientras navegaba por el proceso de este libro.

Los maravillosos amigos y compañeros que han impulsado mi trabajo y mi familia, entre ellos Ana Flores, Vanessa Santos, Paula Duran, Aila Castane Jalloh, Melissa Bailey, María Fernanda Salaverría, Amy Morin, Lewis Howes y Team Greatness, Dave Aizer, Kaitlin Wright, Kristie Usher y Cookie Hopkins, gracias por su apoyo indispensable, siempre.

A mi familia extendida, Tía Nerys, Tivo, Chago, Tía Nini, Tía Piza, Tía Hilda y mis hermanos, quienes ayudaron a criarme y me han nutrido y amado siempre. Gracias por ayudarme a convertirme en una mujer de poder y fuerza generacionales.

A los sanadores que han brindado espacio y cuidado para mí y mi familia, doctor Joseph Reynoso, doctor Harish Seethamraju, Pam Philippsborn, doctor Rajesh J. Pandey, Yolanda Smith, Alyssa Sandler y Rocío Navarro. Gracias por su atención integral y personalizada, en nombre de todos nosotros.

A mis pequeños: Leo y Marley. Gracias por permitirme derramar amor y cuidado en sus vidas.

A Mamá, por ser una fuerza y guía tan poderosa en mi vida. Espero haberte hecho sentir orgullosa. Descansa tranquila, «mi vieja».

A mis padres, Rammy y Margarita, gracias por su herencia de amor. Pero me dieron mucho más que amor. Me dieron una fuerza que solo puede explicarse como generacional. Su voluntad de romper ciclos no pasa inadvertida. Sé que hicieron lo mejor que pudieron. Valoro que me hayan dado lo mejor de sí mismos y siento por ustedes más amor del que mi corazón podría contener.

A mi hermana, Lady. Mi musa. Mi luz. Mi compañera de vida. Hemos vivido cada momento de la vida una al lado de la otra. Como mamá nos llama, sus pulmones derecho e izquierdo, siempre insuflando vida a nuestra familia. Mira lo que hemos dado a luz en este libro. Eres tú quien ha creado en mí la voluntad de ayudar a otros a sanar. Espero que sigas floreciendo siempre y viviendo en abundancia. Siempre estaré contigo para asegurarme de que tu vida se desborde de amor.

Para Andy, mi dulce pequeño. Estás por siempre en mi corazón. Gracias por llegar a nuestras vidas por esos breves momentos. Somos mejores siempre gracias a ti.

Para Aiden, mi querido descendiente, tú eres el centro, el eje, la motivación para que todos seamos mejores humanos. Me sorprendes todos los días de tu vida simplemente siendo tú. Brilla siempre, busca siempre el equilibrio y recuerda siempre que eres amado.

A mis pacientes. Gracias por honrarme con sus relatos y permitirme llevar sus historias generacionales junto con ustedes. Espero que sientan que las he llevado con cuidado.

Y a ustedes, los rompeciclos de este mundo, gracias por la inspiración para crear un protocolo de sanación para todos nosotros. Que continúen construyendo su legado, ahora y siempre.

APÉNDICE A

TÉ CURATIVO DE ZACATE LIMÓN DE MAMÁ TUTÚNA

Se sabe que el zacate limón estimula la inmunidad, ayuda a mejorar el sueño, reduce el dolor, regula el azúcar, regula los niveles de colesterol y las hormonas, y tiene propiedades antioxidantes, entre muchos otros beneficios para la salud conocidos desde hace generaciones.

1 cucharada de tallo de zacate limón fresco picado
1 cucharadita de jengibre fresco rallado
3 hojas de albahaca fresca picadas
1 cucharada de miel
1 rama de canela

EN UNA TAZA combina el zacate limón, el jengibre, la albahaca, la miel y la canela utilizando un infusor de té. Agrega agua hirviendo y déjalo reposar durante 5 min antes de beber.

TIEMPO DE PREPARACIÓN: 5 min conscientes
TIEMPO PARA BEBERLO: 5 min conscientes
TIEMPO TOTAL DE SANACIÓN: 10 min de romper el ciclo

ADVERTENCIA SOBRE EL USO DE HIERBAS Y PRODUCTOS BOTÁNICOS: El cuerpo de cada persona está hecho de manera diferente y responderá de muchas formas a las hierbas naturales y los productos botánicos. Todas las recomendaciones propuestas en este libro deben tomarse únicamente a título informativo y utilizarse con precaución. Consulta con curanderos locales que tengan conocimiento en el uso de productos botánicos para que aprendas mejor qué medicina de la tierra tendría sentido introducir en tu cuerpo, mente y espíritu.

APÉNDICE B

TÉCNICAS GENERACIONALES DE CONEXIÓN CON EL MOMENTO PRESENTE PARA SANAR EL TRAUMA GENERACIONAL

1. Técnica de libertad emocional (EFT)
2. Relajación muscular progresiva
3. Yoga sensible al trauma
4. Lu Jong
5. Meditación con baño de sonido
6. Estimulación del nervio vago ventral
7. Respiración pausada
8. Meditación guiada
9. Terapia de movimiento y danza o danzaterapia
10. Ejercicios con imágenes
11. Escaneos corporales
12. Biorretroalimentación
13. Mecerse
14. Tararear con la boca cerrada

15. Yoga nidra
16. Taichí/*qigong*
17. Recitar mantras
18. Llevar un diario o cuaderno
19. Estiramiento a la luz de las velas
20. Conexión con el momento presente por medio de los cinco sentidos

APÉNDICE C

PRÁCTICAS DE SANACIÓN HOLÍSTICA

1. Terapia con ventosas
2. Reflexología
3. Tratamientos de sauna
4. Masajes linfáticos
5. Suplementación nutricional
6. Acupuntura
7. Equilibrar los chakras
8. Reiki
9. Cocinar y comer de manera consciente
10. Estimulación por medio de la temperatura fría
11. Equilibrar la flora intestinal
12. Aromaterapia
13. Horticultura (terapia vegetal)
14. Automasajes
15. Alcanzar a ver un amanecer o un atardecer
16. Paseos conscientes al aire libre
17. Baños calientes

18. Ceremonias del té
19. Hacer arte
20. Luz solar natural

BIBLIOGRAFÍA

CAPÍTULO 1: ERES UN ROMPECICLOS

Durán, Eduardo. *Healing the Soul Wound: Trauma-Informed Counseling for Indigenous Communities*. Nueva York: Teachers College Press, 2021.

Houck, James A. *When Ancestors Weep: Healing the Soul from Intergenerational Trauma*. Bloomington, Indiana: Abbott Press, 2018.

CAPÍTULO 2: TU YO SUPERIOR GENERACIONAL

Chopra, Deepak. *The Higher Self*. Nueva York: Simon & Schuster, 2001.

Equipo de Gaia. «How to Connect with the Divine Energy Your Higher Self Holds». Gaia, 24 de junio de 2022. https://www.gaia.com/article/how-connect-your-divine-energy-self-4-steps.

Faddegon, Tom. «Using the Higher Self to Overcome False Beliefs». Higher Self Yoga, 3 de marzo de 2022. https://higherselfyoga.org/lower-self-over-false-creeds.

Higher Self Yoga. «How to Connect with the Divine Energy Your Higher Self Holds». 12 de septiembre de 2021. https://higherselfyoga.org/howtoconnect-with-your-higher-self.

John, Jaia. *Freedom: Medicine Words for Your Brave Revolution.* Camarillo, California: Soul Water Rising, 2021.

Kaur, Rupi. *Home Body.* Nueva York: Simon & Schuster, 2020.

Laz, Athena. «What Actually Is a "Higher Self" & How Do I Connect to Mine?». Mindbodygreen, 2 de marzo de 2023. https://www.mindbodygreen.com/articles/connect-toyour-higher-self-what-this-phrase-really-means/.

Luna, Alethia. «Higher Self: 11 Ways to Connect with Your Soul». LonerWolf, 27 de octubre de 2022. https://lonerwolf.com/higherself/.

O'Sullivan, Natalia y Terry O'Sullivan. *Ancestral Healing Made Easy: How to Resolve Ancestral Patterns and Honour Your Family History.* Londres: Hay House, 2021.

Rogers, Scott L. *The Elements of Mindfulness: An Invitation to Explore the Nature of Waking Up to the Present Moment and Staying Awake.* Nueva York: Mindful Living Press, 2017.

Yugay, Irina. «How to Connect with Your Higher Self, According to Mindvalley's Spirituality Teachers». Mindvalley, 10 de mayo de 2022. https://blog.mindvalley.com/higher-self/#hwhatisyour-higher-self.

CAPÍTULO 3: TU CUERPO RECUERDA TU TRAUMA

American Psychological Association. «Stress Effects on the Body». 8 de marzo de 2023. https://www.apa.org/topic/stress/body.

Barker, D. J. «The Fetal and Infant Origins of Adult Disease». *British Medical Journal/British Medical Association* 301 (1990): 1111.

Boccia, Maddalena, Laura Piccardi y Paola Guariglia. «The Meditative Mind: A Comprehensive Meta-Analysis of MRI Studies». *Biomedical Research International* (2015): 11.

Bonaz, Bruno, Valérie Sinniger y Sonia Pellissier. «Anti-Inflammatory Properties of the Vagus Nerve: Potential Therapeutic

Implications of Vagus Nerve Stimulation». *Journal of Physiology* 594, núm. 20 (2016): 5781-5790.

———. «The Vagus Nerve in the Neuro-Immune Axis: Implications in the Pathology of the Gastrointestinal Tract». *Frontiers in Immunology* 8 (2017): 1452.

Bourzat, Françoise y Kristina Hunter. *Consciousness Medicine: Indigenous Wisdom, Entheogens, and Expanded States of Consciousness for Healing and Growth.* Berkeley: North Atlantic Books, 2019.

Bullmore, Edward. *La inflamación de la mente: una nueva y radical manera de abordar la depresión.* México: Paidós, 2023.

Campbell, Jennifer A., Rebekah J. Walker y Leonard E. Egede. «Associations between Adverse Childhood Experiences, High-Risk Behaviors, and Morbidity in Adulthood». *American Journal of Preventive Medicine* 50, núm. 3 (2016): 344-352.

Center on the Developing Child at Harvard University. *InBrief: Connecting the Brain to the Rest of the Body.* 2021. https://developingchild.Harvard.edu/resources/inbrief-connecting-the-brain-to-the-rest-of-the-body/.

Collins, Stephen M. «Stress and the Gastrointestinal Tract IV. Modulation of Intestinal Inflammation by Stress: Basic Mechanisms and Clinical Relevance». *American Journal of Physiology: Gastrointestinal and Liver Physiology* 280, núm. 3 (2001): G315-G318.

Hays, Seth A., Robert L. Rennaker y Michael P. Kilgard. «Targeting Plasticity with Vagus Nerve Stimulation to Treat Neurological Disease». *Progress in Brain Research* 207 (2013): 275-299.

Jones, Heather. «Understanding the Body's Stress Response». *Verywell Health*, 21 de junio de 2022. https://www.verywellhealth.com/stress-hormones-5224662.

Jungmann, Manuela, Shervin Vencatachellum, Dimitri Van Ryckeghem y Claus Vögele. «Effects of Cold Stimulation on Cardiac-Vagal Activation in Healthy Participants: Randomized

Controlled Trial». *Journal of Medical Internet Research* 2, núm. 2 (2018): e10257.

Kelly, John R., Paul J. Kennedy, John F. Cryan, Timothy G. Dinan, Gerard Clarke y Niall P. Hyland. «Breaking Down the Barriers: The Gut Microbiome, Intestinal Permeability and Stress-Related Psychiatric Disorders». *Frontiers in Cellular Neuroscience* 9 (2015): 392.

Kempuraj, Duraisamy, Ramasamy Thangavel, Prashant A. Natteru, Govindhasamy P. Selvakumar, Daniyal Saeed, H. Zahoor, Smita Zaheer, S. Shankar Iyer y Asgar Zaheer. «Neuroinflammation Induces Neurodegeneration». *Journal of Neurology, Neurosurgery and Spine* 1, núm. 1 (2016): 1003.

Kendall-Tackett, Kathleen. *The Psychoneuroimmunology of Chronic Disease: Exploring the Links between Inflammation, Stress, and Illness.* Washington, D. C.: American Psychological Association, 2009.

Korb, Alex. *The Upward Spiral: Using Neuroscience to Reverse the Course of Depression, One Small Change at a Time.* Oakland: New Harbinger Publications, 2015.

Lupien, Sonia J., Charles W. Wilkinson, Sophie Brière, Catherine Ménard, Ng Mien Kwong Ng Kin y Nayana Nair. «The Modulatory Effects of Corticosteroids on Cognition: Studies in Young Human Populations». *Psychoneuroendocrinology* 27 (2002): 401-416.

Macgill, Markus. «Alzheimer's Disease: Symptoms, Stages, Causes, and Treatments». *Medical News Today*, 3 de septiembre de 2020. https://www.medicalnewstoday.com/articles/159442.

Maté, Gabor. *Cuando el cuerpo dice «no»: La conexión entre el estrés y la enfermedad.* Madrid: Gaia, 2003.

Nabavizadeh, Fatemeh, Mohammad Vahedian, Hedayat Sahraei, Soheila Adeli y Ehsan Salimi. «Physical and Psychological Stress Have Similar Effects on Gastric Acid and Pepsin Secretions in Rat». *Journal of Stress Physiological Biochemistry* 7 (2011): 164-174.

Nakazawa, Donna J. *Childhood Disrupted: How Your Biography Becomes Your Biology, and How You Can Heal.* Nueva York: Atria Books, 2016.

Naveen, Gupta H., Shivarama Varambally, Jagadisha Thirthalli, Mukund Rao, Rita Christopher y B. N. Gangadhar. «Serum Cortisol and BDNF in Patients with Major Depression-Effect of Yoga». *International Review of Psychiatry* 28, núm. 3 (2016): 273-378.

Nerurkar, Aditi, Asaf Bitton, Roger B. Davis, Russell S. Phillips y Gloria Yeh. «When Physicians Counsel About Stress: Results of a National Study». *Journal of the American Medical Association—Internal Medicine* 173, núm. 1 (2013): 76-77.

Nguyen, Kathy. «Echoic Survivals: Redocumenting Pre-1975 Vietnamese Music as Historical Sound/Tracks of Remembering». *Violence: An International Journal* 1, núm. 2 (2020): 303-331.

Nicholson, Jeremy K., Elaine Holmes e Ian D. Wilson. «Gut Microorganisms, Mammalian Metabolism and Personalized Health Care». *Nature Reviews—Microbiology* 3 (2005): 431-438.

Osanloo, Naser, Naheed Sarahian, Homeira Zardooz, Hedayat Sahraei, Mohammad Sahraei y Bahareh Sadeghi. «Effects of Memantine, an NMDA Antagonist, on Metabolic Syndromes in Female NMRI Mice». *Basic and Clinical Neuroscience* 6, núm. 4 (2015): 239-252.

Pembrey, Marcus. «A Whiff of Fear Down the Generations». Progress Education Trust, 9 de diciembre de 2013. https://www.progress.org.uk/awhiffoffear-down-the-generations/.

Pietrangelo, Ann. «The Effects of Stress on Your Body». *Healthline*, 21 de marzo de 2023. https://www.healthline.com/health/stress/effectsonbody#Central-nervios-and-endocrine-systems.

Qin, Hong-Yan, Chung-Wah Cheng, Xu-Dong Tang y Zhao-Xiang Bian, «Impact of Psychological Stress on Irritable Bowel

Syndrome». *World Journal of Gastroenterology* 20, núm. 39 (2014): 14126-14131.

Ramsey, Drew. *Eat to Beat Depression and Anxiety: Nourish Your Way to Better Mental Health in Six Weeks.* Nueva York: Harper Wave, 2021.

Sarahian, Nahid, Hedayat Sahraei, Homeira Zardooz, Hengamet Alibeik y Baharet Sadeghi. «Effect of Memantine Administration within the Nucleus Accumbens on Changes in Weight and Volume of the Brain and Adrenal Gland During Chronic Stress in Female Mice». *Modares Journal of Medical Sciences: Pathobiology* 17 (2014): 71-72.

Segerstrom, Suzanne C. y Gregory E. Miller. «Psychological Stress and the Human Immune System: A Meta-analytic Study of 30 Years of Inquiry». *Psychology Bulletin* 130, núm. 4 (2004): 601-630.

Shonkoff, Jack P. *Reenvisioning Early Childhood Policy and Practice in a World of Striking Inequality and Uncertainty.* Center on the Developing Child at Harvard University, enero de 2022. https://developingchild.Harvard.edu/reenvisioning-ecd/.

Tabish, Syed, A. «Complementary and Alternative Healthcare: Is It Evidence-Based?». *International Journal of Health Sciences* 2, núm. 1 (2008), v-ix.

Van der Kolk, Bessel. *El cuerpo lleva la cuenta: cerebro, mente y cuerpo en la superación del trauma.* Barcelona: Editorial Eleftheria, 2020.

Yaribeygi, Habib, Yunes Panahi, Hedayat Sahraei, Thomas, P. Johnston y Amirhossein Sahebkar. «The Impact of Stress on Body Function: A Review». *Experimental and Clinical Sciences Journal* 16 (2017): 1057-1072.

Yuan, Haidan, Qianqian Ma, Li Ye y Guangchun Piao, «The Traditional Medicine and Modern Medicine from Natural Products». *Molecules* 21, núm. 5 (2016): 559.

CAPÍTULO 4: EL TRAUMA NO SANADO Y TÚ

Bowers, Mallory y Rachel Yehuda. «Intergenerational Transmission of Stress in Humans». *Neuropsychopharmacology* 41 (2016): 232-244.

Copping, Valerie. *Recircuiting Trauma Pathways in Adults, Parents, and Children*. Nueva York: Routledge, 2018.

Coyle, Sue. «Intergenerational Trauma—Legacies of Loss». *Social Work Today* 14 (2014): 18.

Cunningham, Ashley M., Deena M. Walker, Aarthi Ramakrishnan, Marie A. Doyle, Rosemary C. Bagot, Hannah M. Cates, Catherine J. Peña, Orna Issler, Casey K. Lardner, Caleb Browne, Scott J. Russo, Li Shen y Eric J. Nestler. «Sperm Transcriptional State Associated with Paternal Transmission of Stress Phenotypes». *Journal of Neuroscience* 41 (2021): 6202-6216.

Franco, Fabiana. «Understanding Intergenerational Trauma: An Introduction for Clinicians». *GoodTherapy*, 8 de enero de 2021. https://www.goodtherapy.org/blog/Understanding_Generational_Trauma.

Herman, Judith L. *Trauma and Recovery*. Nueva York: Basic Books, 1997.

Houck, James A. *When Ancestors Weep: Healing the Soul from Intergenerational Trauma*. Bloomington: Abbott Press, 2018.

Isobel, Sophie, Melinda Goodyear, Trentham Furness y Kim Foster. «Preventing Intergenerational Trauma Transmission: A Critical Interpretive Synthesis». *Journal of Clinical Nursing* 28, núm. 7 y 8 (2019): 1100-1113.

Leal, Melissa, Beth R. Middleton y M. Moreno. *Intergenerational Trauma and Healing*. Basilea: MDPI, 2021.

Lipton, Bruce H. *La biología de la creencia: la liberación del poder de la conciencia, la materia y los milagros*. Madrid: La Esfera de los Libros, 2016.

Lumey, Lambert H., Aryeh D. Stein, Henry S. Kahn, Karin M. van der Palde Bruin, Gerard J. Blauw, Patricia A. Zybert y Ezra

S. Susser. «The Dutch Hunger Winter». *International Journal of Epidemiology* 36, núm. 6 (2007): 1196-1204.

Maracle, Lee. *First Wives Club: Coast Salish Style*. Penticton, Columbia Británica: Theytus Books, 2010.

Perroud, Nader P., Eugene Rutembesa, Ariane Paoloni-Giacobino, Jean Mutabaruka, Leon Mutesa, Ludwig Stenz, Alain Malafosse y Felicien Karege. «The Tutsi Genocide and Transgenerational Transmission of Maternal Stress: Epigenetics and Biology of the HPA Axis». *World Journal of Biological Psychiatry* 15, núm. 4 (2014): 334-345.

Perry, Bruce y Oprah Winfrey. *¿Qué te pasó? Trauma, resiliencia y curación*. México: Planeta, 2023.

Somé, Malidoma P. *The Healing Wisdom of Africa: Finding Life Purpose Through Nature, Ritual, and Community*. Nueva York: TarcherPerigee, 1999.

Waretini-Karena, Rāwiri. «Transforming Māori Experiences of Historical Intergenerational Trauma». Tesis doctoral, Universidad Indígena Te Whare Wānanga o Awanuiārangi, 2014.

Wolynn, Mark. *Este dolor no es mío: identifica y resuelve los traumas familiares heredados*. Madrid: Gaia, 2018.

Yehuda, Rachel, Sarah L. Halligan y Robert Grossman. «Childhood Trauma and Risk for PTSD: Relationship to Intergenerational Effects of Trauma, Parental PTSD, and Cortisol Excretion». *Development and Psychopathology* 13, núm. 3 (2001): 733-753.

Yehuda, Rachel, Stephanie Mulherin Engel, Sarah R. Brand, Jonathan Seckl, Sue M. Marcus y Gertrude S. Berkowitz. «Transgenerational Effects of Posttraumatic Stress Disorder in Babies of Mothers Exposed to the World Trade Center Attacks During Pregnancy». *Journal of Clinical Endocrinology & Metabolism* 90, núm. 7 (2005): 4115-4118.

Yehuda, Rachel y Amy Lehrner. «Intergenerational Transmission of Trauma Effects: Putative Role of Epigenetic Mechanisms». *World Psychiatry* 17, núm. 3 (2018): 243-257.

CAPÍTULO 5: UNA HERENCIA GENÉTICA

Barker, David J. P. *Mothers, Babies and Health in Later Life*. Londres: Churchill Livingstone, 1998.

Bernard-Bonnin, Anne-Claude. «Maternal Depression and Child Development». *Paediatrics & Child Health* 9, núm. 8 (2004): 575-583.

Conradt, Elisabeth, Daniel E. Adkins, Sheila Crowell, Catherine Monk y Michael S. Kobor. «An Epigenetic Pathway Approach to Investigating Associations between Prenatal Exposure to Maternal Mood Disorder and Newborn Neurobehavior». *Developmental Psychopathology* 30, núm. 3 (2018): 881-890.

Cummings, E. Mark y Patrick T. Davies. «Maternal Depression and Child Development». *Journal of Child Psychology and Psychiatry* 35, núm. 1 (1994): 73-112.

Cunningham, Ashley M., Deena M. Walker, Aarthi Ramakrishnan, Marie A. Doyle, Rosemary C. Bagot, Hannah M. Cates, Catherine J. Peña, Orna Issler, Casey K. Lardner, Caleb Browne, Scott J. Russo, Li Shen y Eric J. Nestler. «Sperm Transcriptional State Associated with Paternal Transmission of Stress Phenotypes». *Journal of Neuroscience* 41 (2021): 6202-6216.

Dispenza, Joe. *Deja de ser tú: la mente crea la realidad*. México: Urano, 2016.

Franklin, Tamara B., Holger Russig, Isabelle C. Weiss, Johannes Graff, Natcha Linder, Aubin Michalon, Sandor Vizi e Isabelle M. Mansuy. «Epigenetic Transmission of the Impact of Early Stress across Generations». *Biological Psychiatry* 68 (2010): 408-415.

Gapp, Katharina, Ali Jawaid, Peter Sarkies, Johannes Bohacek, Pawel Pelczar, Juliene Prados, Laurent Farinelli, Eric Miska e Isabelle M. Mansuy. «Implication of Sperm RNAs in Transgenerational Inheritance of the Effects of Early Trauma in Mice». *Nature Neuroscience* 17 (2014): 667-669.

Gustafson, Craig. «Bruce Lipton, PhD: The Jump from Cell Culture to Consciousness». *Integrative Medicine* 16, núm. 6 (2017): 44-50.

Houck, Patrick A. *When Ancestors Weep: Healing the Soul from Intergenerational Trauma.* Austin: Abbott Press, 2018.

Hui, Alyssa. «How Does Stress Impact Different Parts of the Body?». *Verywell Health,* 5 de abril de 2023. https://www.verywellhealth.com/how-do-stress-affect-different-parts-of-the-body-7375233.

Levine, Peter A. *Waking the Tiger: Healing Trauma.* Berkeley: North Atlantic Books, 1997.

Liang Yiming, Zhao Yiming, Zhou Yueyue y Liu Zhengkui. «How Maternal Trauma Exposure Contributed to Children's Depressive Symptoms following the Wenchuan Earthquake: A Multiple Mediation Model Study». *International Journal of Environmental Research Public Health* 19, núm. 24 (2022): 16881.

Lismer, Ariane, Vanessa Dumeaux, Christine Lafleur, Romain Lambrot, Julie Brind'Amour, Matthew C. Lorincz y Sarah Kimmins. «Histone H3 Lysine 4 Trimethylation in Sperm Is Transmitted to the Embryo and Associated with Diet-Induced Phenotypes in the Offspring». *Developmental Cell* 56, núm. 5 (2021): 671-686.

Lupien, Sonia J., Charles W. Wilkinson, Sophie Brière, Catherine Ménard, Ng Y. Kin y Nibu P. Nair. «The Modulatory Effects of Corticosteroids on Cognition: Studies in Young Human Populations». *Psychoneuroendocrinology* 27 (2002): 401-416.

MacBride, Katie. «Can You Inherit Stress? Sperm Study Reveals Link to Mood». *Inverse,* 7 de junio de 2021. https://www.inverse.com/mind-body/generacional-mood-disorders-study.

Marsh, Jason. «Do Mirror Neurons Give Us Empathy?». *Greater Good Magazine,* 29 de marzo de 2012. https://greatgood.

berkeley.edu/article/item/do_mirror_neurons_give_empathy.

Maté, Gabor. *Cuando el cuerpo dice «no»: la conexión entre el estrés y la enfermedad.* Madrid: Gaia, 2003.

National Scientific Council on the Developing Child. «Early Experiences Can Alter Gene Expression and Affect Long-Term Development». 2010. https://harvardcenter.wpenginepowered.com/wpcontent/uploads/2010/05/Early-Experiences-Can-Alter-Gene-Expression-and-Affect-Long-Term-Development.pdf.

Švorcová, Jana. «Transgenerational Epigenetic Inheritance of Traumatic Experience in Mammals». *Genes* 14, núm. 1 (2023): 120.

Thumfart, Kristina M., Ali Jawaid, Kristina Bright, Marc Flachsmann e Isabelle M. Mansuy. «Epigenetics of Childhood Trauma: Long Term Sequelae and Potential for Treatment». *Neuroscience and Biobehavioral Reviews* 132 (2022): 1049-1066.

Van der Kolk, Bessel. *El cuerpo lleva la cuenta: cerebro, mente y cuerpo en la superación del trauma.* Barcelona: Editorial Eleftheria, 2020.

Van Steenwyk, Gretchen e Isabelle M. Mansuy. «Epigenetics and the Impact of Early-Life Stress across Generations». *Stress: Genetics, Epigenetics and Genomics* 4 (2021): 297-307.

Wolynn, Mark. *Este dolor no es mío: identifica y resuelve los traumas familiares heredados.* Madrid: Gaia, 2018.

Yehuda, Rachel y Linda M. Bierer. «The Relevance of Epigenetics to PTSD: Implications for the DSMV». *Journal of Trauma Stress* 22 (2009): 427-434.

Yehuda, Rachel, Stephanie Mulherin Engel, Sarah R. Brand, Jonathan Seckl, Sue M. Marcus y Gertrude S. Berkowitz. «Transgenerational Effects of Posttraumatic Stress Disorder in Babies of Mothers Exposed to the World Trade Center Attacks During Pregnancy». *Journal of Clinical Endocrinology & Metabolism* 90, núm. 7 (2005): 4115-4118.

Yehuda, Rachel y Amy Lehrner. «Intergenerational Transmission of Trauma Effects: Putative Role of Epigenetic Mechanisms». *World Psychiatry* 17, núm. 3 (2018): 243-257.

CAPÍTULO 6: TU SISTEMA NERVIOSO GENERACIONAL

Baack, Gita A. *The Inheritors: Moving Forward from Generational Trauma*. Berkeley: She Writes Press, 2017.

Center on the Developing Child at Harvard University. *InBrief: Connecting the Brain to the Rest of the Body*. 2021. https://developingchild.Harvard.edu/resources/inbrief-connecting-the-brain-to-the-rest-of-the-body/.

Dias, Brian G. y Kerri J. Ressler. «Parental Olfactory Experience Influences Behavior and Neural Structure in Subsequent Generations». *Nature Neuroscience* 17 (2014): 89-96.

Ghai, Meenu y Farzeen Kader. «A Review on Epigenetic Inheritance of Experiences in Humans». *Biochemical Genetics* 60 (2022): 1107-1140.

Gray, Richard. «Phobias May Be Memories Passed Down in Genes from Ancestors». *Telegraph*, 1.° de diciembre de 2013. https://www.telegraph.co.uk/news/science/science-news/10486479/Phobias-maybememories-pass-downingenes-from-ancestros.html.

Greeson, Katherine W., Krista M. S. Crow, Clayton Edenfield y Charles A. Easley IV. «Inheritance of Paternal Lifestyles and Exposures through Sperm DNA Methylation». *Nature Reviews Urology* 20, núm. 6 (2023): 356-370.

Houck, Patrick A. *When Ancestors Weep: Healing the Soul from Intergenerational Trauma.* Austin: Abbott Press, 2018.

Nam, MinHo, Kwang S. Ahn y Seung-Hoon Choi. «Acupuncture Stimulation Induces Neurogenesis in Adult Brain». *International Review of Neurobiology* 111 (2013): 67-90.

National Scientific Council on the Developing Child. «Early Experiences Can Alter Gene Expression and Affect Long-Term

Development». 2010. https://harvardcenter.wpenginepowered.com/wpcontent/uploads/2010/05/Early-Experiences-Can-Alter-Gene-Expression-and-Affect-Long-Term-Development.pdf.

Pembrey, Marcus. «A Whiff of Fear Down the Generations». Progress Education Trust, 9 de diciembre de 2013. https://www.progress.org.uk/awhiffoffear-down-the-generations/.

Raccanello, Daniella, Camilla Gobbo, Lavinia Corona, Giorgia De Bona, Rob Hall y Robert Burro. «Long-Term Intergenerational Transmission of Memories of the Vajont Disaster». *Psychological Trauma: Theory, Research, Practice, and Policy* 14, núm. 7 (2022): 1107-116.

Serpeloni, Fernanda, Karl Radtke, Simone G. de Assis, Federico Henning, Daniel Nätt y Thomas Elbert. «Grandmaternal Stress During Pregnancy and DNA Methylation of the Third Generation: An Epigenome-Wide Association Study». *Translational Psychiatry* 7 (2017): 1202.

Shonkoff, Jack P. *Reenvisioning Early Childhood Policy and Practice in a World of Striking Inequality and Uncertainty*. Center on the Developing Child at Harvard University, enero de 2022. https://developingchild.Harvard.edu/reenvisioning-ecd/.

Siegel, Daniel J. *The Developing Mind: How Relationships and the Brain Interact to Shape Who We Are*. Nueva York: Guilford Press, 2012.

Universidad de Haifa. «Unspoken Memories of Holocaust Survivors Find Silent and Non-pathological Expression». *ScienceDaily*, 22 de junio de 2009. https://www.sciencedaily.com/releases/2009/06/090622103823.htm.

Walsh, Colleen. «What the Nose Knows». *Harvard Gazette*, 27 de febrero de 2020. https://news.harvard.edu/gazette/story/2020/02/how-scent-emotion-and-memory-are-intertwined-and-exploited/.

Wellness McUniverse. «EFT Tapping Points and Recipe». 2020. https://wellness.mc universe.com/eft-tapping-points-recipe/.

Yehuda, Rachel, Stephanie M. Engel, Sarah R. Brand, Jonathan Seckl, Sue M. Marcus y Gertrud S. Berkowitz. «Transgenerational Effects of Posttraumatic Stress Disorder in Babies of Mothers Exposed to the World Trade Center Attacks During Pregnancy». *Journal of Clinical Endocrinology & Metabolism* 90, núm. 7 (2005): 4115-4118.

CAPÍTULO 7: TU NIÑO INTERIOR GENERACIONAL

Ainsworth, Mary D. S., Mary C. Blehar, Everett Waters y Sally Wall. *Patterns of Attachment: A Psychological Study of the Strange Situation*. Mahwah: Erlbaum, 1978.

Archer, Caroline. *Reparenting the Child Who Hurts: A Guide to Healing Developmental Trauma and Attachments*. Filadelfia: Jessica Kingsley Publishers, 2013.

Baron-Cohen, Simon, Michael Lombardo y Helen Tager-Flusberg. *Understanding Other Minds: Perspectives from Developmental Social Neuroscience*. Nueva York: Oxford University Press, 2013.

Bernard-Bonnin, Anne-Claude. «Maternal Depression and Child Development». *Paediatrics & Child Health* 9, núm. 8 (2004): 575-583.

Bowlby, John. *Attachment and Loss*, vol. 1, *Attachment*. Nueva York: Basic Books, 1969, 1982.

Burke Harris, Nadine. *The Deepest Well: Healing the Long-Term Effects of Childhood Trauma and Adversity*. Nueva York: Mariner Books, 2018.

Campbell, Jennifer A., Rebekah J. Walker y Leonard E. Egede. «Associations between Adverse Childhood Experiences, High-Risk Behaviors, and Morbidity in Adulthood». *American Journal of Preventive Medicine* 50, núm. 3 (2016): 344-352.

Chang Ha, Betsy. *The Paper Tiger's Daughters: A Self-Healing Journey to Stop the Generational and Intersectional Harm of ACEs in the AAPI Community*. Autopublicado, 2022.

Cicchetti, Dante, Fred A. Rogosch y Sheree L. Toth. «Fostering Secure Attachment in Infants in Maltreating Families through Preventive Interventions». *Development and Psychopathology* 18, núm. 3 (2006): 623-649.

Cummings, E. Mark y Patrick T. Davies. «Maternal Depression and Child Development». *Journal of Child Psychology and Psychiatry* 35, núm. 1 (1994): 73-112.

Escueta, Maya. «The Economics and Child Development Science of Intergenerational Trauma». Columbia Academic Commons, 2021. https://academiccommons.columbia.edu/doi/10.7916/d8a8xg-fk13.

Forward, Susan, con C. F. Buck. *Toxic Parents: Overcoming Their Hurtful Legacy and Reclaiming Your Life.* Nueva York: Bantam Books, 1989.

Gibson, Lindsay C. *Hijos adultos de padres emocionalmente inmaduros: cómo curarse de padres distantes, rechazadores o egocéntricos.* España: Sirio, 2017.

Graham, Linda. «The Power of Mindful Empathy to Heal Toxic Shame». 2020. https://lindagraham-mft.net/pdf/WiseBrainBulletin41.pdf.

Hardie-Williams, Kathy. «Emotional Incest: When Parents Make Their Kids Partners». *GoodTherapy*, 15 de septiembre de 2016. https://www.goodtherapy.org/blog/emotionalcovertincestwhenparentsmaketheirkidspartners0914165.

Heller, Laurence y Aline LaPierre. *Healing Developmental Trauma: How Early Trauma Affects Self-Regulation, Self-Image, and the Capacity for Relationship.* Berkeley: North Atlantic Books, 2012.

Hosseini, Khaled. *The Kite Runner*. Nueva York: Riverhead Books, 2003.

Houck, James A. *When Ancestors Weep: Healing the Soul from Intergenerational Trauma.* Bloomington: Abbott Press, 2018.

Lyons-Ruth, Karlen. «Dissociation and the Parent-Infant Dialogue: A Longitudinal Perspective from Attachment Research».

Journal of the American Psychoanalytic Association 51, núm. 3 (2003): 883-911.

Nakazawa, Donna J. *Childhood Disrupted: How Your Biography Becomes Your Biology, and How You Can Heal*. Nueva York: Atria Books, 2016.

Perry, Philippa. *El libro que ojalá tus padres hubieran leído (y que a tus hijos les encantará que leas)*. México: Planeta, 2020.

Porges, Stephen. *The Pocket Guide to Polyvagal Theory*. Nueva York: W. W. Norton & Company, 2017.

Sack, David. «When Emotional Trauma Is a Family Affair». *Psychology Today*, 5 de mayo de 2014. https://www.psychologytoday.com/us/blog/where-science-meets-the-steps/201405/when-emotional-traumaisfamily-affair.

Siegel, Daniel J. *The Developing Mind: How Relationships and the Brain Interact to Shape Who We Are*. Nueva York: Guilford Press, 2012.

Simonelli, Alessandra y Micol Parolin. «Strange Situation Test». En *Encyclopedia of Personality and Individual Differences*, editado por Virgil Zeigler-Hill y Todd Shackelford. Nueva York: Springer, 2016.

Wang, X. «Breaking the Cycle of Intergenerational Trauma». Tesis doctoral, Universidad Estatal de Ohio, 2019.

Williams, Lewis. *Indigenous Intergenerational Resilience: Confronting Cultural and Ecological Crisis*. Nueva York: Routledge, 2022.

CAPÍTULO 8: CICLOS GENERACIONALES DE ABUSO

Alexander, Pamela C. *Intergenerational Cycles of Trauma and Violence: An Attachment and Family Systems Perspective*. Nueva York: W. W. Norton & Company, 2014.

Beattie, Melody. *Ya no seas codependiente: aprende a ocuparte de ti mismo*. México: Patria, 2018.

Burke Harris, Nadine. *The Deepest Well: Healing the Long-Term Effects of Childhood Trauma and Adversity.* Nueva York: Mariner Books, 2018.

Edleson, Jeffrey. «Cycle of Violence». En *Encyclopedia of Interpersonal Violence,* vol. 1, editado por Claire M. Renzetti y Jeffrey L. Edleson, 166. California: SAGE Publications, 2008.

Francis, Elizabeth M. «Eating a Can of Worms: Treating Transgenerational Trauma in Middle Eastern Women». Tesis doctoral, Pacifica Graduate Institute, 2022.

Forward, Susan, con Craig F. Buck. *Toxic Parents: Overcoming Their Hurtful Legacy and Reclaiming Your Life.* Nueva York: Bantam Books, 1989.

Graham, Linda. «The Power of Mindful Empathy to Heal Toxic Shame». 2020. https://lindagraham-mft.net/pdf/WiseBrainBulletin41.pdf.

hooks, bell. *All about Love: New Visions.* Nueva York: William Morrow, 2000.

King, R. *Healing Rage: Women Making Inner Peace Possible.* Nueva York: Avery, 2008.

Lyon, Bret. «Shame and Trauma». Center for Healing Shame, 21 de agosto de 2017. https://healingshame.com/articles/2017/8/21/shame-and-trauma.

MacKenzie, J. *Psychopath Free: Recovering from Emotionally Abusive Relationships with Narcissists, Sociopaths, and Other Toxic People.* Nueva York: Berkley Books, 2015.

Matsakis, Aphrodite. *Loving Someone with PTSD: A Practical Guide to Understanding and Connecting with Your Partner after Trauma.* Oakland: New Harbinger Publications, 2013.

Moylan, Carrie A., Todd I. Herrenkohl, Cindy Sousa, Emiko A. Tajima, Roy C. Herrenkohl y Jean M. Russo. «The Effects of Child Abuse and Exposure to Domestic Violence on Adolescent Internalizing and Externalizing Behavior Problems». *Journal of Family Violence* 25, núm. 1 (2010): 53-63.

Snarr, Jeffrey, Amy Smith Slep y Richard Heyman. «Intergenerational Transmission of Abuse». En *Encyclopedia of Human*

Relationships, editado por Harry T. Reis y Susan Sprecher, 876-878. Thousand Oaks: SAGE Publications, 2009.

CAPÍTULO 9: CUANDO EL TRAUMA COLECTIVO ENTRA A TU CASA

Abramson, Ashley. «Substance Use During the Pandemic». American Psychological Association, 1.° de marzo de 2021. https://www.apa.org/monitor/2021/03/substance-use-pandemic.

Agyapong, Belinda, Reham Shalaby, Ejamai Eboreime, Gloria Obuobi-Donkor, Ernest Owusu, Menard K. Adu, Wanying Mao, Folajinmi Oluwasina y Vincent I. O. Agyapong. «Cumulative Trauma from Multiple Natural Disasters Increases Mental Health Burden on Residents of Fort McMurray». *European Journal of Psychotraumatology* 13, núm. 1 (2022): 2059999.

Barker, Joanne. «Racism Is a Health Issue: How It Affects Kids, What Parents Can Do». Boston Children's Hospital, 10 de junio de 2020. https://answers.childrenshospital.org/racism-child-health/.

Caruso, Germán D. «The Legacy of Natural Disasters: The Intergenerational Impact of 100 Years of Disasters in Latin America». *Journal of Development Economics* 127(C) (2017): 209-233.

Cohen, Sandy. «Oprah Winfrey, U.S. Surgeon General Vivek Murthy headline WOW 2023 Mental Health Summit». *UCLA Health*, 4 de mayo de 2023. https://www.uclahealth.org/news/oprah-winfrey-us-surgeon-general-vivek-murthy-headline-wow.

Columb, David, Raza Hussain y Colin O'Gara. «Addiction Psychiatry and COVID19: Impact on Patients and Service Provision». *Irish Journal of Psychological Medicine* 37, núm. 3 (2020): 164-168.

Czeisler, Mark É., Rashon I. Lane, Emiko Petrosky, *et al.* «Mental Health, Substance Use, and Suicidal Ideation During the COVID19 Pandemic—United States». *Morbidity and Mortality Weekly Report* 69, Centers for Disease Control (2020): 1049-1057.

DeGruy Leary, Joy. *Post Traumatic Slave Syndrome: America's Legacy of Enduring Injury and Healing*. Baltimore: Uptone Press, 2005.

Deoni, Sean C., Jennifer Beauchemin, Alexandra Volpe y Viren Dâ Sa. «Impact of the COVID19 Pandemic on Early Child Cognitive Development: Initial Findings in a Longitudinal Observational Study of Child Health». *MedRxiv* 5 (2021): 13.

Der Sarkissian, Alissa y Jill D. Sharkey. «Transgenerational Trauma and Mental Health Needs among Armenian Genocide Descendants». *International Journal of Environmental Research and Public Health* 18, núm. 19 (2021): 10554.

DeWolf, Thomas N. y Jodie Geddes. *The Little Book of Racial Healing: Coming to the Table for Truth-Telling, Liberation, and Transformation*. Newark: Good Books, 2019.

Dyer, Owen «Covid19: Children Born During the Pandemic Score Lower on Cognitive Tests, Study Finds». *British Medical Journal/British Medical Association* 374 (2021): n2031.

Ellis, Wendy R. y William H. Dietz. «A New Framework for Addressing Adverse Childhood and Community Experiences: The Building Community Resilience Model». *Academic Pediatrics* 17, núm. 7S (2017): S86-S93.

Gindt, Morgane, Arnaud Fernández, Aurelien Richez, Ophelie Nachon, Michele Battista y Florence Askenazy. «CoCo20 Protocol: A Pilot Longitudinal FollowUp Study about the Psychiatric Outcomes in a Paediatric Population and Their Families During and after the StayatHome Related to Coronavirus Pandemic (COVID19)». *BMJ Open* 11, núm. 4 (2021): e044667.

Goodnough, Abby. «Overdose Deaths Have Surged During the Pandemic, C.D.C. Data Shows». *The New York Times*, 4 de abril de 2021. https://www.nytimes.com/2021/04/14/health/overdose-deaths-fentanyl-opiods-coronaviurs-pandemic.html.

Haines, Staci K. *The Politics of Trauma*. Berkeley: North Atlantic Books, 2019.

Hesman, Judy, Marinus H. Van Ijzendoorn y Abraham Sagi-Schwartz. «Cross-Cultural Patterns of Attachment: Universal and Contextual Dimensions». En *Handbook of Attachment: Theory, Research, and Clinical Applications*, editado por J. Cassidy y P. R. Shaver, 880-905. Nueva York: Guilford Press, 2008.

Hirschberger, Gilad. «Collective Trauma and the Social Construction of Meaning». *Frontiers in Psychology* 9 (2018): 1441.

Institute for Collective Trauma and Growth. «Phases of Disaster Response». 2023. https://www.ictg.org/phasesofdisaster-response.html.

Kidron, Carol A. «Embracing the Lived Memory of Genocide: Holocaust Survivor and Descendant Renegade Memory Work at the House of Being». *American Ethnologist* 37, núm. 3 (2010): 429-451.

Magee, Rhonda V. *The Inner Work of Racial Justice: Healing Ourselves and Transforming Our Communities through Mindfulness*. Nueva York: TarcherPerigee, 2019.

Mason, Rhapsody. «The Impact of Racism on Pediatric Mental Health». Illinois DocAssist, 21 de abril de 2021. https://docassistillinois.org/2021/04/21/the-impact-of-racism-on-pediatric-mental-health/.

Menakem, Resmaa. *My Grandmother's Hands*. Las Vegas: Central Recovery Press, 2017.

Menzies, Karen. «Understanding the Australian Aboriginal Experience of Collective, Historical and Intergenerational Trauma», *International Social Work* 62, núm. 6 (2019): 1522-1534.

Morin, Amy. «Is Spanking Children an Effective Consequence?». *Verywell Family*, 20 de septiembre de 2022. https://www.

verywellfamily.com/isspanking-childrenagood-waytodis cipline-1094756.

Morsey, Leila y Richard Rothstein. «Toxic Stress and Children's Outcomes: African American Children Growing Up Poor Are at Greater Risk of Disrupted Physiological Functioning and Depressed Academic Achievement». Economic Policy Institute, 1.° de mayo de 2019. https://www.epi.org/publica tion/toxic-stress-and-childrens-outcomes-african-ameri can-children-growinguppoor-areatgreater-risk-of-disrupt ed-physiological-functioning-and-depressed-academic-achievement/.

Organización Mundial de la Salud. «COVID19 Pandemic Triggers 25% Increase in Prevalence of Anxiety and Depression Worldwide», 2 de marzo de 2022. https://www.who.int/news/item/02-03-2022-covid-19-pandemic-triggers-25-in crease-in-prevalence-of-anxiety-and-depression-worldwide.

Pumariega, Andrés J., Jo Youngsuhk, Brent Beck y Mariam Rahmani. «Trauma and US Minority Children and Youth». *Current Psychiatry Reports* 24, núm. 4 (2022): 285-295.

Rashkin, Esther. «The Haunted Child: Social Catastrophe, Phantom Transmissions, and the Aftermath of Collective Trauma». *Psychoanalytic Review* 86, núm. 3 (1999): 433-453.

Richtel, Matt. «The Surgeon General's New Mission: Adolescent Mental Health», *The New York Times*, 21 de marzo de 2023. https://www.nytimes.com/2023/03/21/health/surgeon-ge neral-adolescents-mental-health.html.

Rupcich, Claudia, Irinia González y Karell Roxas. «Why Millennial Latinx Parents Are Saying Goodbye to Chancla Culture». *The Skimm*, 23 de septiembre de 2022. https://www.thes kimm.com/parenting/millennial-latinx-parenting.

Saad, Layla F. *Me and White Supremacy: Combat Racism, Change the World, and Become a Good Ancestor*. Nueva York: Sourcebooks, 2020.

Sack, David. «When Emotional Trauma Is a Family Affair». *Psychology Today*, 5 de mayo de 2014. https://www.psychology

today.com/us/blog/where-science-meets-the-steps/201405/when-emotional-trauma-is-family-affair.

Sangalang, Cindy C. y Cindy Vang. «Intergenerational Trauma in Refugee Families: A Systematic Review». *Journal of Immigrant Minority Health* 19, núm. 3 (2017): 745-754.

Saul, Jack. *Collective Trauma, Collective Healing: Promoting Community Resilience in the Aftermath of Disaster*. Nueva York: Routledge, 2022.

Shah, Pooja. «How Intergenerational Trauma Impacts the South Asian Community». *Teen Vogue*, 30 de agosto de 2022. https://www.teenvogue.com/story/how-generacional-trauma-impacts-the-south-asian-community.

Singh, Shweta, Deblina Roy, Krittika Sinha, Sheeba Parveen, Ginni Sharma y Gunjan Joshi. «Impact of COVID19 and Lockdown on Mental Health of Children and Adolescents: A Narrative Review with Recommendations». *Psychiatry Research* 293 (2020): 113429.

Skloot, Rebecca. *The Immortal Life of Henrietta Lacks*. Nueva York: Corona, 2010.

Substance Abuse and Mental Health Services Administration. *Crisis Counseling Assistance and Training Program Guidance*, 2016. https://www.samhsa.gov/sites/default/files/images/fema-ccp-guidance.pdf.

Ungar, Michael. «Systemic Resilience: Principles and Processes for a Science of Change in Contexts of Adversity». *Ecology and Society* 23, núm. 4 (2018): 34.

Vidal, Juan. «"La Chancla": Flip Flops as a Tool of Discipline». *Code Switch*, NPR, 4 de noviembre de 2014. https://www.npr.org/sections/codeswitch/2014/11/04/361205792/la-chancla-flip-flops-as-a-tool-of-discipline.

Washington, Harriet A. *Medical Apartheid: The Dark History of Medical Experimentation on Black Americans from Colonial Times to the Present*. Nueva York: Anchor, 2006.

Winters, Mary-Frances. *Black Fatigue: How Racism Erodes the Mind, Body, and Spirit*. Oakland: Berrett-Koehler Publishers, 2020.

Zagorski, Nick. «COVID19's Impact on Development Remains Unclear». *Psychiatric News*, 28 de marzo de 2022. https://psychnews.psychiatryonline.org/doi/10.1176/appi.pn.2022.04.3.38.

CAPÍTULO 10: EL DUELO POR TU LINAJE TRAUMÁTICO

Foor, Daniel. *Ancestral Medicine: Rituals for Personal and Family Healing*. Rochester: Bear & Company, 2017.

Fruzzetti, Alan. *The High-Conflict Couple: A Dialectical Behavior Therapy Guide to Finding Peace, Intimacy, and Validation*. Oakland: New Harbinger Publications, 2006.

Graham, Linda. «The Power of Mindful Empathy to Heal Toxic Shame». 2020. https://lindagraham-mft.net/pdf/WiseBrainBulletin41.pdf.

Mucci, Clara. *Beyond Individual and Collective Trauma: Intergenerational Transmission, Psychoanalytic Treatment, and the Dynamics of Forgiveness*. Nueva York: Routledge, 2013.

Rankin, Lisa. *Sacred Medicine: A Doctor's Quest to Unravel the Mysteries of Healing*. Louisville: Sounds True, 2022.

Robertson, Patricia K. *Connect with Your Ancestors: Transforming the Transgenerational Trauma of Your Family Tree: Exploring Systemic Healing, Inherited Emotional Genealogy, Entanglements, Epigenetics and Body Focused Systemic Constellations.* Calgary: Peaceful Possibilities Press, 2018.

Winfrey, Oprah. *Sabiduría del alma: conversaciones transformadoras con los principales líderes espirituales del mundo, seleccionadas del programa Super Soul Sunday*. Madrid: Gaia, 2020.

Wolynn, Mark. *Este dolor no es mío: identifica y resuelve los traumas familiares heredados.* Madrid: Gaia, 2018.

Yehuda, Rachel y Amy Lehrner. «Intergenerational Transmission of Trauma Effects: Putative Role of Epigenetic Mechanisms». *World Psychiatry* 17, núm. 3 (2018): 243-257.

CAPÍTULO 11: INTEGRA LA RESILIENCIA GENERACIONAL

Houck, James A. *When Ancestors Weep: Healing the Soul from Intergenerational Trauma.* Bloomington: Abbott Press, 2018.

Kumai, Candice. *Kintsugi Wellness: The Japanese Art of Nourishing Mind, Body, and Spirit*. Nueva York: Harper Wave, 2018.

Lamar, Kendrick. «DNA», *DAMN*. TDE; Aftermath; Interscope, 2017, disco compacto.

Morin, Amy. *13 Things Mentally Strong People Don't Do: Take Back Your Power, Embrace Change, Face Your Fears, and Train Your Brain for Happiness and Success*. Nueva York: William Morrow, 2017.

Nakazawa, Donna J. *Childhood Disrupted: How Your Biography Becomes Your Biology, and How You Can Heal*. Nueva York: Atria Books, 2016.

Rankin, Lissa. *Sacred Medicine: A Doctor's Quest to Unravel the Mysteries of Healing*. Louisville: Sounds True, 2022.

Rowe, Sheila W. y Soong-Chan Rha. *Healing Racial Trauma: The Road to Resilience.* Westmont: IVP, 2020.

Schwartz, Arielle. *The Post-Traumatic Growth Guidebook: Practical Mind-Body Tools to Heal Trauma, Foster Resilience and Awaken Your Potential.* Nueva York: Pesi Publishing Media, 2020.

Shevell, Meaghan C. y Myriam S. Denov. «A Multidimensional Model of Resilience: Family, Community, National, Global and Intergenerational Resilience». *Child Abuse & Neglect* 119, núm. 2 (2021): 105035.

Tedeschi, Richard G. y Lawrence G. Calhoun. «The Posttraumatic Growth Inventory: Measuring the Positive Legacy of Trauma». *Journal of Traumatic Stress* 9, núm. 3 (1996): 455-471.

Wolynn, Mark. *Este dolor no es mío: identifica y resuelve los traumas familiares heredados*. Madrid: Gaia, 2018.

CAPÍTULO 12: DEJA UN LEGADO GENERACIONAL

Cicchetti, Dante, Fred A. Rogosch y Sheree L. Toth. «Fostering Secure Attachment in Infants in Maltreating Families through Preventive Interventions». *Development and Psychopathology* 18, núm. 3 (2006): 623-649.

Coates, Susan W., Daniel S. Schechter y Elsa First. «Brief Interventions with Traumatized Children and Families after September 11». En *September 11: Trauma and Human Bonds*, editado por Susan W. Coates, Jane L. Rosenthal y Daniel S. Schechter, 23-49. Nueva York: Analytic Press/Taylor & Francis Group, 2003.

Duncan, Alaine D. y Kathy L. Kain. *Tao of Trauma: A Practitioner's Guide for Integrating Five Element Theory and Trauma Treatment*. Berkeley: North Atlantic Books, 2019.

Gapp, Katharina, Johannes Bohacek, Jonas Grossmann, Andrea M. Brunner, Francesca Manuella, Paolo Nanni e Isabelle M. Mansuy. «Potential of Environmental Enrichment to Prevent Transgenerational Effects of Paternal Trauma». *Neuropsychopharmacology* 41, núm. 11 (2016): 2749-2758.

Grand, Sue. *The Hero in the Mirror: From Fear to Fortitude*. Nueva York: Routledge, 2009.

Morgan, Patricia. «Intergenerational Resilience: Care*Communicate*Connect». Solutions for Resilience, n.d. https://www.solutionsforresilience.com/intergenerational-resilience/.

Schechter, Daniel S. «Intergenerational Communication of Maternal Violent Trauma: Understanding the Interplay of Reflective Functioning and Posttraumatic Psychopathology». En *September 11: Trauma and Human Bonds*, editado por Susan W. Coates, Jane L. Rosenthal y Daniel S. Schechter, 115-142. Nueva York: Routledge, 2013.

Schechter, Daniel S., Michael M. Myers, Susan A. Brunelli, Susan W. Coates, Charles H. Zeanah Jr., Mark Davies, John F. Grienenberger, Randall D. Marshall, Jaime E. McCaw, Kimberly A. Trabka y Michael R. Liebowitz. «Traumatized Mothers Can Change Their Minds about Their Toddlers: Understanding How a Novel Use of Videofeedback Supports Positive Change of Maternal Attributions». *Infant Mental Health Journal* 27, núm. 5 (2006): 429-447.

Schofield, Thomas J., Rand D. Conger y Tricia K. Neppl. «Positive Parenting, Beliefs about Parental Efficacy, and Active Coping: Three Sources of Intergenerational Resilience». *Journal of Family Psychology* 28, núm. 6 (2014): 973-978.

Shonkoff, Jack P. *Reenvisioning Early Childhood Policy and Practice in a World of Striking Inequality and Uncertainty*. Center on the Developing Child at Harvard University, enero de 2022. https://developingchild.Harvard.edu/reenvisioning-ecd/.

Stein, Bradley D., Lisa H. Jaycox, Sheryl H. Kataoka, Marleen Wong, Wenli Tu, Marc N. Elliott y Arlene Fink. «A Mental Health Intervention for Schoolchildren Exposed to Violence: A Randomized Controlled Trial». *JAMA: Journal of the American Medical Association* 290, núm. 5 (2003): 603-611.

Williams, Lewis. *Indigenous Intergenerational Resilience: Confronting Cultural and Ecological Crisis*. Nueva York: Routledge, 2022.